U0136912

現代勝鬘
——孫張清揚居士與戰後臺灣佛教

A Modern Śrīmālā
——Lay Buddhist Ching-Yang (Mme Sun Li-jen)
and post-war Taiwan Buddhism

劉晏均　著

臺灣 學 ㄥ 書 局 印行

推薦序（一）

　　現代勝鬘：孫張清揚居士，是一代名將孫立人將軍夫人。孫立人被英軍和美軍暱稱為「中國的隆美爾」（或「東方隆美爾」），也被打敗的日軍在緬甸戰後史料上，尊稱他為「中國軍神」。孫立人是現代軍人的典範，他一生矢志盡忠報國，善於治軍，常能掌握戰機，以寡擊眾。其初露鋒芒，即在支援緬甸首戰中，就締造揚名中外的「仁安羌大捷」，迄今仍為美國陸軍參謀學校之戰史教材。其赫赫之戰功可知。

　　孫張清揚居士潛行修佛法，一生護法、衛教不遺餘力。處在動亂時代，值關鍵時刻，她正是不可缺少的一個關鍵性的人物。尤其以一女流之輩，竟能表現出一般人不能勝任的擔當與任務，非僅堪稱為現代在家居士的楷模，更可稱爲「現代勝鬘居士」！

　　劉晏均在華梵大學東方人文思想研究所與我首次會見面時，即提出論文之題目；竟是平日敬仰之近代名將孫立人將軍夫人----孫張清揚女士時。衷心私念：平生即對孫夫人敬重有加，今幸能指導撰寫在戰亂紛紜之年代，一位類似勝鬘夫人者。憑其智慧與慈悲，以發揮佛法的光輝於當代，自頗具研究之意義與價值。倘不加表彰，恐其一生事跡將埋沒於歷史洪流中。自然樂於接收此一榮幸的職責，庶幾亦可彌補從未謀面，而又係素所景仰之對象之一遺憾也。

　　《現代勝鬘：孫張清揚居士與戰後臺灣佛教》的主題，是探討有關孫張清揚居士，與戰後臺灣佛教的課題。而隨孫立人

將軍來臺之夫人張清揚女士，昔在大陸時就和佛教僧人結下深厚之因緣。當時憑借孫將軍的聲望和影響力，不遺餘力的爲佛教提供了諸多協助。因此清揚居士也在當時臺灣佛教極其衰微的環境下，護教、護法對臺灣佛教自有著巨大的貢獻。在歷史上自值得重視，並應記錄下一筆不可磨滅的史跡。

勝鬘夫人之名：出自佛教經典《勝鬘經》，此經與《維摩經》可並稱：前者爲佛教在家優婆夷的典範，後者爲優婆塞的典範。勝鬘夫人出生於佛陀時代中印度的憍薩羅國（都城即舍衞國），是波斯匿王和末利王后之女，後爲阿踰闍國友稱王的王妃。「勝鬘」者，蓋借殊「勝」華麗珍飾如「鬘」，而得名。而「勝」者有二：一者女貌絕倫，一言德勝。聰慧利根，通敏易悟。德勝世間，華鬘不如；故名爲「勝鬘」。勝鬘夫人除爲婦女表率外，誓受「十大受」、「三大願」：其中即有饒益眾生，令脫眾苦，及令法久住、攝受正法，終不忘失之德。

今者試觀現代勝鬘---孫張清揚一生所做所爲，雖則時代國度不同，而互有異同，但所以發揮於護教與興教之精神，固無二致。略加敍述，當可歸納爲下述諸點：

一者、出身特徵：出身富裕之家，父親是晚清舉人，辛亥革命後，也歷任高職。母親是一虔誠佛教徒。勝鬘出自王者，父母皆虔誠信佛。居士因沐浴於佛法之教化，非但沒無富家的傲氣，反倒是：「富而好禮」。

二者、宿因奇特：在南京曾在屬於教會學校的匯文女中念書，在洋教盛行時代，竟然沒有信洋教。早年雖曾一度沈溺於「醉生夢死」中，後因替母親求壽，於午睡中夢見菩薩。一慈祥老婆婆對她說：「求壽不難，…記住：**妳前生有大善根，與**

佛有緣。切莫被洪福迷住，及早修行爲要。務必切記！」這就
是最早結佛緣之始。及後得怪病，嘴角歪邪，中西醫枉效。在
萬念俱灰時，甚至想自殺。後得母親以廿一遍大悲咒淨水救治
而癒。可知她宿世即與佛法結下深厚之緣，可見一斑了。此亦
即是一奇。

　　三者、提倡女權：她曾在《人生雜誌》發表一篇〈婦女學
佛應有的態度〉中認爲：「佛是世界上提倡婦女運動最早的領
袖。」並認爲佛教的慈悲主義最合婦女之需要。她認爲婦女信
佛可培養自己高尚的人格，建立佛化家庭，對佛教的發展必大
有助益。在提昇臺灣當時婦女之地位，有著很大的貢獻。

　　四者、佛教文化事業的貢獻：她延續太虛大師「人生（間）
佛教」，發揮於文化事業者如善導寺接管，使得太虛大師所創
之《海潮音雜誌》得以復刊。且支持朱鏡宙老居士創立「臺灣
印經處」，東初法師創辦《人生雜誌》，南亭法師創辦「華嚴
蓮社」，以至迴龍「樂生痲瘋療養院」。她雖遭遇夫婿軟禁之
大難，仍毅然出面，捐鉅資支助東初法師影印《大藏經》，並
發起影印《大藏經》；自日本購得《大藏經》，且託軍方人士
以專機載回臺灣第一部藏經。其護教之熱忱，絕不讓於鬚眉也。

　　五者、具有風骨的人格特質：當時的臺灣一般重基督教而
輕視佛教，認爲基督教等洋教代表進步而新穎，而佛教代表守
舊、迷信、落伍。當時的蔣夫人曾九次勸她放棄佛教，而改信
基督教。孫張清揚始終堅持立場，未嘗絲毫動搖；其平日之志
節自可知矣。某次且在「婦聯會」大會上，她受邀致詞時，歸
功於佛教的夫人、女士們爲軍人製做衣服之辛苦貢獻。蔣宋美
齡的回覆語中，頗加讚許。反要基督教與天主教的夫人們向她

看齊。其感人者，乃是身體力行而出之，讓佛教形像更加提昇。

　　總之，盱衡孫張清揚女士的一生，在教界的功勳，與孫立人將軍當年之軍功。可謂相互輝映，亦可稱爲近代「雙璧」也。若將孫張清揚居士許爲「現代勝鬘」，其孰曰不宜！星雲大師推許爲「我國佛教的教母」，自可當之無愧。而其軼聞、逸事，當今知之者不多，縱便知之，亦多語焉不詳。今晏均不辭辛勞，收羅各方相關資訊（包括收輯孫張清揚女士之照片等），並且借口述訪談等資料。且請教研究孫立人之專家中研院之朱浤源教授，借旁敲側擊，以了解孫張清揚女士之種種事蹟。可謂竭盡心力，勞苦功高。

　　余雖於前文，對孫張清揚女士略加表彰，蓋出於情不自已，而亦只係點到爲止。若願聞其詳，則有晏均之論文在焉。借此論文，爲現代勝鬘加以表彰，自屬難能可貴。因嘉嘆其志，故樂爲之略綴數語也。

政大中文系退休教授　現華梵大學東研所教授

熊　琬　謹識

推薦序（二）

　　孫立人將軍之夫人孫張清揚居士，是近代臺灣佛教的開拓者。她以虔誠的信仰，發揮佛教慈悲為懷的職志。當時她是陸軍總司令兼臺灣防衛總司令孫立人的夫人，她看到臺灣佛教的情形，首以發揮、轉變臺灣佛教，買下臺灣知名的寺院—善導寺，作為弘揚佛教活動的中心。同時她更以一己之力，號召信眾廣印佛教經典、資助當時各佛教雜誌的發行，且不辭辛勞地發起、印售《大藏經》，推廣佛教文化的事業。之前，她的身份是很風采的，後來遭遇到「孫案」事件，她不依附其他宗教，更不畏懼社會的批評，仍然秉持著自己的宗教信仰，這是她很偉大的地方。

　　在二十世紀的中期，讓臺灣的民眾能有機會讀到佛教的典籍，擴展佛教在臺灣蓬勃地發展。從大陸來到臺灣的出家人，清揚居士盡心盡力照顧他們的生活，並以善導寺作為佛教的據點，舉辦佛教的各種活動。今天看到佛教界的長老，當時都是她照顧、培養出來的，她是一位了不起的女居士。

　　在大時代的背景是有聯結的，韓戰是一個國際戰爭。四十一年（1952），二萬多名的戰俘都成為國際難民，後來都被帶到俘虜營。當時他們可依自己的意願，選擇要到那裡，心裡擔心回國可能會被處死。如果到了外國，他們要怎麼生活呢？因此這批戰俘聯名上書、拒絕遣返中國大陸。

　　韓國濟州島廣場左右側各有天主教和佛教，提供戰俘祈禱與禮拜，其中一萬四千多名的戰俘，大多數是佛教徒，也有出家人。人在日本的清度法師，特別被聯合國請到韓國，為俘虜

營區的佛教徒佈道，同時處理戰俘的問題。他順便把佛教雜誌帶進俘虜營區，此時一萬四千多名的戰俘都成為《人生》、《菩提樹》的讀者。大家都知道臺灣有一位孫立人將軍的夫人，她是一位虔誠的佛教徒，因此孫張清揚居士的名聲，受到國際上的重視。

　　王昇（1915-2006）將軍先到韓國了解戰俘的情況，這批戰俘想要到臺灣，同時又擔心臺灣的政府，要不要接受他們？能不能信任他們？這些都是問題。戰俘為了表示自己的忠心，他們在身上刺青，表示不僅要到臺灣，還要堅持反共的立場，所以在身體上寫著「反共抗俄」、「殺豬拔毛」。後來，這一萬四千多名的戰俘，成為反共義士來到臺灣。

　　我是政工幹部學校第三期的學生，剛剛入伍教育結束，國防部總政治部便派我們去輔導這批義士。我親自看著他們身上的刺青、同時登記他們隨身攜帶的財物。當時的輔導是非常的嚴格的，規定我們不能收受義士們的東西，且不能有任何的行賄。後來，我們每個人拿到 300 元的輔導費，校長就把這些錢集中起來，在復興崗建造一棟房子，名曰「我們的家」。

　　觀自在如風，清揚於娑婆世界，回首百年，不空過，有你、有我。我受邀為推薦序，實萬分榮幸又十分有幸！見證歷史、歷歷在目，真逍遙又精彩啊！

時 96 歲見證歷史　前國防大學社會科學院院長

梁懷茂　謹識

推薦序（三）

　　張晶英女士處在二十世紀，出生於大戶人家，一生活躍於湖南武漢、江蘇南京上海與臺灣等地區。時當國民政府初建未及二十年之際，她和震躍沙場的軍人將士孫立人在上海成婚，也在特殊因緣中，接觸佛門，首次皈依明常法師。

　　既身為佛門子弟，必行菩薩道，菩薩道的六度萬行，即以布施、持戒、忍辱、精進、禪定、般若為行門。張晶英皈依佛門後，以「清揚」為法號，守持五戒。當孫立人於棲霞寺發起創辦「宗仰中學」時，晶英與母親常在寺中，為大護法居士。當教界領袖太虛法師在上海召開「中國佛教整理委員會」時，也赴上海玉佛寺參訪，卻因大師圓寂而悲痛欲絕！

　　三十六年清揚居士赴焦山定慧寺避暑，久仰智光法師的華嚴學養，而再次皈依座下，且撰述了〈學佛的因緣〉一文，刊登於《中流》月刊雜誌上。次年 11 月清揚居士來臺，駐錫臺北南昌街的孫公館，在公館內安置佛堂，每日於堂前點香、唸佛、拜佛，是虔誠的優婆夷。

　　三十八年前後，隨國民政府遷離大陸而入臺的出家人，計有五、六十人至二、三百人之多，悉數被關進拘留所與桃園大型倉庫。清揚居士與李子寬居士等人，多方奔走營救，出家人方被保釋出來，這些有道高僧十分感激清揚居士，如星雲法師於《百年佛緣》一書中，特別加以記述。

　　清揚居士一生中對臺灣佛教的貢獻，除了營救出家人外，進而護持佛寺、擴建道場、興建佛學院等。而其對佛教文化事

業更是奉獻至鉅，如創刊〈佛教青年〉、〈今日佛教〉等佛教雜誌，以及贊助印刷《地藏經》等佛教經典，資助《人生》月刊，更發起印售《大藏經》等等。

　　總之，清揚居士行菩薩道，在六度萬行中，秉持著個人的行持，但其中最為人讚歎肯定者，即為其以大無畏布施弘揚佛法，一生所為，可謂無人能及！

　　劉晏均就讀華梵大學東方人文思想研究所，用心蒐集資料，加以撰述，完成了《現代勝鬘—孫張清揚居士與戰後臺灣佛教》一巨著為博士論文。對於孫張清揚居士一生對佛教的貢獻事蹟，詳實蒐集考據，可謂巨細靡遺，值得肯定。茲值著作出版在即，本人先睹為快，僅綴數語，以表祝賀，是為序。

陳清香 序於甲辰年 3 月 24 日

新店永清堂

自 序

目前臺灣社會佛教的發展極為蓬勃熱烈，各佛教團體對於社會的慈善、恤孤、救濟、興學、醫療……等活動，也活絡積極！然而回望光復初期，臺灣大多數的佛教徒，對於大乘佛教法義的認識卻並不充分。這時期有一位靈魂人物，起到了關鍵性的引領、發酵作用，就是孫立人將軍的夫人－孫張清揚居士！

世界二次大戰時，中國戰區經歷了八年的抗日戰爭，抗日甫勝利，卻又隨即歷經了四年的國共內戰，三十八年（1949）國民政府撤退來臺，其中有數百位在大陸佛教界極具知名度與影響力的僧侶，如慈航、星雲、廣慈、智光、南亭……等法師也來到了臺灣；然而初來乍到異地時，他們在生活與弘法上其實是極為艱難的。

此時，隨孫立人將軍來臺的夫人－清揚居士，因為她在年輕時候，就與許多佛教長老們結有深厚的因緣，因此藉由孫將軍的聲望和影響力，清揚居士為這些離鄉的僧侶們提供了許多協助。也因著這層因緣，讓清揚居士對臺灣佛教事業的發展，起到了巨大的影響力！

清揚居士，原名晶英，生於民國二年（1913），小時候就讀家鄉的「武漢師範學校」。隨母親（張詹願華）遷居南京後，考進「匯文中學」（今金陵女中），這是一所由基督教會主辦的學校，但並沒有影響到她的宗教信仰。張老太太是一位受菩薩戒的居士，熱心參與各類水陸法會、法座、讀經及佛教活動，並且大力護持香山尼寺。在湖南家鄉時，她還曾在「福嚴寺」

蓋建觀音閣、華嚴閣,並出資修復被日本軍機炸毀的「祝聖寺」。當時張老太太參與佛教的各種活動,也常帶著女兒晶英同行。

二十三年(1934),張晶英因為與觀音菩薩的甚深因緣,而生起信佛修行的念頭,也孕育了她成為當代勝鬘的種子。隔年(1935),她與母親到南海普陀山朝山,更加堅定了信佛修行的念頭。翌年(1936),她皈依了明常法師,法名清揚居士。又明年(1938),清揚居士在長安寺遇見太虛大師並請求皈依;之後,她便常到長安寺聽經聞法。太虛大師教她唱三寶歌,她記住了:「盡形壽、獻身命、信受戒、勤奉行」。從此,她除了在身口意上奉行佛法,也常以金錢等物佈施護持佛教。

三十四年(1945),《海潮音》刊登訊息:「世界佛學苑女眾院董事長張詹願華、董事孫張清揚」,發現張氏母女是太虛大師的護法居士。三十六年(1947)三月,太虛大師圓寂。夏天,清揚居士久仰智光法師的道學,而皈依智光,啟發書寫文章的泉源。

三十七年(1948)十一月,孫立人將軍夫婦來臺後,他們協助大陸來臺的出家人,讓這些法師們有能力、有機會,能為臺灣佛教的轉型做出貢獻。清揚居士結合法師、大德們,成立弘揚佛教的據點,在臺灣延續太虛大師「人生佛教」的理念,讓這群後起之秀的佛教精英,帶領著轉型後的臺灣佛教,走上「人間佛教」之路。

我特別探討並梳理這位譽有「現代勝鬘」美稱的孫張清揚居士與戰後臺灣佛教的重建之間的脈絡,其略說如下:

一、在印度的大乘佛教經典中,有一位在家學佛的典範──勝鬘夫人。她發揮大乘佛法的四攝法:布施、愛語、利行、同

事，不僅影響其夫婿皈依佛教，共同以佛法教化人民且重視兒童教育。而我們看到清揚居士，她傳承太虛大師依人乘而趣入菩薩行的「人生佛教」理念，並受到智光法師的啟發，以女居士的身份推動「人間佛教」，不僅對臺灣佛教的重建與復興做出貢獻，讓臺灣佛教受到國際的重視，同時也提升婦女在佛教界的地位，因此稱她為佛教界之「勝鬘夫人」。

二、清揚居士以私人捐資接收臺北名剎—善導寺，承續太虛大師「世界佛學苑」的興學大願。同時讓「中國佛教會」在臺灣有了弘揚佛法、運作僧務的根據地。她早期為該會常務理監事，大力協助會務的推展。

三、光復初時，臺灣大多數佛教徒，對大乘佛教法義認識不深，清揚居士雖遭遇夫婿被軟禁的大難之苦，但她仍毅然捐出鉅資並發起影印《大藏經》，讓各地的佛教信眾，能深入經藏，正確認識佛教教理教義，曾任中華佛教文化館「印藏委員會」之監察委員。

四、在佛法逐漸蔚成風尚後，她又設置多種獎學金，鼓勵大專青年來學習佛學，對於佛教的普及化、深刻化裨益極多。

五、清揚居士對於佛光山的弘法事業，及慈濟的大愛事業，也都無私大力襄助。星雲大師曾率領僧眾誦經、祝禱，並公開讚譽清揚居士其一生愛國愛教，稱讚：「孫張清揚居士累積十大功德，可謂我國佛教的教母！」

清揚居士參訪勝鬘夫人於佛前自我宣誓，致力體得佛法，受持「十種大乘戒法」及「三大誓願」，她奉獻於佛教以及布施一切眾生。

學佛有四個步驟：信、解、行、證。相信佛陀所說的無量

法門,那是深入佛法的先決條件。菩薩廣大的因行是信、願、行,而清揚居士的「願」力和她的「行」也是結合的。她在佛教界所發表的許多言論,都是她以「願」力引領的「行」啊。在在印證了清揚居士不愧「現代勝鬘」的令譽啊!

　　清揚居士的資料蒐集不易,約許是得到了她在天之靈的庇佑,一切難關都逐一克服,讓本書能順利完稿。其中看到了許多訪談人,如泳思法師、永芸法師、覺幻法師等人留下與清揚居士的訪談紀錄,和果見法師的紀錄資料〈口述歷史之一訪廣慈法師〉。106 年(2017)5 月,廣慈法師接受我們的口述訪談,由朱浤源教授主訪,說明當年他與星雲大師在棲霞寺、定慧寺、天寧寺的情形,以及如何搭上登陸艇來臺,遇到法難、弘揚佛法所受的苦難等等。

　　《現代勝鬘—孫張清揚居士與戰後臺灣佛教》說明清揚居士不畏懼外在的環境,於佛號聲往生西方極樂世界。她一生菩薩道的史蹟,請纓出版時,得到朱浤源、熊琬兩位教授悉心指導;和滕麗芳老師不辭辛勞的從旁指點和鼓勵;以及楊力明老師的校稿與多位人士給予本書的教導,在此一並致謝!

中華民國 113 年(2024)大寒

晏均　謹誌於臺北

現代勝鬘
——孫張清揚居士與戰後臺灣佛教

目　次

第一章 緣　起

　　從日據時代到光復初期的臺灣佛教，清揚居士在這個環節上有著很重要的影響。她在佛教文化事業的成就，不亞於孫立人將軍在軍事上的成就。她在文化歷史上是獨一無二。因此，我們可以說孫立人是國軍中令人尊敬的將軍，清揚居士也是佛教界令人尊敬的「勝鬘」，所以孫立人將軍夫婦的成就，在中國歷史上都非常的傑出，但他們的故事卻鮮為人們所了解。

　　印度與佛陀同時代的佛教夫人之一，有一位在家學佛的女居士「勝鬘夫人」，發揮大乘佛法的四攝法：布施、愛語、利行、同事。她不僅影響其夫婿皈依佛教，還以佛法共同教化人民，特別重視兒童教育。勝鬘是人名（梵語 Śrīmālā），音譯尸利摩羅、室利末羅，她是中印度舍衛國波斯匿王之女，其母是末利夫人，勝鬘自幼聰明靈巧，長大後嫁至阿踰闍國（梵語 Ayodhyā），為友稱王的夫人。

　　勝鬘夫人受到父母的薰陶而皈依佛教，從而禮敬、讚歎如來，且承佛力之加被，宣說《勝鬘師子吼一乘大方便方廣經》，簡稱《勝鬘經》。勝鬘夫人所受的「十大受」、「三大願」，成為當時婦女界的模範。本經是勝鬘夫人記下佛陀所說的道理，從而宣說大乘佛法的因緣。《勝鬘經》是大乘佛教經典，說明勝鬘夫人皈依、受戒、發願的經過，詳細說明佛教的教義

教理。然而清揚居士傳承太虛大師的理念，在人間淨土上提倡人生佛教，為日後的人間佛教灑下雨露。她參考佛教報恩的故事，提倡婦女們來學佛，特別詮釋勝鬘夫人的善行，因而傾其一生護持佛教與佛教文化事業，她更以實際的行動，以自身的經歷說明菩薩的因行，向信眾說明成佛的果德。

「四攝法」是菩薩想要攝受眾生，令其生起親愛心而接引入佛道的四個方便法。這是一種權巧度眾的方便法門，但因眾生的根基與需要的不同，有四種方法：

一、布施：以無所施的心，施授真理（法施）與施捨財物（財施），以及濟拔厄難，使離怖畏（無畏施）。

二、愛語：依眾生根性而善言慰喻，令起親愛的心而依附菩薩受道，有慰喻語、慶悅語、勝益語。

三、利行：以身口意的善行利益眾生，令眾生生起親愛的心而接受教法，有現世利行、後世利行、現世後世利行。

四、同事：和眾生同一苦樂，且能以慧眼觀照眾生，給予眾生最適宜的教化。

綜觀清揚居士一生的行事，她沒有所謂門派之見，那裡有需要幫忙、她就幫忙。她沒有起分別心，盡行六波羅蜜之「布施」波羅蜜，此乃大乘佛教中菩薩欲成佛道所實踐的六種德目，布施可培養我們慈悲為懷的悲心。因此她被人們稱其有典型的佛教徒風範，星雲大師公開讚譽她為臺灣「佛教之教母」。

她與觀音菩薩有很殊勝的緣份，因而與佛教結下很深厚的因緣。從著名抗日將領孫立人將軍的夫人，她對信佛有獨到的見解，並以一己之力振興臺灣佛教的文化事業，且慷慨捐資，因而被人們譽為戰後臺灣佛教的大護法，慈濟證嚴上人對外更

推崇清揚居士為「教界首席大護法」。

年輕時，由於身體微恙的因素，開始燒香、拜佛、唸佛，後來遭遇「孫案」事件因而隱居於家中。我們對照所有的人、事、物，都與當時的時代背景有關，其背後都隱藏著所有的政治紛爭。然而她在佛學的造詣，是用什麼信念來實踐佛法，讓她與時俱進走在時代的前端。她的善知識和佛教的緣份，要從清末民初的大背景來探討與了解，因此傾一生之力為佛教與佛教文化事業的奉獻，在時代的大洪流中，盡心力做好自己的本份。除現身說法以及她在佛教雜誌所發表的文章，都是為信眾說法的內容。難而她這一生的起起落落，需要從大歷史脈絡來認識她，因而我先編了一本《清揚居士年譜著作合集》，作為本書的參考工具書。

本書雖以清揚居士為主角，但不能忽略孫立人將軍當時的身份與地位，因此在大時代的背景，孫將軍和清揚居士對戰後臺灣佛教的貢獻是互補的。其內容採取編年記述的方式，分為七章來說明與探討。第一章、說明本書的緣起。第二章、時代背景。第三章、孫立人夫婦與臺灣命運。第四章、發揮轉變臺灣佛教。第五章、奉獻佛教文化事業。第六章、臺灣現代佛教。第七章、「居士佛教」蔚然成風。

張晶英女士從小跟隨著母親（張詹願華）到廟宇、寺院參加各種法會，因而皈依佛教而其法名為「清揚居士」，同時也是孫將軍的夫人，故有孫張清揚的稱謂，成為佛教界的大護法。孫立人將軍夫婦以其當時的身份，曾協助二十多位的僧人來臺，包括星雲、廣慈、印海法師等人，他們才能在臺灣安身立命弘揚佛教。三十八年（1949），中國發生了巨大的變局，不

但國府失去大陸政權，來自大陸各省的一、兩百萬的人撤退，或逃難來到臺灣的外省民眾。

其中，有數百位在大陸佛教界很有知名度與影響力的僧人，也跟著來到臺灣。而因孫清揚居士在大陸時，就和這些來臺的佛教僧侶們，結有深厚的因緣。加以當時孫將軍在臺灣的軍中掌握著大權，得以在此巨變的大時代下，為來臺初期的這些佛教長老，提供很多必要的協助。就此成就，清揚居士在這個環節上所作的重要貢獻，也就是她對當時臺灣佛教活動與佛教文化事業協助與促成的成就，實不亞於孫將軍當時在臺灣軍事上的成就。

孫立人將軍當時在臺灣固然是國軍中的異軍突起，清揚居士當時也是在臺灣佛教界的異軍突起，因此兩人的成就在臺灣近代史上是非常特殊，而且是互為影響。

清揚居士至鎮江焦山避暑，初遇定慧寺住持東初法師，又受到退居住持智光法師的啟發，了解到婦女對家庭教育的重要性，特別提倡婦女們來學佛，她的文章中，有一篇特別詮釋勝鬘夫人的善行。當年的清揚居士與勝鬘夫人極為相似，遇到佛陀，勝鬘夫人就「頓悟了、就信了、就進入佛門」。清揚居士也以「我相信、我發願、我實行」，所以皈依佛教的過程都是一樣的，乃至今天的我們也是如此。

她是佛教在臺灣發展的關鍵人物，以人間淨土的理念，在臺灣傳承太虛大師佛教文化的事業，從《海潮音》、《人生》、《覺世》、《菩提樹》、《今日佛教》等佛教雜誌，讓我們可了解佛教當年活動的訊息。從字裡行間都看到她的身影，以及登載她所發表三十多篇的文章，清揚居士於各方面都是我們的

典範，成為我們學習的榜樣。

慈航法師以人間淨土的理念，在臺灣灑下人生佛教的種子；清揚居士傳承太虛大師的遺願，買下善導寺作為佛教弘揚的據點；迎請太虛大師的舍利，在臺灣延續人生佛教，乃至人間佛教在全球發揮亮麗的文化成績。尤其是當年她護持許多的機構，至今仍然地繼續的運作。來臺前，清揚居士亦與中國佛教會合作，在臺灣也與佛教界長老們合作，進行募款、勞軍、安頓民心等工作。清揚居士曾當選中國佛教會全國會員代表，且多次出席中國佛教會理監事聯席會議。

她的夫婿孫將軍不但為中國立功異域，大振中國人的聲威，更是一位忠貞的愛國者。後來不幸因政治的因素，而成了時代的悲劇人物。「孫案」事件，雖然被軟禁於臺中的孫府（孫立人將軍紀念館），但清揚居士仍然出面發起、影印《大正藏》。其目的：是讓信眾認識佛教與了解佛教的教理教義，因而研究佛學的人逐漸增加；進而鼓勵大專青年來學佛，吸引更多人深入經藏學習佛學；她與周宣德老居士開始設置獎學金；使佛法能夠普遍化、深刻化，傳播於全世界各個角落，乃至人間佛教於全球開花結果。

佛教要融入我們的日常生活中，才能使佛法的大眾化、普遍性，進而導正人們對佛教的曲解認識和偏見。臺灣在自由民主的政治體制下的發展，政治、軍事、經濟、教育、文化等皆有輝煌的進步，佛教對於當時的社會秩序也起著重要的角色。清揚居士對臺灣佛教主要的貢獻，可以分為三大類：

一、是護持來臺僧人：她為「1949 法難」奔走，和護持來臺的出家人，有慈航、智光、南亭等老法師和星雲、廣慈等法

師為年輕的代表，以及在臺灣資助慈開法師長達二十多年。

　　二、是資助法寶：包括各種的佛教期刊與雜誌、臺灣印經處和發起、印售《大正藏》等佛教文化事業。

　　三、是建立弘護據點：除勸導親友（官夫人）學佛，又買下善導寺、資助棲蓮精舍，以及協助智光商職、擁護慈濟醫院等機構，且親自留下遺言，捐出她在永和寓所（故居），作為弘揚人間佛教的教育場所，後來改建為佛光山「永和學社」。

　　清揚居士除傾其一生護持佛教舉辦各種的活動，更以實際的行動現身說法，因此她常被邀請到寺院向信眾說法，說到動容之處讓信眾深刻堅信自己的信仰。同時以一己之力護持了當時佛教雜誌的創辦，且號召、集資廣大的信眾來印刷佛教經典，因而她對臺灣佛教文化事業的貢獻，都成為本書所鋪陳的內容，進一步說明她對戰後臺灣佛教的貢獻，因而把清揚居士比喻為佛教的「現代勝鬘」。

　　我從文獻資料的分析與歸納，把這段的歷史架構起來，還原孫家的歷史原型，讓所有人能夠真實地、深刻地來認識與了解全貌。目的是讓所有人對孫立人將軍夫婦，能有真切的認識與深刻地了解，從而對這一位常勝將軍多一份的尊敬！

　　同時期望全球華人的社會，理解這段為人所不知的歷史故事，希望引起華人世界的注意力！

第二章 時代背景

　　湖南具有悠久的歷史以及深厚文化底蘊和學術的氛圍，張晶英誕生於湖南的常德，張家在湖南當地是大戶人家，從小經常跟著母親到寺院參加法會，其母親張詹願華是一位虔誠的佛教弟子。她隨母親遷居南京後，進入基督教會學校接受教育，但不影響她的宗教信仰。經常跟隨母親到棲霞寺，從而皈依佛教而有「清揚居士」的稱號，之後與青年孫立人先生結婚，因而被稱為孫張清揚居士。從此與母親不僅出錢又出力護持佛教，成為佛教界的護法居士，而且是太虛大師的護法居士。

第一節　家庭教育

一、出生湖南

　　二年（1913）十二月二十四日，湖南省永綏常德的張家誕生了一位女娃，家族取名晶英，清揚居士是佛教界對她的稱號。張家在常德是大戶人家，因此她的家族，在湖南的各縣市都有親戚，家中有姊姊哥哥四人，她排名最小（如下圖）。[1]

---

1 釋泳思，〈情緣・法緣-孫夫人張晶英女士的一生傳奇〉《慈濟》第 289 期，1990.12.25，頁 75。

　　湖南以名山、名水、名城、名人為特色，位於長江中下游
南部，簡稱湘，面積有 21.18 萬平方公里，大約是臺灣的六倍。
西部是張家界，集大自然奇、險、秀、幽於一體；中部南嶽衡
山，有五嶽獨秀之稱，是南方著名的佛教禪林；北部洞庭湖號
稱八百里洞庭，為中國第二大淡水湖。常德位於北部，又是省
轄市，在沅江下游和澧水中下游；東北臨洞庭湖，北與湖北鄂
西土家族苗族自治州和宜昌、荊州地區相鄰。[2]

2 湖南省編纂委員會編，《中華人民共和國地名詞典》（北京：商務印書館，

　　民國初期是軍閥時代，父親張先生當上軍長（如下圖），娶了幾個姨太太。母親張老太太是一位受過菩薩戒的佛教弟子，對於佛寺的水陸、法座、讀經和佛教的儀軌，都很用心地學習。[3]

　　張老太太對佛寺、出家人更以金錢來布施，因此早晚課的懺悔、禮佛、課誦，成為她每天要修行的功課，平時經常到佛

1992 年 3 月），頁 189。

3 釋泳思，〈情緣‧法緣-孫夫人張晶英女士的一生傳奇〉《慈濟》第 289 期，1990.12.25，頁 76。

寺參加各種的大法會。小小年紀的晶英，常常跟隨著母親到寺院拜拜，看到穿著灰樸樸衣裝的出家人，心中有點害怕。[4]

　　湖南佛教的歷史悠久，劉禹錫在〈竹枝詞〉序云：「昔屈原居沅、湘間，其民迎神，詞多鄙陋，乃為作《九歌》，到于今，荊、楚鼓舞之。」王逸在《楚辭章句》亦云：「昔楚南郢之邑，沅、湘之間，其俗信鬼而好祠，其祠必作樂、鼓舞以樂諸神。」[5]

　　中國佛教的八大宗—天台宗，南嶽的慧思法師建造福嚴寺，智顗、灌頂法師曾住於南嶽。禪宗傳法人南嶽懷讓、馬祖道一、石頭希遷等人都在南嶽活動，所以福嚴寺、磨鏡臺都留下他們的遺迹。

　　岳麓寺為湖南第一座的佛教寺廟，湘江環繞於岳麓寺的

---

4 詹西玉，〈孫府將軍夫人〉《中國軍魂：孫立人將軍永思錄》（臺北：學生書局，1992 年 12 月），頁 242。

5 王繼平主編，〈北方秘密宗教與湖南齋教〉《近代中國與近代湖南》（湖南：人民出版社，2007 年），頁 425。

南、東、北三面，南嶽衡山位於西北，高有一千二百公尺，據說有七十二座寺廟，大殿都供奉觀音菩薩（觀音大士），可見佛教在此很盛行。[6]

二、清揚居士的母親

　　七十八年（1989）五月二十九日，從湖南的家鄉南嶽「福嚴寺」，持慧法師寄來一封感謝函：「……收到唸佛珠十串」。（如下圖）

6 王興國，《毛澤東與佛教》（北京：中共黨史出版社，2009年），頁8-9。

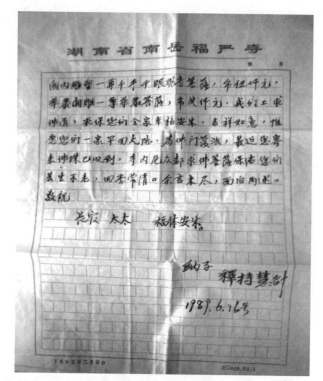

六月十六日，持慧法師又寄來一封信：

> 將軍、太太，有臺胞來寺參觀時，我與印慧法師探望您
> 一家，但不知您的通訊地址，您倆還記得起麼。南嶽大
> 善寺熙谷老法師開席，是由您們在護法，出了壹仟元錢。
> 我正在受戒，看到您好年輕，因為您母親張老太太住在
> 香山寺，完全是她護法。福嚴寺觀音閣、華嚴閣都是您
> 母親建造的，現在修復煥然一新。歡迎您一家回大陸探
> 親，前來福嚴寺光臨指導。

　　從持慧法師的書信中，大膽推論：張家在湖南是一個很大
的家族，且在當地為大戶人家。張老太太長年護持香山寺，這
是一間女眾修行的寺院；又在湖南的家鄉，出資蓋建「福嚴寺」
的觀音閣、華嚴閣。張老太太平日樂善好施，出錢捐助寺院香
火錢、資助蓋建佛寺等等，都不為外人所知。

　　香山寺於明洪武十五年（1382），僧會、慧用法師重建。
它是一座尼寺，位於湖南寧鄉縣小西門外香林山之南，因產檀
香木故名香林山。香山寺在香林山裡，佛殿十分莊嚴壯麗，是
為山密印寺的下院。陶之采所撰《香山寺禁約碑》云：「為殿
五重，前曰金剛、天王，中曰大雄、觀音，後曰地藏，東西廊
尤廡不下百楹。飛甍丹堊，廣袤數百丈。」[7]

　　抗日戰勝後，祝聖寺遭到日本軍機的轟炸，寺院有二分之
一被炸毀，文物資料幾乎毀損。[8] 張老太太出資、修復祝聖寺。
此時，空也（1885-1945）法師圓寂，南嶽佛教百廢待舉，諸山
長老偕護法居士迎請道安（1907-1977）法師回湖南住持。由此
了解張老太太其一生為佛教的發展，也是竭盡心力，奉獻其所
有的。

　　三十六年（1947）八月，道安法師（四十二年來臺後，蓋
建松山寺）抵達湖南，準備恢復南嶽佛教。[9] 翌年，擔任祝聖寺
住持兼佛學院院長，夏天又接下佛教會理事長。[10]

7　王興國，《毛澤東與佛教》，頁 37-38。

8　南嶽佛教網，網址 http://www.nanyuefw.com/nyfjw/3/35/content_2428.html，
　　檢索時間 2019.8.22。

9　徐孫銘等人著，《道安法師法脈傳記》（臺中：太平慈光寺，2008 年），頁
　　99。

10　陳慧劍，《南亭和尚年譜》（臺北：華嚴蓮社，2002 年 6 月），頁 305。

三、求學生涯

張晶英在母親的寵愛下，是天足不裹小腳，平日經常到處玩耍。小孩的晶英剪了辮子與孩子們玩在一起，造就她的性格豪氣、機靈，有「女兒王」的外號。張老太太不受傳統觀念的拘束，思想開放且見解獨到。她讓九歲的張晶英，進入「武漢師範學校」就讀，平日與同學們一起讀書，晚上還要在學校住宿生活，張晶英展開學習認字的生涯。[11]

十二年（1923），張老太太為了脫離湖南大家族及傳統的規範，舉家遷徙到南京居住。這時，十一歲的張晶英在「武漢師範學校」的學程尚未完成，跟隨母親到南京。她參加匯文女子中學（改名為金陵女中，如下圖）的考試，進入一所基督教會學校接受所謂的新式教育，並沒有影響到她的宗教觀。

基督教會學校有一條規定，吃飯前要閉上眼睛向上帝禱告。禱告結束說：「阿門」。同學們都專心地禱告，張晶英却

11　釋泳思，〈情緣·法緣-孫夫人張晶英女士的一生傳奇〉《慈濟》第 289 期，1990.12.25，頁 75。

把眼睛睜得大大的、骨碌碌地轉，同時左顧右盼的，表現出一副心不在焉的樣子。有一次，被校長（劉師母）發現。當場責問她：禱告時，為什麼要睜著眼睛。張晶英直接回答：「**肚子餓了，看看有没有好吃的菜餚。**」劉師母還問：「是信耶穌？信天主？或信菩薩？」她竟天真地回答：「**看見，才相信。**」[12]

張晶英天生率直、果敢的性格，與她後來皈依佛教且成就佛教文化事業，是有很大的關係。後來，清揚居士談起童年往事，如赤子般地笑著說：「**那時我才幾歲，很天真，不懂得要說謊。**」基督教會學校的學習，讓她養成獨立自由的個性，爬山、游泳、騎馬、跳舞是她的活動，更善於唱歌。[13]

四、夫婿孫立人

光緒二十六年（1900），孫立人生於安徽廬江縣西北鄉金牛鎮，祖籍安徽舒城縣，出生在世代書香的家庭中，與父親（孫熙澤）遷居青島，跟隨宋執中讀古書，接受傳統的儒家思想教育。[14] 他的父親是一位教育家，曾任中華大學副校長，所以對兒女的教育甚嚴。[15]

民國成立，孫熙澤遷居北京，十六歲的孫立人考上清華學校，校長是周寄梅（1883-1958）。平日除認真地讀書，課餘之外，為藍球、足球與棒球之名手，孫立人更喜愛籃球，被譽為

---

12 釋泳思，〈情緣‧法緣-孫夫人張晶英女士的一生傳奇〉《慈濟》第 289 期，1990.12.25，頁 75。

13 釋永芸，〈與孫立人將軍夫人往生前的最後訪談〉《中國軍魂：孫立人將軍永思錄》，頁 443-444。

14 沈克勤，《孫立人傳》（臺北：學生書局，2005 年 6 月），頁 5。

15 于凌波，《現代佛教人物辭典》（新北市：佛光文化，2004 年），頁 822。

華北五虎將。十一年（1922），他代表中國的藍球選手，參加「第五屆遠東運動會」，於運動場中擔任藍球隊後衛，擊敗日本、菲律賓，奪取冠軍，贏得中國運動史上最光榮的一頁。[16]

依照中國傳統的禮俗，奉父母之命、媒妁之言，孫立人和合肥龔彥師的女兒（龔夕濤）結婚。可是孫立人認為龔夕濤未受新式教育，不懂現代的生活方式，由於兩人不熟悉，覺得兩人的談話不投緣。後來，孫立人回到清華大學，專心讀書、打球，從此很少回家。[17]

龔家在合肥當地是望族，堪稱官宦門第、世代書香。龔夕濤雖然未進學校念書，但她從小在私塾熟讀四書五經，同時寫得一手秀麗的毛筆字。她嫁到孫家後，每日侍奉翁婆姑嫂，因此受到鄰里們的稱讚，一人獨自守在家鄉，從無一句的怨言，直到晚年也是如此。家族的堂兄（孫雨人）生下一子，名至銳，託交龔夕濤代為扶養，她把至銳視如己出、教養無微不至，兩人親如母子。[18]

十二年（1923），孫立人從清華大學畢業後，成績優異而獲保送美國普渡大學（Purdue University）修學土木工程，兩年即完成學士學位。當時中國正遭列強肆意欺凌、國勢阽危，孫立人即決定進入維吉尼亞軍校（Virginia Military Institute）接受嚴格的軍事教育。[19]

---

16 中央研究院近代歷史研究所，館藏號：105-01-11-001。
17 朱浤源等合編，〈孫立人將軍年表〉《中國軍魂：孫立人將軍永思錄》，頁404。
18 沈克勤，《孫立人傳》，頁25-26。
19 朱浤源等合編，〈孫立人將軍年表〉《中國軍魂：孫立人將軍永思錄》，頁404。

十六年（1927）六月，孫立人從軍校畢業又赴歐洲考察軍事。隔年六月，返抵中國。此時全國上下瀰漫著革命氣氛。[20]

政府在南京籌辦「中央黨務學校」，蔣中正（1887-1975）擔任校長，谷正綱（1902-1993）為訓導主任，學生有四百多人。

孫立人擔任第一期學生大隊上尉隊長，課堂上教授「橋樑學」。後來，孫立人請調、擔任馮軼斐新軍工兵營第三連排長，調升為營附時，部隊移至南京，孫立人平時都以軍營為家，因此大部份的時間，都待在營房裡，很少外出活動。[21]

三年之中，孫立人由排長而連長、營長到大隊長，非常注重實際的精神，備受層峰的嘉許。[22]

五、認識孫立人、到結婚

十八年（1929）冬天，張晶英在匯文女子中學的同學，剛好是孫立人的親戚。南京的冬天很冷，十幾個人都躲在書房，然後圍著火爐取暖。張晶英穿著厚厚的大衣走進來，看到青年的孫立人，這時孫立人帥氣、英挺地走過來，幫忙脫去大衣。

第一次見到畢挺軍裝、腳蹬長統馬靴的孫立人，張晶英當下有點訝異。後來才知道是同學們，很刻意下安排的生日聚會。

---

20 沈克勤，《孫立人傳》，頁 47-48。
21 朱浤源等合編，〈孫立人將軍年表〉《中國軍魂：孫立人將軍永思錄》，頁 404。
22 中央研究院近代歷史研究所，館藏號：105-01-11-001。

當時年輕貌美、氣質高雅的張晶英，讓孫立人一見傾心。飯桌上，孫立人殷勤地幫忙夾菜。餐後，孫立人又請大家看西洋默片、吃巧克力糖。

週末，孫立人特別租了一部汽車，請大家上館子吃飯、看電影。他們還一起去參加晚會，孫立人主動、邀約張晶英跳舞，那晚兩人玩得很開心，互相的愛意已萌生了。[23]

沈克勤（1921-2020）先生曾是孫立人將軍的侍衛官，他在《孫立人傳》一書，說明當時的情形：

> 兩人相差十三歲，但是談得很投緣。天氣晴朗時，他們到南京郊外棲霞山騎馬，駢轡馳驅羨煞許多人。每逢假期或周末，兩人不是到鍾山踏青，就是到玄武湖盪舟，有時還會去聽音樂會，日子過得開心、愜意極了。[24]

清高宗遊棲霞時，曾有一句詩：「第一金陵名秀山」。棲霞山位於南京郊外東北，隸屬江寧縣，因產藥草可以攝生，故名攝山；形狀似繖，又名繖山。棲霞山是「六朝勝地，千古名藍」。南京有一句歌謠：「會遊遊棲霞，不會遊遊天下」。所

---

23 釋泳思，〈情緣‧法緣-孫夫人張晶英女士的一生傳奇〉《慈濟》第 289 期，1990.12.25，頁 75-76。
24 沈克勤，《孫立人傳》，頁 62。

謂「春牛首、秋棲霞」，此地以紅葉著稱，是首都名勝風景的所在。棲霞寺則居其中，連貫長江之九鄉河橫臥於前，前迎面為南北二象山。[25]

　太平軍之亂，將棲霞寺所有建築付之一炬。光緒初年，德宗（1621-1684）和尚來山結茅居住。八年（1919），宗仰（1865-1921）上人不忍六朝勝蹟湮沒，因此發心恢復棲霞寺。

25　〈棲霞宗仰中學形將實現〉《海潮音》卷 29，1948.1.10，頁 493。

若舜（1879-1943）、寂然（1894-1939）二位法師增建大殿、藏
經樓、五觀堂、挹翠樓、律學院、庫房、客堂等等。[26]

　　財政部部長宋子文（1894-1971）成立稅警總團，首任總團
長王受慶（1895-1942）將軍，初期為四團，後擴編為六團。十
九年（1930）一月，孫立人調升為陸軍教導師步兵第三團第三
營中校營長。[27]

　　這一年，張晶英從匯文女子中學畢業。熱戀中的兩人，此
時聚會的時間更多了，但母親却反對兩人的婚事。理由有三：

> （一）孫立人是安徽人，家裡很有錢。晶英和母親都不
> 知道，派人到安徽調查家世，可能地址寫錯並沒有找到
> 孫家。
>
> （二）湖南省雖然大，張家在各個縣都有親戚居住，彼
> 此也有照應，但安徽太遠，從此不能侍親左右，媽媽捨
> 不得。
>
> （三）張家父母的感情本來極好，父親是軍人，北閥時
> 期當上軍長，却討了很多姨太太。這讓媽媽痛恨軍人，
> 認為軍人都是一樣的。[28]

　　此時，孫立人的父親，也不同意這門婚事。他認為龔夕濤
是一位賢慧的媳婦。這時，從一而終的龔夕濤，也堅決不離異，

---

26 釋月基，〈南京棲霞山〉《今日佛教》卷 1 創刊號，1957.4.10，頁 28-29。
27 朱浤源等合編，〈孫立人將軍年表〉《中國軍魂：孫立人將軍永思錄》，
　　頁 405。
28 釋泳思，〈情緣・法緣-孫夫人張晶英女士的一生傳奇〉《慈濟》第 289 期，
　　1990.12.25，頁 76。

但同意孫立人可以再娶，自己則在家中侍奉公公婆婆。[29]

　　從小被家人疼惜的張晶英，不顧母親的反對與孫立人在上海結婚。十月十七日，他們在上海滄州大飯店舉行婚禮，雙方的家長都沒有出席參加。當時兩方的家人都反對，所以婚禮辦得很匆忙。清揚居士回想這一段的往事：

> 我在同齡表姊的鼓勵下，倔強地不顧雙方家庭的反對。
> 十月十七日，兩人在上海滄州大飯店舉行了婚禮，宴請
> 兩桌朋友。婚後，孫立人隨軍隊到徐州，我們在營房附
> 近租了一個房子，兩人過起新生活。[30]

　　婚後，張晶英不敢與家人聯絡，也不敢和母親來往。她隨

29 沈克勤，《孫立人傳》，頁 64。
30 釋泳思，〈情緣・法緣-孫夫人張晶英女士的一生傳奇〉《慈濟》第 289 期，1990.12.25，頁 76。

軍隊來到徐州，兩人過起新生活。後來，經過一年多的日子，張老太太看到女兒所選擇的女婿，其日常的生活習慣都很正常，平時不抽煙、也不喝酒，且言行舉止都很高尚。不是她印象中軍人的樣子，慢慢地承認孫立人為女婿。[31]

六、日本侵略中國

二十年（1931）九月，孫立人升任陸海空總司令部侍衛總隊長上校副總隊長。[32] 九月十八日，瀋陽事變，東北三省相繼淪陷。[33] 圓瑛（1878-1953）法師出面啟建護國法會，反對日本侵略中國的行為。[34]

太虛（1889-1947）大師以佛教的立場，反對日本對中國發動侵略戰爭。[35] 親自出面以瀋陽事件，通告臺灣、朝鮮、日本四千萬的佛教民眾書：

> 我臺灣、朝鮮、日本四千萬信佛民眾，應速速成為一大
> 聯合，以菩薩大悲大無畏之神力，曉諭日本軍閥政客因
> 果之正法，制止其一切非法行動。如勸阻而不聽從，則
> 進而與東亞、南亞以及全球之佛教徒聯合，組織成佛教
> 之國際，以聯合振興亞洲各民族皆獲平等自由為職志，

---

31 釋泳思，〈情緣‧法緣-孫夫人張晶英女士的一生傳奇〉《慈濟》第 289 期，1990.12.25，頁 76。
32 朱浤源等合編，〈孫立人將軍年表〉《中國軍魂：孫立人將軍永思錄》，頁 405。
33 釋東初，《中國佛教近代史》（臺北：中華佛教文化館，1992 年 12 月），頁 933。
34 釋明暘，《圓瑛法師年譜》，頁 83。
35 釋印順，《太虛大師年譜》（臺北：正聞出版社，1992 年 3 月），頁 332。

亦以聯合世界上平等相待各民族，實現永久和平為歸
趣，起而若廢若黜日本軍閥政客之增上名位，使不能憑
藉以施行其上品之暴惡，逼惱中國五族以及臺灣、朝鮮、
日本一切無辜之有情民眾。[36]

二十一年（1932）一月，孫立人出任財政部稅警總團特科
兵團上校團長。二十八日，松滬戰役，孫立人奉命開滬與八十
八師並肩作戰，駐防閘北蘇州河一帶。[37]

三月十八日，太虛大師以中、日戰必致兩敗，和則得相助
之益。[38] 遼滬事件為中、日兩策安危的內容：

遼滬事件，若論理爭氣，則中國之理直氣壯，自無待言。
蓋遼、吉、黑、熱，以及沿淞、滬一帶諸地，固萬國所
公認為中國之領土者，日本橫以其海陸空軍之武力，用
不宣而戰之行動，作如寇而襲之侵佔，破壞中國政治與
領土之完整，使國聯猶有公理，固應群起加以相當之懲
裁，使中國獲伸民氣，尤應協同施以盡命之抗擊。然而
國聯脆弱，美、俄既未加入，英、法、意諸強本唯為自
圖私利，自保優勢，勉相聯合而虛與敷衍，其餘弱小諸
國，祇為諸強之應聲蟲，縱令仗義執言，亦不生如何效
力。[39]

---

36 釋太虛，第十五編時論〈為瀋陽事件告臺灣、朝鮮、日本四千萬佛教民眾
　　書〉，《太虛大師全書》，頁 330。
37 朱浤源等合編，〈孫立人將軍年表〉《中國軍魂：孫立人將軍永思錄》，
　　頁 405。
38 釋印順，《太虛大師年譜》，頁 342。
39 釋太虛，第十五編時論〈因遼滬事件為中日策安危〉《太虛大師全書》，

十月，孫立人調任財政部稅警總團步兵第四團上校團長，在海州練兵，並率稅警總團第四團至江西永豐接防，先後在永豐、丁毛山、七琴等戰役中，與共軍一、三兩軍作戰。[40]

七、觀音菩薩感應

張晶英成長於富裕的家庭中，婚後的生活很幸福又美滿，平日過慣官夫人的生活。幾年下來，享受榮華富貴的生活，她的生活可以說是幸福又甜蜜，每天過著美滿無缺的日子。這時，她與大多數人一樣，心中並沒有宗教信仰，也認為佛教是一種迷信的信仰。〈我學佛的因緣〉一文，看到她生活的情形：

> 年輕的張晶英素性愛動，除了上課以外，幾乎整天都和同學游泳、騎馬、打球等等度過。婚後的孫夫人，打牌、看戲或是上館子成了每天的課程，腦海裏只是想要怎樣才能玩得盡興或痛快，從來就沒有想到明天，更沒有想到什麼來生的因果。不知道除了人世間的種種之外，還有一個西方極樂世界，更談不上理會到深奧的佛法。[41]

二十三年（1934）七月，孫立人擔任稅警總團第四團部隊團長，部隊駐防在江西南昌一帶。[42] 張晶英跟隨著部隊來到南

頁 46。

40 朱浤源等合編，〈孫立人將軍年表〉《中國軍魂：孫立人將軍永思錄》，頁 405。

41 孫張清揚，〈我學佛的因緣〉《中流》卷 6 第 6、7 期，1948.8.30，頁 17。

42 朱浤源等合編，〈孫立人將軍年表〉《中國軍魂：孫立人將軍永思錄》，頁 405。

昌，經常有零星的戰役，每週只能見到孫立人一、兩次。[43]

九月，張晶英體會到軍人眷屬的無奈，日夜又要擔心孫立人的安危。這時，她的掛念與擔心，讓她感到生命的無奈與傍徨，慢慢地她生病了。[44] 清揚居士談起那時的情形：

> 觀音菩薩的點化，是她學佛的因緣：傍晚時分，太陽已經下山，但天空還是很明亮，剛栽植的綠絨絨水稻，彷彿天然地毯一般，天空則是如同海一般的澄藍色。[45]
> 病中的她，喉渴心焦、五內俱熱，看到一位白衣袍女人，從瓷瓶倒水讓她喝下，頓覺腑臟沁涼、舒服許多。病況才逐日好起，到寺院看見大殿的觀世音菩薩，與夢中濟水的人神情相似。[46]

睡夢中，張晶英依稀見到非常大的白衣觀音菩薩，手裡拿著淨瓶，白衣大士則在天空中，慈眼俯視著所有眾生。這時，她想求點什麼，却不知道要求什麼才好，突然她想起要為母親求壽。她抬起頭來，天空中的菩薩都沒有任何的回應。此時，俯伏在地上的她，覺得自己很孤單，竟然不自覺地哭了起來。後來，她看著天邊的菩薩和小佛慢慢地消失了。[47]

43 釋泳思，〈情緣‧法緣－孫夫人張晶英女士的一生傳奇〉《慈濟》第289期，1990.12.25，頁76。
44 沈克勤，《孫立人傳》，頁90。
45 釋泳思，〈情緣‧法緣-孫夫人張晶英女士的一生傳奇〉《慈濟》第289期，1990.12.25，頁76-77。
46 詹西玉，〈孫府將軍夫人〉《中國軍魂：孫立人將軍永思錄》，頁242。
47 釋永芸，〈與孫立人將軍夫人往生前的最後訪談〉《中國軍魂：孫立人將軍永思錄》，頁444。

　　此時，她看到一位老太太從空中走下來，老太太穿著半長的袴子、尖口布鞋，頭上還梳了一個髮髻，是鄉下老太婆的樣子。[48] 她跟著老太太走進一間房子，看到堂中有許多的人，年紀、服裝都與老太太一樣，她們的手上握著一串黑色的唸珠。他們繞成一個圈兒走著，都很有秩序地走著，且口中似乎唸唸有詞。張晶英很想知道她們在唸什麼，但是聽不清楚她們是在唸什麼、做什麼。[49]

　　瞬間，老太太拿一杯水給張晶英，以手勢示意要她喝下去。當她把水喝下後，身體感受到沁涼無比的感覺。這時，老太太出聲說：「求壽並不難，你宿世有佛緣，但為紅福（紅塵）所迷，愈早修行愈好。」當她夢醒後，那句「愈早修行愈好」一直縈繞在她的耳邊。

　　張晶英不了解「紅塵」是什麼的意思？她為了解開心中的疑惑，開始注意出家人。兩天後，她從樓上看見對街有一位出家人，她向師父問東問西，又纏著師父，來到十方叢林的寺院，看見一位老師父正在打坐。

　　這時，張晶英跟老師父說夢中的情景。老師父回答：「我是出家人，都沒有福報夢見觀音大士。」妳和觀音大士有很殊勝的因緣！老師父教她唸佛，又教她唸白衣大士神咒：[50]

南無大慈大悲救苦救難廣大靈感觀世音菩薩（三稱三拜）

---

48 釋泳思，〈情緣‧法緣-孫夫人張晶英女士的一生傳奇〉《慈濟》第 289 期，1990.12.25，頁 77。
49 孫張清揚，〈我學佛的因緣〉《中流》卷 6 第 6、7 期，1948.8.30，頁 17。
50 釋泳思，〈情緣‧法緣-孫夫人張晶英女士的一生傳奇〉《慈濟》第 289 期，1990.12.25，頁 77。

南無佛、南無法、南無僧、南無救苦救難觀世音菩薩。悝埵哆，唵，伽囉伐哆，伽囉伐哆，伽訶伐哆，囉伽伐哆，囉伽伐哆，娑婆訶。天羅神，地羅神，人離難，難離身，一切災殃化為塵，南無摩訶般若波羅蜜。

　　她來到大殿禮佛時，抬頭看到觀音菩薩，彷彿是夢中的白衣大士。當時她的身上有點私房錢，所以有出世的想法，準備到深山修行，她就把自己的想法，告訴孫立人和媽媽。

　　第二天的早上，張晶英燒一支香，發現家中沒有香爐，她就把香插在量米的杯子裡。左鄰右舍都是年輕的官太太，大家都沒有子女。她們的丈夫都出去打仗，孫立人的家中請大師父來掌廚，所以軍眷都到孫府吃飯。

　　這一天，大家看到孫夫人開始拿香、燒香的動作，都取笑孫夫人竟然學起老太婆燒香、拜佛、念咒。張晶英出現了這段的奇妙因緣，開啟了她的宗教信仰，連同她的好友們都感到很驚訝！[51]

　　前線正在打仗的孫立人來信：「妳作了個夢就當真。妳要信佛，我不阻擋妳。妳想修行，在家修不也一樣嗎？為什麼一定要到山洞裏？」母親也來信：「妳想修行，我很歡喜。但不懂佛教，作個夢就要出家修行。希望妳多了解、多看、研究後再出家也不遲！」[52]

　　「夢境」讓她注意到出家人，看到大殿上的觀音菩薩，彷

---

51 釋泳思，〈情緣‧法緣-孫夫人張晶英女士的一生傳奇〉《慈濟》第 289 期，1990.12.25，頁 77。

52 釋永芸，〈與孫立人將軍夫人往生前的最後訪談〉《中國軍魂：孫立人將軍永思錄》，頁 444。

佛是喚醒了她的前世因緣。日後，又碰到時局的遷移，孫立人
將軍夫婦曾幫助二十多位出家人到臺灣，在臺灣傳承太虛大師
人間淨土的理念，提倡「人生（間）佛教」。

　　漢傳佛教在臺灣能夠深根發展，今天看到人間佛教於各地
遍地開花，大乘佛教弘揚於全世界，臺灣佛教能有今天的發展，
固然得力於出家眾的努力，但清揚居士的居功匪淺。

　　十一月，孫立人率部隊返回海州，[53] 此時由於軍隊調動很
頻繁，當時的情勢很複雜，孫立人根本無暇照顧家裡。

　　二十四年（1935），張晶英以安全起見，不要成為孫立人
的負擔，只好搬回到南京，與母親同住。虔誠唸佛的母親曾給
她一串唸珠，教她要好好地唸佛，但是官太太和朋友們一來，
她跟大家出去玩。

---

53 朱浤源等合編，〈孫立人將軍年表〉《中國軍魂：孫立人將軍永思錄》，
　　頁 405。

　　結婚多年來，張晶英都沒有生育的跡象，張老太太開始替
女兒著急，準備在家中的佛堂為女兒求子，每天唸二十一遍的
大悲咒，準備唸七七四十九天。[54]

　　有一天，張晶英在睡夢中，她來到一戶的鄉下人家，看到
佛龕上供奉著觀音菩薩，老太太則站在門口等她，然後帶著她，
走到後院的一口井，指著這一口井對她說：「妳不能生育，若
生育就會掉到這口井裏。」

　　醒來後，她把夢中的情形告訴了母親。張老太太馬上意會
到，可能是觀音菩薩來點化，此時張太太很傷心地說：「我不
求了！替妳求子是多餘的！」[55]

八、普陀山朝聖

　　二十四年（1935）七月二十日，孫立人的父親逝世，三日
後繼母亦逝世。[56] 張晶英隨著夫婿回家奔喪，此時親戚鄰里對
她很不諒解，唯獨龔夕濤待她情同如姊妹，讓張晶英終生對龔
夕濤的感念。[57]

　　後來，張晶英隨部隊來到浙江寧波五夫駐紮，這是一個荒
僻的小縣城。她被安排住進一棟的古老房子，整天除打牌、看
電影和外出遊玩，每天過著很奢侈的生活。有一天，感覺到胸
口甚悶，她想要外出散步，走到門前往外面一看，是一片黑漆

---

54 釋永芸，〈與孫立人將軍夫人往生前的最後訪談〉《中國軍魂：孫立人將
　　軍永思錄》，頁 444。

55 釋泳思，〈情緣‧法緣-孫夫人張晶英女士的一生傳奇〉《慈濟》第 289 期，
　　1990.12.25，頁 78。

56 朱浤源等合編，〈孫立人將軍年表〉《中國軍魂：孫立人將軍永思錄》，
　　頁 405。

57 沈克勤，《孫立人傳》，頁 1005。

漆且很黑暗，讓人不禁悚然地害怕。這時，她覺得有一陣風吹
過來，讓她很不舒服，不僅從口中吐血。後來從鏡中看到自己
的半邊嘴和臉都歪了。

　　當時，她看遍中、西醫，用盡了各種的偏方藥材，都沒有
起色。年輕愛美的張晶英，無法忍受這種痛苦，有了想要輕生
的念頭，也向南京張老太太發了電報。母親看到「病重」兩字，
立即趕到浙江，看到情況不太對，馬上吩咐傭人把鍋子、碗筷，
重新洗刷乾淨，同時要求眷屬與大眾持齋一天。[58]

　　張老太太向外擺上桌子，在案前供著一杯水，開始焚香、
祝禱，誦念大悲咒二十一篇。張老太太要女兒在案前跪著，交
待女兒要意念著，曾夢過的白衣觀音大士，然後把大悲咒的水
喝下。早上九點喝下去，下午覺得好了很多。讓臺醫束手無策
的病，三天後，竟然不可思議的好了。[59] 清揚居士回憶那時的
情形：

> 孫團長常年在部隊，經常不在家，我在母親的開釋勸慰，
> 心中仍感抑鬱煩悶、悲離怨苦。先生常常回來看我，俟
> 確知我的生命安全、無可掛慮才安心。平時我隨母親朝
> 夕課誦、禮佛，佛教給予精神上慰藉，得以過著平靜的
> 生活。[60]

　　沈克勤先生在《孫立人傳》書中描述：「自此之後，拜觀

---

58 孫張清揚，〈我學佛的因緣〉《中流》卷 6 第 6、7 期，1948.8.30，頁 18。

59 釋永芸，〈與孫立人將軍夫人往生前的最後訪談〉《中國軍魂：孫立人將
　　軍永思錄》，頁 444。

60 詹西玉，〈孫府將軍夫人〉《中國軍魂：孫立人將軍永思錄》，頁 242。

音、唸佛成為張晶英一生的宗教信仰。」從此，張晶英日益親近佛法，常勸夫婿孫立人信佛。[61]

　　年底，張晶英母女兩人動身前往到南海普陀山朝山。普陀山原名小白華，又稱梅岑山，是觀音菩薩的道場，位於浙江定海縣東海舟山群島，又稱補陀山，與五臺山、峨眉山、九華山是中國佛教四大名山。

　　五代初年，日僧慧蕚於舟山群島創建「不肯去觀音堂」，大小佛寺三百餘所，其中以普濟寺、法雨寺、慧濟禪院較為著名。山上幽遠清淨，不蓄畜生，有「海天佛國」之稱，相傳為觀音菩薩示現應化之道場。

　　中國的民間有四大信仰，觀音菩薩的影響最大、信徒最多。這一趟的朝山之旅，是否感應到特殊的宗教體驗。清揚居士的回憶：

61 沈克勤，《孫立人傳》，頁 94。

二十四年，我們母女同往南海普陀山朝山。走到還音洞前，我望見穿赭紅衣裳，很大、很莊嚴的觀世音菩薩，母親也是。就這樣，我開始信仰佛教，培養了一份布施心，有多少能力就做多少事，大力護持佛教。來到臺灣之後，環境大不如從前，我還是一樣隨緣布施，但已經無法和在大陸時比較。[62]

九、皈依佛教

二十五年（1936），張晶英與母親到棲霞寺參加大法會，法會中張老太太特別求受菩薩戒，皈依卓塵長老，成為一位優婆夷。[63] 從相片中看到張老太太的塔名為「願華優婆夷塔」。（如左圖）

在家居士親近三寶、受三歸、持五戒。優婆塞（梵語 upāsaka），意譯為近事、近事男、近善男、信士、信男、清信士。優婆夷（梵語 upāsikā），譯為清信女、近善女、近事女、近宿女、信女。

張老太太特別要女兒，向明常（1898-1977）法師磕頭、求皈依，這是張晶英第一次皈依佛教，清揚居士的法名，在佛教

---

62 釋泳思，〈情緣‧法緣-孫夫人張晶英女士的一生傳奇〉《慈濟》第 289 期，1990.12.25，頁 78。

63 釋星雲，〈孫立人與孫張清揚〉《百年佛緣》生活篇③（高雄：佛光出版社，2013 年 5 月），頁 168。

界傳開來。

多年後，他們在臺灣續起師徒之緣，並與南亭（1900-1982）法師等人成立「智光商職」，為國家培育許多的商業人才。[64]

星雲（1927-2023）大師在《傳燈－星雲大師傳》提及棲霞寺，他看到清揚居士與母親二人的情形：

> 江蘇的鎮江、金山、焦山、宜興本是歷史悠久的佛寺，棲霞寺從山門拾級而上，兩旁古木森森，花蕾乍綻，半月湖波光蕩漾。毘盧寶殿聳立於微涼空氣中，五層六角形的舍利寶塔及四旁的草地，以及一千五百歷史的千佛石窟，曾是張老太太與清揚居士兩人經常進出的寺院，她們的身影也穿梭於法會間。[65]

抗戰勝利後，星雲大師回到棲霞寺探望師長，看見清揚居士與母親二人出入寺院，法會中虔誠禮佛、誦經，雖然未曾說過話，但彼此的緣份深厚。[66] 廣慈（1918-2024）法師在棲霞寺看到清揚居士：

> 我在南京的時候，孫夫人經常住在棲霞寺，很少在孫將軍的住處（當時孫將軍是校級軍官，三十四至三十七年是中將）。她住在廟裡的時間比較多，所以我們很熟悉。孫立人的太太是很幸福，她和我們結緣結得很多。我們

---

64 釋泳思，〈情緣‧法緣-孫夫人張晶英女士的一生傳奇〉《慈濟》第 289 期，1990.12.25，頁 76。
65 符芝瑛，《傳燈-星雲大師傳》（臺北：天下文化，1996 年 11 月），頁 23-24。
66 釋永芸，〈與孫立人將軍夫人往生前的最後訪談〉《中國軍魂：孫立人將軍永思錄》，頁 442。

為什麼那麼熟悉？我們在佛學院，讀書的時候，她幫忙
佛學院的經濟，常常走人事關係。[67]

第二節　清揚與戰亂的中國

一、淞滬會戰

二十六年（1937）一月，太虛大師鑒於世界和平之危機，
中日不易輕言和合，乃作《佛教和平國際的提議》，[68] 其內容：

> 吾意當徵集現居東方第一大都市之上海的各國佛教徒重
> 要分子，開發起人會，先成立「佛教和平國際籌備處」，
> 發揚佛教和平真理，廣徵集世界各國佛教徒之抱此弘願
> 者，參加發起，俟亞、歐、美、各國佛教徒均有重要分
> 子為發起人後，乃定期召開成立大會，成立佛教和平國
> 際本部，而於有同志佛教徒三十人以上之各國，分設支
> 部。每年擇於有支部各國輪流開代表大會一次，以議決
> 施行各種建設和平國際之工作。[69]

四月，孫立人率團回防，兼任潼關城防司令。

七月七日，盧溝橋事變爆發，中國開始全面抗日戰爭。孫
立人奉命撤退到蘇州河整補，在南岸至豐田紗廠一帶佈防。[70] 十

67　朱浤源、劉晏均，〈廣慈口述問記錄稿〉，佛照淨寺，2017 年 5 月 3 日。
68　釋印順，《太虛大師年譜》，頁 415。
69　釋太虛，第十編學行〈佛教和平國際的提議〉《太虛大師全書》，頁 301。
70　朱浤源等合編，〈孫立人將軍年表〉《中國軍魂：孫立人將軍永思錄》，

六日，太虛大師以〈全日本佛教徒眾〉、〈全國佛教徒〉電告，
號召反侵略、保衛和平。呼籲佛教徒要：

（一）懇切修持佛法以祈禱侵略國止止息兇暴，克保人
類和平。
（二）於政府統一指揮之下準備奮勇護國。
（三）練習後方工作，如救護兵、收容難民、掩埋屍亡、
維持秩序、灌輸民眾防毒等戰時常識諸項。[71]

盧溝橋事變後，北平、天津中日軍隊交戰的砲火與日本的
轟炸機，此時全國人心惶惶，各政府機關及工商界人士於倉促
紛亂中，開始退到後方。

蔣中正委員長在盧山主持國防會議，邀請各界人士到牯
嶺，商議救國圖存之計。北京大學校長蔣夢麟（1886-1964）、
清華大學梅貽琦（1889-1962）、南開大學張伯苓（1876-1951）
等人都出席參加會議。[72]

周家橋之役，孫孫團長於佔領橋頭堡戰役中，成功地破壞
敵軍「常勝軍」久留米師團機械化橡皮橋，擊退敵軍七次強渡，
該地成為淞滬戰役中，敵軍傷亡最重之處。但孫團長身上有十
三處中彈痕，倒臥在血泊之中，後來被部下搶救脫離火線，宋
子文派人接至上海醫院急救，再轉送到香港救治。[73]

頁 406。
71 釋印順，《太虛大師年譜》，頁 418。
72 岳南，《那時的先生‧1940-1946 大師們在李莊沉默而光榮的歷史》（臺北：
遠流出版，2018 年 10 月），頁 39。
73 朱浤源主持，《孫立人紀念館導覽內容報告》（臺中市文化局委託：陽光
房出版社，2011 年 3 月），頁 6。

抗日戰爭爆發後，各地佛教團體紛紛地響應報國，證蓮（1893-1967）法師於天寧寺刻經處，後來在上海蓋建莊嚴寺，創辦天寧佛教醫院。[74] 宏月法師領導上海僧侶救護隊，並在牛莊路創辦佛教醫院，為陣亡將士舉行超渡法會。[75] 圓瑛法師則在江、浙、滬成立僧侶救護隊，[76] 林森（1868-1943）請圓瑛法師到南洋募集醫藥費。[77] 南亭法師於光孝寺創辦僧眾救護訓練班，[78] 智光（1889-1963）法師在焦山集訓僧侶救護傷患。[79]

淞滬會戰後，南京岌岌可危，張晶英與母親搭乘江輪到漢口，擠上火車後回到長沙故居。兩人為了躲避日本軍機的轟炸，避難到郊外的香山寺，這是一座尼姑庵。

中日戰爭的爆發，一路的逃難、顛簸地很艱辛，張晶英倒是很不在意，但心中最焦灼掛慮的是夫婿孫立人，加上各種的猜疑湧上心來，讓她寢食難安且坐不住。[80]

她外出時，看到血肉橫飛、傷亡無數的會戰，震撼得讓她向佛菩薩燒香、跪拜祈求，也只能向佛菩薩許願，祈求夫君能夠平安回來。[81] 沈克勤先生在《孫立人傳》的記載：

> 戰局持續惡化，街上滿是傷兵，又得不到孫立人的消息，

---

74 釋慈怡等主編，《佛光大辭典》（高雄：佛光山文教基金會，2014 年 7 月），頁 8384。
75 釋東初，《中國佛教近代史》，頁 939。
76 釋明暘，《圓瑛法師年譜》，頁 139。
77 般若雲，〈五十年來的中國佛教〉《臺灣佛教》，1948.7.1，頁 15。
78 《華嚴蓮社第二代住持南亭和尚紀念集》（臺北：華嚴蓮社），頁 13。
79 于凌波，《現代佛教人物辭典》，頁 15。
80 沈克勤，《孫立人傳》，頁 112。
81 詹西玉，〈孫府將軍夫人〉《中國軍魂：孫立人將軍永思錄》，頁 243。

讓張晶英寢食難安、成天落淚，折磨到精神恍惚，希望
佛祖護佑先生平安歸來。[82]

十一月，日軍進佔淞江，國軍撤退。政府西遷重慶，準備
長期對日抗戰。[83] 上海靜安寺德悟法師創辦靜安佛學院，搶救
淪陷區失學僧青年。[84] 棲霞寺成立難民收容所，收容軍民難胞
近三萬人。[85] 廣慈法師的訪談紀錄，說明棲霞寺當時的情形：

> 棲霞寺雖有諸佛菩薩庇佑，上有屋瓦下有地磚，沒有糧
> 食，僅是一座窮寺。逢遇戰亂時期住上幾百人，沒有香
> 客也沒有田產，好幾個月都吃不到米飯，每天只有雜糧
> 餬口。當時南京的棲霞山，只有老百姓，沒有政府。一
> 個家長，一個里長，身上都有兩把槍。那時是苦的不得
> 了，雖然有田租可以收，但都收不到租金，所以大家都
> 沒得吃。……那時都沒得吃，大家都苦到這種程度。後
> 來，我就到江蘇常州的天寧寺佛學院讀書。[86]

太虛、法尊（1901-1981）法師到重慶，[87] 支那內學院遷往
四川江津，名為蜀院。[88] 漢口佛教正信會成立救護隊，漢藏教
理院接受防護訓練，太虛大師以復興佛教僧侶應受軍訓為訓，

---

82 沈克勤，《孫立人傳》，頁 112。
83 釋印順，《太虛大師年譜》，頁 423。
84 釋東初，《中國佛教近代史》，頁 215。
85 于凌波，《現代佛教人物辭典》，頁 945。
86 朱浤源、劉晏均，〈廣慈口述訪問記錄稿〉，佛照淨寺，2017 年 5 月 3 日。
87 釋印順，《太虛大師年譜》，頁 421。
88 慈怡等主編，《佛光大辭典》，頁 1846。

並在重慶召開中國佛學會大會,遷居長安寺。[89]

十二月十三日,日軍攻進南京城,進行大屠殺。孫立人從報上看到這一則驚人的消息,他在病榻上輾轉難安,心中焦慮掛念著家人是否逃出。在那烽火連天的歲月,使得他的內心深感愧疚,沒有盡到責任照顧家人。[90]

二十七年(1938),日本軍機轟炸大後方,道安法師在湖南號召僧侶投入戰爭,同時成立南嶽僧伽救護隊。[91] 沈克勤先生在《孫立人傳》一書,說明孫將軍夫婦相逢的情形:

> 有一天,夜幕甫落的黃昏,孫立人的人影突然地出現在香山寺,出聲喊著晶英的名字,這讓夫人驚喜得說不出話來,企盼許久的人出現,悲傷、憐惜之情紛然雜陳。青燈下,孫立人穿著長棉袍,一臉的病容、臉色蒼白瘦削,手臂僵直無法抬舉。此時孫立人說出他負傷醫療的經過,以及至鬼門關走一遭的經歷。[92]

當年的戰爭是很可怕,讓張晶英的內心很複雜,是多麼的無助以及衝動。她是哭著向與母親說:

> 深夜裡,晶英跟母親說:「我要磨利一把刀,砍斷他的一隻手臂,讓他永遠不要再當兵。」疼惜女婿的張老太太,跟女兒說:「妳瘋了!」妳一認識他,就知道他天生要當軍人,領兵征戰為國家捐軀的。獻身沙場是他一

---

89 釋印順,《太虛大師年譜》,頁 423-425。
90 沈克勤,《孫立人傳》,頁 111。
91 陳慧劍,《南亭和尚年譜》,頁 305。
92 沈克勤,《孫立人傳》,頁 113。

生的志向，也是軍人唯一的志業，毀了他，比殺掉他更令他難過。母親同時又說了許多教誨的話，讓晶英不知道如何是好。[93]

孫立人獻身沙場以及躍馬揮戈的壯志，深深愧對家人，只能向夫人說明：

> 現今國難當頭，做軍人的天職，執干戈以衛社稷。國家養兵千日，是用在一時，此時不去保國衛民，敵人會很快打到長沙，到時國破家亡，家人仍難長相廝守。全國人民同仇敵愾，都要請纓殺敵，軍人豈能貪生怕死！報效國家是終生的職志，不問敵人橫強兇險，都要去捍衛祖國。[94]

經過一星期的休養，孫立人也顧不得身上的傷痛，留下二百多元現款，隨即搭上火車趕往到漢口。當他四處打聽自己的部隊在那裡，後來得知部隊已被改編陸軍第四十師。

此時，行政院副院長兼財政部部長孔祥熙（1880-1967）為了保護鹽稅，成立「鹽務總局緝私總隊」，任命孫立人為中將總隊長，收容前稅警總團官兵及各淪陷區退出稅警。這支軍隊借住在嶽麓附近的校舍，各部隊則分散郊外的祠堂及廟宇，保護川、黔、桂、滇四省的鹽運，同時成立「稅警教練所」，開始培養幹部。[95]

---

93 詹西玉，〈將軍白髮〉《中國軍魂：孫立人將軍永思錄》，頁243。
94 沈克勤，《孫立人傳》，頁114。
95 沈克勤，《孫立人傳》，頁115-117。

二、遇見太虛大師

　　二十七年（1938），政府退出徐州、武漢。[96] 中國佛學會召開會員大會，太虛大師連任理事長。章嘉（1891-1957）活佛以京滬淪陷，在重慶羅漢寺成立「中國佛教會臨時辦事處」。六月，太虛大師在成都以無線電台向人民廣播，其內容是：

> 我是一個佛教徒，今天提出佛教徒如何雪恥這個問題。所謂恥，佛法上謂之慚愧。慚是尊重自己德性，並且觀一切勝過自己的聖賢，見賢思齊。愧是顧忌世間譏嫌，於他人過失，為己借鏡，生羞恥心，離諸過失。通常說：知恥近乎勇，人不可不知恥。佛教把慚愧比做二勇士，是最能鞭策人止息過失增長功德的，所以真佛教徒應當常生慚愧心，知恥。[97]

　　武漢撤守之際，「鹽務總局緝私總隊」也遷移到貴州，在都勻、獨山之間集中訓練。[98] 軍隊著重體力的訓練和武器的保養，要求軍人提出「精忠報國」和「存誠去偽」的要求。[99]

　　湘桂大撤退時，張晶英和母親與留守後方新三十八師的袍澤與眷屬，沿川黔公路撤退到重慶。當時要有「路條」才可以走，但是搶路條的人太多。溫應星（1887-1968）從人叢中一鑽，他把路條放在桌上，放行人隨手在上面蓋了章，他們才可以通

---

96 岑學呂，《虛雲和尚年譜》（臺北：天華出版，2001 年 4 月），頁 140。

97 釋太虛，第十五編時論〈佛教徒如何雪恥〉《太虛大師全書》，頁 175-178。

98 朱浤源等合編，〈孫立人將軍年表〉《中國軍魂：孫立人將軍永思錄》，頁 407。

99 朱浤源主持，《孫立人紀念館導覽內容報告》，頁 6。

行，順利到達重慶。[100]

　　戰亂逃難時期，交通工具的功能是載人，張老太太督促大家不准帶任何物件、行李上車。張晶英於心中難捨，只好將佛像安置到寺院。張老太太對她說：「佛由心生，心生法生福慧自生，佛陀菩薩存在自己心中，聖像供在那裏都一樣的。」境遇可讓人從心湧入另一種的境界，讓張晶英發起慈悲喜捨的精神，多少都與母親的教誨有很大的關係。[101]

　　戰爭讓百姓流離家鄉，張晶英也到重慶，她特別到長安寺禮佛，偶遇太虛大師。〈凄風苦雨憶大師〉一文說明：

> 記得在抗戰期間，湖南失守以後，我和家母遷居重慶，那時大師却巧在重慶長安寺駐錫。因為家母是忠實的三寶弟子，經過若干年月的耳濡目染，我對於佛法也就發生了誠摯的感情，和極濃的研究興趣。由於仰慕大師的

100 詹西玉，〈孫府將軍夫人〉《中國軍魂：孫立人將軍永思錄》，頁244。
101 詹西玉，〈孫府將軍夫人〉《中國軍魂：孫立人將軍永思錄》，頁244。

> 道學，在友人的介紹下，我皈依大師了。以後就常到大
> 師座下聽聞佛法，但大師的浙語甚為難懂，幸在大師座
> 下有幾位及門法匠，替我翻譯解說。[102]

皈依師父是我們的法身父母，清揚居士則是被太虛大師的
精神所感召。當大師教唱三寶歌時，她記住「盡形壽、獻身命、
信受戒、勸奉行」。每個人的際遇很難意料，清揚居士於逃難
時能夠親近善知識，長養法身慧命、盡未來際，這是很殊勝的
因緣。大乘佛教所謂「難行能行、難忍能忍」，清揚居士以身
口意奉行佛法，學習母親護持佛教的精神，自己也以金錢和智
慧來護持佛教。[103]

清揚居士常在長安寺聽經聞法，從來沒看過太虛大師坐著
參禪或念佛，很俏皮地問師父：「我只見師父講說和寫寫文章，
怎麼沒有見到你辦過道呢？」大師慈祥地說：「妳怎麼知道我
沒有辦道？我辦道還要辦給妳看，妳真是孩子氣！」大師接著
說：「辦道並不在形式的坐拜上去求，真會用功的人，就在行
住坐臥、語默動靜中亦無不在辦道。」

之後，又說著：「我修的是彌勒觀，妳能知道？人不可以
凡夫的心理來測度聖智的行藏。」這時，太虛大師以慈祥的說
法，以人間淨土的理念賦與清揚居士，傳承人生佛教的任務。

佛法雖不重視所謂的神通，但是在佛教經典有說明，修行
到了一定的境界，神通會自然隨之而來，但不能停留在這個階

---

102 清揚，〈淒風苦雨憶大師〉《海潮音》卷 38，1957.2.15，頁 54-55。
103 釋永芸，〈與孫立人將軍夫人往生前的最後訪談〉《中國軍魂：孫立人將
　　軍永思錄》，頁 444-445。

段，也不要迷戀這個情景，仍然還要往前走。

太虛大師是修彌勒法門，有一次跟清揚居士說：「我能知道妳昨天在什麼地方、做何事？」清揚居士俏皮地回應：「師父你說看看？」大師把清揚居士到什麼地方、做什麼事，一一地詳盡說出來。讓清揚居士感到震驚！她仍然俏皮地說：

> 師父大概聽別人說的，如果這就是神通，只在一、二里路以內的效力，再過之，恐怕師父也就不曉得，師父的神通不算得有什麼了不起。[104]

二十八年（1939），星雲大師依止志開（1911-1981）法師出家，進入棲霞佛學院讀書。此時，煮雲（1919-1986）法師到棲霞寺受戒，戒期結束後，仍然留在佛學院讀書，所以星雲與煮雲法師等七位兄弟互相結拜，種下日後能相互支持、合作的因緣。[105]

兵燹連年時代，民間可說是捉襟見肘，信眾到寺廟添油香、做功德也是心餘力絀，幾乎可用「一貧如洗」來形容當時的情景。[106] 日後，星雲大師的回憶：「我們的處境窮苦，整個蘇北可說是家家戶戶都貧苦。」百姓的生活，處於三餐不濟，除草、搬運、擦玻璃……都是日常工作，有時他還要上山採無花果，才能換取一些錢，用來貼補寺院的常住。[107]

---

104 清揚，〈淒風苦雨憶大師〉《海潮音》卷 38，1957.2.15，頁 54-55。

105 釋法清，〈煮雲老和尚精進佛七之探討〉（玄奘大學宗教學碩士論文，2017年 6 月），頁 52。

106 符芝瑛，《傳燈-星雲大師傳》，頁 24。

107 釋星雲，〈我就這樣忍了一生〉《百年佛緣》生活篇②，頁 147-151。

三、第二次世界大戰

爆發二戰，「海潮音社」是在清揚居士的護航下，才能順利搬遷到重慶，《海潮音》月刊得以全部保存下來。樂觀（1902-1987）法師來臺後，在《海潮音》上說明：

> 抗戰末期貴州戰事吃緊，日寇逼近獨山，住在貴陽編印《海潮音》月刊福善法師在倉惶之中，全賴孫張清揚護持，得以安全脫險，且派車輛護送福善法師連同《海潮音》月刊全部文件運送到重慶，此非普通信徒所能做到者，這是《海潮音》月刊生命史上一段佳話。[108]

二十八年九月一日，歐洲大戰的爆發，稱為第二次世界大戰。[109] 戴季陶（1890-1949）曾任考試院院長，為民國以來佛教界大護法，他會同蒙、藏佛教領袖發起，啟建護國息災法會為期四十九天。[110] 李長江（1890-1956）任魯蘇皖邊區游擊縱隊總指揮部副總指揮，在光孝寺發起超度陣亡將士法會。[111]

十一月，孫立人兼貴州第二綏靖區指揮官。年底，「鹽務總局緝私總隊」擴編成五個團、五個獨立營。[112] 平日練兵的重點在：第一是體能鍛鍊；第二是服從命令；第三是射擊；第四

---

108 釋樂觀，〈編後雜話〉《海潮音》卷 57，1976.10.31，頁 242。
109 岑學呂，《虛雲和尚年譜》，頁 140。
110 莊宏誼〈戴季陶與佛教〉《中國佛教》卷 7 第 11 期，1985.7.31，頁 8。
111 陳慧劍，《南亭和尚年譜》，頁 81。
112 朱浤源等合編，〈孫立人將軍年表〉《中國軍魂：孫立人將軍永思錄》，頁 407。

是夜間戰鬥；第五是山地戰。[113] 此時，清揚居士並沒閒下來，省佛會設立「雲棲慈幼院」，請她擔任財政部稅警總團「慈幼院」的院長，照顧、培育小孩子。[114]

十一月十四日，太虛大師組織「佛教訪問團」，遠赴緬甸、錫蘭、印度、暹羅等國，與各國佛教界領袖，加強雙邊友好關係，發揚中國佛教慈悲、和平精神，同時宣傳中國抗戰國策。[115]

訪問團循滇緬公路，由昆明到緬甸仰光，太虛大師在歡迎會上發表演說，其內容：

> 這次領導本團出發之時，曾敘明本團主旨：所要到的地方，如緬甸、印度、錫蘭、暹羅，或其他的佛教國家，以見本團是全國佛教國民作後援的有組織之團體，並非個人行動，是得全國支持贊助而來；禮拜佛教勝地，訪問佛教領袖，增進各信佛的民族間感情，使互相諒解而愈加親善；聯合發揚佛教真理，把世界所有侵奪鬥爭等等因素都去掉，這就是本團的宗旨。[116]

三十年（1941）三月，若舜、仁山（1887-1951）法師在棲霞寺傳三壇大戒，[117] 星雲大師受戒時，嚐到以無情對有情、以無理對有理的滋味。五十三天的戒期中，磨鍊出「有理三扁擔，無理扁擔三的磨鍊」，成為日後修行弘道的本錢。星雲大師從

---

113 沈克勤，《孫立人傳》，頁 606。
114 《覺世》第 37 號，1958.4.1，第 5 版。
115 釋印順，《太虛大師年譜》，頁 448。
116 釋太虛，第十八編講演〈本團之宗旨與訪緬之感想〉《太虛大師全書》，頁 541。
117 于凌波，《現代佛教人物辭典》，頁 1859。

而刻畫出「能有能無、能飽能餓、能早能晚、能多能少、能進能退、能大能小」的性格。[118]

　　這一年，國防部下命令校閱孫立人的部隊，因為貴州都勻的地形是山地，校閱官都不願騎馬，只好以竹竿代替竹轎，所以草草的檢閱部隊。往上報告校閱部隊的情形，竟以「訓練很差！」然後將「鹽務總局緝私總隊」撥歸由戴笠（1897-1946）來訓練。

　　當孫立人收到命令時，匆忙的去向孔祥熙院長報告，校閱的成績，同時提出：「國家情勢危急，正是用兵之際，把能夠作戰的部隊分散，太可惜！」此時，蔣中正委員長在印度，孔先生作不了主。後來，孫立人很急忙的去找何應欽（1890-1987）商量，都無法改變這個局勢。[119]

　　這時，李默庵（1904-2001）準備接管部隊，但孫立人不忍自己訓練出來的子弟，去作無謂的犧牲。孫立人經過多方的奔走，以及四處的溝通，不能違抗上級的命令，此時此刻孫立人的內心極為煩悶。清揚居士向孫立人提出建議，我們去問問觀音菩薩。孫立人夫婦特別來到貴州的郊外，當他們走進觀音洞，清揚居士向觀音銅像燒香、祈禱，同時也勸夫婿燒支香、向觀音菩薩求個籤！

　　此時，孫立人仰首問蒼天，誠心誠意抽個籤，竟然抽到上上籤。籤的大意是：「你現在是隻困在籠子裡的仙鶴，有朝一

---

118 符芝瑛，《傳燈-星雲大師傳》，頁 27-28。
119 朱浤源，《孫立人上將專案追蹤訪談錄》（臺北：學生書局，2012 年 9 月），頁 7。

日會破籠而出，遠走高飛，鵬程萬里。」[120]

四、遠征軍援助緬甸

十二月八日，日本軍機向美國珍珠港偷襲，爆發太平洋戰爭。此時，中國在國內牽制日軍二十個師團和二十個旅團，日軍攻陷新加坡，進入中南半島威脅到緬甸，駐緬英軍無法抵抗，節節敗退。[121]

中國接受英軍要求，派遣遠征軍援助緬甸，蔣中正委員長為中國戰區最高統帥，參謀長為美國的史迪威（Joseph Stilwell,1883-1946）將軍，英國駐在東南亞的部隊，由亞歷山大（Alexander "Sandy" Patch,1889-1945）將軍指揮。[122]

三十一年（1942）一月，孫立人所屬部隊新編第三十八師，

---

120 沈克勤，《孫立人傳》，頁131。
121 沈克勤，《孫立人傳》，頁135。
122 朱浤源等合編，〈孫立人將軍年表〉《中國軍魂：孫立人將軍永思錄》，頁407。

從貴州的都勻步行到興義，經過雲南的安寧，然後直趨臘戌，
再轉到緬甸的曼德勒。四月十九日，「仁安羌之役」孫立人親
領健兒一團，大破敵軍第三十三師團，解救英軍有七千人。[123]

　　「仁安羌大捷」在軍事史上堪稱是一個奇蹟，是中國遠征
軍進入緬甸最光輝的戰績。翌年，英皇頒授帝國司令（Commander
of British Empire）勛章，中外人士譽為奇蹟，而孫立人將軍之
名揚於中外。盟軍退出緬甸後，國軍一部轉入印度，成立新一
軍，孫立人升任軍長。[124]

　　此時，清揚居士留在貴州南部的都勻，心中惦記著丈夫的
安全，佛堂前一炷香又一柱香的跪拜，祈求佛菩薩保佑夫君能
夠早日平安歸來。當孫將軍的部隊，順利退到印度時，捎來平
安的消息，清揚居士才能把心安下來，祈求戰爭趕快結束。[125]
〈孫府將軍夫人〉一文，說明清揚居士成為孫立人將軍的支柱：

> 清揚居士在佛光下靜慮求懺，戒貪、戒癡、戒瞋，了斷
> 無明，從偏執的自我意識中解脫，轉而對陷於戰地烽火，
> 流離失所的同胞，生出廣大慈恤哀憐的心。她對袍澤的
> 眷屬深切的關注和照拂，對孫立人練兵、救國的理想，
> 給予以無限的支持，讓孫立人遠征印緬戰場無後顧之
> 憂。[126]

　　詹西玉（1947-）女士曾訪談清揚居士，於〈孫府將軍夫人〉

123 中央研究院近代歷史研究所，館藏號：105-01-11-001。
124 沈承基，〈恩師仲公與新體育〉《中國軍魂：孫立人將軍永思錄》，頁273。
125 沈克勤，《孫立人傳》，頁198。
126 詹西玉，〈孫府將軍夫人〉《中國軍魂：孫立人將軍永思錄》，頁244。

一文,說明清揚居士當時的心情:

> 人生的智慧,人各有其定命定業,個人生命稟賦也各不
> 相同,各有神化精彩,亦非外力所能干預。但外有戰火
> 的交侵、國運的苦難,內有憂國忘身、操戈域外的丈夫
> 孫立人,此時孫夫人只能在佛前一柱香又一柱香地跪
> 拜、祈求福佑。[127]

三十二年(1943)春天,反攻緬戰開始,孫將軍又統率數
萬健兒,於蠻荒之野人山,洪水泛濫之胡康盆地,泥深沒膝之
孟拱河谷,與利於守不利於攻之八莫、南坎、新維、臘戍等地
區,斬將搴旗,追奔逐北,斬獲三萬餘眾,擊滅敵軍精銳第二
十六、十八、四十九、五十三、五十六等六個師團,打通全國
上下所企望之中印公路。[128]

沈克勤先生在《孫立人傳》一書,說明他看到中國抗戰進
入最艱苦的階段:

> 三十三年,抗戰進入最艱苦階段,我在中央政治學校讀
> 書,日軍攻陷獨山,重慶震動。這時蔣委員長發動全國
> 知識青年從軍運動,後方各大中學校學生從軍熱潮,如
> 火如荼的展開,當時我因家庭關係未應召從軍,一直是
> 心中憾事。[129]

勝利結束後,歐州盟軍最高統帥艾森豪威爾(Dwight David

---

127 詹西玉,〈孫府將軍夫人〉《中國軍魂:孫立人將軍永思錄》,頁 244。
128 中央研究院近代歷史研究所,館藏號:105-01-11-001。
129 沈克勤,〈我隨侍孫立人將軍的回憶〉《孫立人傳》,頁 1042。

Eisenhower,1890-1969）元帥曾電邀孫將軍參觀歐州戰場。孫將軍奉准於班師回國之日，起程赴歐州，在這三星期中，走了五萬英里，對盟軍與軸心軍戰畧戰術之實地應用與得失之比較，孫將軍均悉心地研究考察，備受友邦人士的敬仰！[130]

五、中國抗戰勝利

五月九日，德國宣布無條件投降，太虛大師作〈告日本四千萬佛教徒〉一文，交由福善（1915-1947）法師代為廣播，其內容：

> ……日本佛教之善知識，可以呼籲四千萬佛徒起來自救救國民矣。今日本有思想知識之國民，固無不深知此已絕無勝望之苦戰，能早停止，可多保全也。其如全國無一大力量人，能負起投降之責任乎？此誠日本國民實際之苦衷。
>
> 然此正須佛教善知識本大慈悲，運大智慧，發為大雄大力大無畏精神，不惜犧牲個人身命，冒死犯難，大聲急呼全日本國民，勿再擁護主戰之軍閥政府，同時為一而再、再而三的向當政請願停戰，甘受戮辱而不退屈，並由個人或集團不斷的對主戰軍閥實施襲擊，則必能喚起厭戰懈爭之高潮，而為息戰造成有利形勢，則可共進於世界和平之運動矣。[131]

---

130 中央研究院近代歷史研究所，館藏號：105-01-11-001。

131 釋太虛，第十五編時論〈出國訪問經過及世界三大文化之調和〉《太虛大師全書》，頁 346。

　　八月十四日，蔣中正委員長向全國人民廣播，內容是：「全世界永久和平是建築在人類平等自由和博愛互助的合作基礎之上，我們要向著民主與合作的大道上邁進。」太虛大師說：「這是民主與合作的大道，是各民族一切優秀文化的結晶，也是大乘佛教的真髓。」[132] 隔天，日本宣布無條件投降，我國政府宣布抗戰勝利，隨即迅速開始復員的工作。[133]

　　九月八日，日本在南京簽訂受降書，八年抗戰終告勝利。[134] 孫將軍奉命於廣州受降，旋又率領新一軍接東北，其間並赴倫敦出席聯合國參謀會議。[135] 沈克勤先生說明當年的情形：

> 三十四年八月十四日，日本宣布投降，抗戰獲得最後勝利，中國列為世界四強之一，舉國歡騰。當時我興奮異常，十五日一早，從南溫趕到重慶市區，參加慶祝勝利遊行。次日天方破曉，人們尚在睡夢中，我趕早回校，走到街頭，看見報童沿街叫賣《新華日報》，口中大聲呼喊：「共軍下令全面接收淪陷區」。國人剛嚐到勝利的滋味，隨即又開始憂慮內戰的爆發。當時青年攜手返鄉重建家園的夢想，很快就破滅。[136]

　　葦舫（1908-1969）法師回到武漢，準備恢復「世界佛學苑圖書館」。邵力子（1882-1967）、沈鈞儒（1875-1963）等人則

---

132 釋太虛，第十編學行〈告全世界佛教徒〉《太虛大師全書》，頁311。
133 陳慧劍，《南亭和尚年譜》，頁9。
134 岑學呂，《虛雲和尚年譜》，頁180。
135 中央研究院近代歷史研究所，館藏號：105-01-11-001。
136 沈克勤，〈我隨侍孫立人將軍的回憶〉《孫立人傳》，頁1042。

創辦文化研究院，又在北溫泉舉行佛教文物展覽會，也在重慶、
漢口等處展覽，所有的展物都保存於「世界佛學苑圖書館」。[137]

　　清揚居士於〈淒風苦雨憶大師〉一文，透露太虛大師曾給
予幫助：

> 晶英與家母返回家鄉湖南，經過漢口，順便至武昌佛學
> 苑，因為所需旅費不足，向太虛大師臨時借了三十萬法
> 幣，這筆錢後來到了南京才奉還。[138]

　　《海潮音》登出〈孫立人將軍（新一軍軍長）夫人〉，是
一位虔誠信奉觀音菩薩的佛教徒。全文是：

> 孫立人將軍夫人，昔年居滬為邪風所吹，口眼歪斜，喀
> 鮮血不止，乃遍延中外名醫診治，均束手無策。夫人遂

137　釋印順，《太虛大師年譜》，頁 516-519。
138　清揚，〈淒風苦雨憶大師〉《海潮音》卷 38，1957.2.15，頁 54-55。

終日愁悶，無片刻甯久，後竟減生趣，暗懷短見。此際，
適夫人之母張太夫人，茹素奉佛，持誦經咒有年。一日
謂夫人曰：爾母焦急，爾之生命尚有一線希望，即服大
悲咒水也。翌晨，太夫人命夫人仰天長跪，乃手持淨土
瓶，專誠持誦大悲咒二十一遍畢，即將淨水命夫人服之，
當晚口眼漸正，次日大正，三日完全復原。夫人因感佛
法不可思議，乃專心學佛。廣結佛緣，以報佛恩也。（聞
立人將軍亦因此而崇敬三寶）[139]

八年的抗戰期間，清揚居士是「慈幼院」的院長，經常到
長安寺聽聞佛法，但太虛大師的浙語很難懂，透過幾位及門法
匠幫忙翻譯、解說，對天之高、海之深底的佛理，才得初步的
了解。清揚居士在〈婦女學佛應有的態度〉一文，說明學佛的
意義很重要：

多年學佛的意識和經驗上，在沒有皈依佛門以前，生活
方式除了講穿、講吃、講玩，盡情的享受以外，簡直毫
無生活的意義和價值。但學佛以後，對於人生和一切事
物的觀感就完全不同。現前的人生不過是苦、空、無常、
無我，而身體也不過是物質的幻軀罷了，究竟有什麼了
不起的呢？而一切事物都是生滅、變異的，有什麼可以
值得貪愛的呢？於是思想、行為和平常的人迥然不同。[140]

---

139 〈點滴〉，《海潮音》卷 26 第 10 期，1945.10.1，頁 180。

140 孫張清揚，〈婦女學佛應有的態度〉《佛學廣播詞專輯》（臺北：慧炬出
版社，1990 年 2 月），頁 73。

　　佛法是從印度傳到中國，它的學習邏輯，不能以字面說文解義。《金剛經》說明「二道五菩提」是佛學的架構；「信、解、行、證」是我們修學佛學的過程。聽聞佛法要從「聞」而「修」下工夫，經過「思」的過程。宗教儀軌上，梵唄仍以讚佛的唱誦，隨潮流的演進可能會被淘汰，被新時代的歌曲代之。然而清揚居士就不同意，提出理由是：「佛教的梵韻，既莊嚴又幽雅，時代的歌曲何能比其高潔？」[141] 今天在臺灣的佛寺舉行各種法會，梵唄還是採用傳統的唱腔。

第三節　中國佛教會的成立

一、中國佛教整理委員會

　　三十四年（1945）十二月十七日，章嘉活佛、太虛大師依法組織「中國佛教整理委員會」，清揚居士與李子寬（1882-1973）為常務委員。二十二日，召開第一次會議，選派指導員分赴各省市支會駐會指導。[142]

　　隔年，委員會遷至南京毗盧寺，同時成立秘書、登記、組織、事務指導各省縣分支會事務的工作。[143] 在臺北的龍山寺也成立「臺灣省佛教分會」，陳登元（1884-1964）為主席，孫心

---

141 清揚，〈淒風苦雨憶大師〉《海潮音》卷 38，1957.2.15，頁 54-55。
142 釋惠空，《臺灣佛教發展脈絡與展望》（臺中：太平慈光寺，2013 年 8 月），頁 103。
143 般若雲，〈五十年來的中國佛教〉《臺灣佛教》卷 2 第 8 號，1948.7.1，頁 9。

源（1881-1970）為理事長。[144]

太虛大師到了武漢，指導中國佛教的事務處理。[145] 後來，太虛大師來到南京的毘盧寺，特別召開記者會議，對外報告中國佛教整理的計劃。[146] 李子寬則在南京創辦「佛教文化社」，致力佛教經典的流通以及編印《太虛大師全書》。[147]

清揚居士母女兩人經常在棲霞寺，同時也是佛教的護法居士。這一年，志開法師於棲霞寺創辦「宗仰中學」，設立織造廠、炭窰，成為佛教生產之先驅，孫將軍為發起人並聘備案校董。[148]《海潮音》在佛教紀要中，有一則訊息：

> 三十五年二月十五日，世界佛學苑女眾院在漢口佛教正信會開會，當場推選詹願華、孫張清揚、張清麟、黃又惺、李慧覺、柴蓮慧、徐超中、劉德寬、曾行勝、劉慈音、陶汪心機、許勝止、鍾冠如、舒宏恬、胡演淑、江悟心等為董事，並推定詹願華為董事長，聘請陶汪心機等主持其事。[149]

張詹願華為「世界佛學苑女眾院」董事長，清揚居士為董事。張詹願華是清揚居士的母親，兩人行善之事都不為人所知，但一直護持著佛教的事業。

144 十普堂，《白公上人光壽錄》（臺北：禮贊會，1983 年），頁 232。

145 般若雲，〈五十年來的中國佛教〉《臺灣佛教》卷 2 第 8 號，1948.8.1，頁 10。

146 釋印順，《太虛大師年譜》，頁 524。

147 〈一月佛教紀要〉《海潮音》卷 27 第 3 期，1946.3.1，頁 332。

148 〈棲霞宗仰中學形將實現〉《海潮音》卷 29，1948.1.10，頁 493。

149 〈一月佛教紀要〉《海潮音》卷 27 第 3 期，1946.3.1，頁 332。

　　五月五日，政府還都南京。[150] 隔天，佛教界於上海靜安寺歡迎太虛大師。[151] 十三日，孫將軍飛抵南京，見到蔣中正委員長。黃昏時，孫將軍趕到毘盧寺時，看到自己的夫人所居住的寓所很簡單，這房子僅能遮蔽風雨，讓孫將軍的內心深感愧疚，但不敢多事逗留。次日清晨，孫將軍隨即搭上美齡號（如右圖），專機到東北的瀋陽。[152]

　　此時，中國各地準備復員工作，上海西竺寺創立中國佛教醫院，福善法師籌辦《覺群》週報，創報目的：「為佛教之政治組織，問政而不干涉政治。」這時佛教青年會也成立。[153]

二、僧伽會務訓練班

　　叢林制度為中國佛教的制度，不僅保持佛教傳統的精神，且融會儒家禮樂為主的生活制度。近世以來，由於叢林制度的

150　岑學呂，《虛雲和尚年譜》，頁 192。
151　般若雲，〈五十年來的中國佛教〉《臺灣佛教》卷 2 第 8 號，1948.8.1，
　　　頁 10。
152　沈克勤，《孫立人傳》，頁 416-417。
153　釋印順，《太虛大師年譜》，頁 527-530。

變質，出家人利用法派或子孫派，他們把持寺產，同時斷佛慧命，宗門教門一概寥落。[154]

十二年（1923），智光法師為焦山「定慧寺」監院，住眾有三百多人。定慧寺以淨土為宗，禪堂即念佛堂，每日二時功課、六時念佛，其餘的時間要研習佛教的教理教義。[155]

二十二年（1933），智光法師晉任住持後，為了改革叢林制度、整肅積弊。此時他利用叢林原有的規模，在海雲堂禪堂前後，創辦「焦山佛學院」。[156]

大江南北以金山、焦山、寶華並稱，俗稱金山為宗下，焦山為教下，寶華山為律下，江南三大叢林為其修學之所。焦山屹立於揚子江中，宛若碧玉漂浮在煙波浩渺的江心，素有浮玉的雅稱，寺亭樓閣掩映在山蔭雲林之中，也有山裏寺之諺。鎮江「定慧寺」不僅為三江首剎，「焦山佛學院」為社會培育住持以及化導社會的人才。[157]

定慧寺與焦山佛學院形成「叢林學術化，學院叢林化」的新局面，佛學課程有《五蘊》、《百法》、《心地觀經》與國學、史地、算術等學科。[158]

三十五年，東初（1908-1977）接下定慧寺住持、院長，學僧有煮雲、星雲、悟一（1922-2003）、雲霞（1923-1995）、蓮航（1924-2012）、達道、知定（1917-2003）、泉慧等法師，同

---

154 范觀瀾，《成一法師傳》（臺北：萬行雜誌社，2009年2月），頁47。
155 〈國內佛教消息〉《臺灣佛教》，1948.7.1，頁20。
156 毛凌雲，〈智光大師傳〉《中國佛教》卷7第11期，1963.7.15，頁15。
157 釋僧懺，〈叢林與僧教育之前途〉《海潮音》卷15，1934.12.15，頁849。
158 鄭栗兒，《東方初白－東初老人傳》（臺北：法鼓文化，2016年7月），頁43。

時發行《中流》月刊。這月刊的影響很大,同時還發行到日本、菲律賓、新加坡、馬來西亞、緬甸、香港等地。[159] 廣慈法師回憶當年在焦山佛學院上課的情形:

> 那個時候,東初法師是我們的副院長,住持是雪煩法師,我跟煮雲、星雲、悟一、蓮航都是同學。東初法師對學僧是比較嚴格,只要有什麼小毛病,都會很不客氣馬上指點出來,所以多數的學僧都非常的怕他。他從前面走過來,我們趕快往另一邊走開,儘量走到別邊不與他碰面,因為大家都很害怕挨他的罵。[160]

當時焦山佛學院的師資、課程,堪稱一流學府,因此來臺的法師曾受教於東初法師。[161] 煮雲法師以旁聽的身份就讀,但因沒有經濟的後援,到上海清涼寺趕經懺。[162]

這一年,太虛大師以主任委員的身份,委託焦山佛學院代辦中國佛教「僧伽會務訓練班」,會集九省三市有一百二十多位的僧青年。同時特派芝峰(1901-?)法師到佛學院,進行佛教、行政工作的訓練。[163]

七月八日,「僧伽會務訓練班」開始上課,智光法師講授《僧伽制度》,東初法師也在佛學院創辦「工讀社」,教導僧

---

159 林其賢,《聖嚴法師年譜》(臺北:法鼓文化,2016 年 2 月),頁 27。
160 釋果見,〈口述歷史之一訪廣慈法師〉(法鼓山,2007 年 9 月 16 日)。
161 鄭栗兒,《東方初白-東初老人傳》,頁 48。
162 釋法清,〈煮雲老和尚精進佛七之探討〉,頁 52。
163 皓東,〈焦山佛學苑成立經過及其近況〉《海潮音》卷 15,1934.12.15,頁 851。

眾自力更生。[164] 八月，太虛大師前來主持結業典禮，[165] 以〈存在、僧、僧羯磨〉為訓，說明訓練班的目的：

> 關於來受訓的人，是以辦理分支會會務為目的。所授的有公民常識、法律常識、會務技能的文牘、會計等各種實用課程，大家應接受各教師的教誨去實行推進，并將推進時所得的經驗隨為補充。我今再從佛法根本上來說明會務：已入了「僧」，即不分公生活與私生活，出家以後所有關於個人的生活，都歸合在公眾行動之中。如比丘戒、菩薩戒的戒本，只是規定的綱領條文，其詳、則在數十卷的廣律中，各種僧事、無所不具。大如說法、誦戒，小至喫飯、睡覺、沐浴、更衣、出入往還、及大小便利等，無不有軌範可依。[166]

從這番話中，我們可以了解僧伽會務訓練班，是以行政管理為目的。僧人不僅要學習課頌，也需要多方面的學習，才能應付社會上的各種知識、技術。參與訓練班的出家人，日後輾轉都會集到臺灣，漢傳佛教才能在臺灣開枝散葉，今天看到人間佛教在全球各地開花結果。

三、聖嚴法師到上海

三十六年（1947）春天，聖嚴（1930-2009）法師離開大聖

---

164 釋東初，《般若心經思想史》（臺北：法鼓文化，2011 年 3 月），頁 10。
165 釋印順，《太虛大師年譜》，頁 529。
166 釋太虛，第十編學行〈存在、僧、僧羯磨〉《太虛大師全書》，頁 157。

寺，來到上海，在靜安寺掛單並以插班生考進佛學院。[167] 聖嚴
法師從學習中看到佛教的問題：

> 當時的出家人，是靠香火錢、經懺來維持生活所需，能
> 懂得佛法、了解經義的人很少。剛出家時，學習的佛教
> 經典，就是所謂五堂功課，如《阿彌陀經》、《楞嚴咒》、
> 《大悲咒》、《十小咒》、午供、懺悔文、蒙山等，念
> 這些功課時，他並不知道其中的涵義，以為只要都背會
> 就能當和尚。
>
> 他就這樣度過一段時期的經懺生活，其間常感到十分困
> 惑：身為佛教徒，連出家人，為什麼依照這種方式來接
> 引信眾？而信眾們為什麼只知知道信，卻不關心為什麼
> 要信？周遭接觸到的人，幾乎都認為出家是很可笑的
> 事，學佛變成了迷信……，凡此種種都讓我感到非常心
> 痛。
>
> 十六歲，進入上海靜安寺的佛學院，裡面的同學都很優
> 秀，他可說是最差的。前後兩年多的時間裡，他拼命用
> 功，不過為了維持佛學院所在的道場，還是要常常參加
> 各種經懺與做佛事的活動。因此我不禁又想著：難道出
> 家人除了趕經懺之外，就沒有更積極、更具意義的事可
> 以做了嗎？[168]

聖嚴法師在佛學院上課時，了解到佛陀、古德不是以經懺

---

167 林其賢，《聖嚴法師年譜》，頁 62。

168 釋聖嚴，《法鼓山的方向：創建》（臺北：法鼓文化，2018 年 12 月），
　　頁 17-18。

弘揚佛法，而是以佛教的教理教義來攝受信眾，才能普化於人間。佛教不僅是教育，更是生命的教育。佛教經典是可以講解，還可以如法修行。當時由於佛學的教育並不普遍，也沒有好的薪傳制度，讓很多人誤認佛教是迷信、是落伍的宗教信仰，出家人以經懺作為積財謀生的事業。

四、太虛大師圓寂

三十六年（1947）年初，太虛、芝峯法師回到浙江的雪竇寺。二月，到上海靜安寺開會，然後移居到玉佛寺。[169]

玉佛寺位於上海鬧區，以供奉玉佛而得名，坐像高達一點九米，不管從那個角度瞻仰，玉佛總是安祥慈和地注視著你。臥佛身長一點五米，佛陀面容安詳，雙目微合呈現涅槃圓寂的神志。[170]

三月五日，在玉佛寺召開「中國佛教整理委員會」，討論中國佛教未來的發展。後來，福善、震華（1908-1947）法師相繼往生，讓傷悲、勞累過度的太虛大師，十七日在直指軒捨報。十九日，善因法師主持封龕法會，觀禮達三千多人。[171]

這時，清揚居士的身體微恙，特別是心臟的問題，前往江灣陸軍總醫院檢查、療養。她一到上海，先到玉佛寺參訪，主要是拜訪太虛大師。她看到大師精神充沛，但面帶憂色的表情，也讓她感到鬱悶。入院後，清揚居士每天在病榻上靜養，連報紙都懶得翻看，以唸佛、拜佛作為日常的功課，不太理會外邊

169 陳慧劍，《南亭和尚年譜》，頁 93、305。
170 范觀瀾，《成一法師傳》，頁 53。
171 釋印順，《太虛大師年譜》，頁 537-538。

的事情。

　　幾天後，清揚居士看到新聞：「中國佛教領袖太虛大師因腦溢血，在玉佛寺溘然逝世。」耳邊還猶記大師說：「我不久要去無錫常州講經」。清揚居士回應：「等我病好以後，一定也跟師父去聽經，借這機會也可到蘇常一帶，去觀光一番。」當時太虛大師只是頷首微笑，沒想到話別後，從此天人永隔，清揚居士的內心悲痛欲絕。[172]

　　四月八日，在杭州的海潮寺舉行荼毘法會，法尊法師撿取靈骨時，有舍利三百餘顆，把他安供於雪竇寺的法堂上。印順（1906-2005）、續明（1919-1966）法師和楊星森等人，在圓覺軒編纂《太虛大師全書》，分為四藏二十編，全書有七百萬餘字。[173] 道安法師說明太虛大師對中國佛教的貢獻：

> 太虛大師深入般若，博通內外學，對世界和平的呼籲、對中國佛教的貢獻厥功甚偉。是近代佛教史上的傑出人物。他貶中國傳統佛教重死人、鬼神的流弊，轉向佛法的基本教理，從佛法研究宇宙人生真相，指導人類向上發展與進步的思路上，提出人生佛教的理念。[174]

　　湧蓮法師在《海潮音》，以〈師德難忘〉一文，歸結太虛大師未竟事業有四點，其內容是：

　　（一）宣揚人生佛教與提倡人間淨土，為大師一生說法

---

172 清揚，〈凄風苦雨憶大師〉《海潮音》卷38，1957.2.15，頁54-55。
173 釋印順，《太虛大師年譜》，頁539-540。
174 徐孫銘等人著，《道安法師法脈傳記》，頁172。

的要綱之一。我輩為佛弟子，應依佛說，不要忽略小節
行為；須深信佛說因果報應，如影隨形。菩薩畏因，眾
生畏果，我們要勵行佛陀的八聖道訓，作為做人基本準
則，力倡人生佛教與建設人間淨土，然後才不流於形式
空談的妄弊。

（二）菩薩學處為大師示寂前最後說法，諄諄以學菩薩
行開示諸弟子們。依五戒、十善、六度、四攝，學菩薩
的悲天憫人救度眾生的大願，冀消除殺機，使真正能夠
運用佛陀的慈悲、和平、仁愛的心腸，貢獻於全人類，
使得永久和平共處、安樂生存，這才符合他發菩薩行的
弘願。

（三）大師入滅前的遺教，殷殷注意國際上的和平，人
類的安樂，為其菩薩心腸特別表現。主張害他終害自，
而致自他俱害，故為惡；利他終利自，而致自他俱利，
故為善；養成集團善習之對治，振興集團善勢力之弘利，
庶能以集團之不害他而止惡，以集團之能利他而行善。

（四）大師入滅荼毘後，遺留人間的舍利數百顆，足見
其戒德圓滿、定慧雙修。國人除武昌、廈門，早已迎請
舍利建塔，及國外如泰國、香港等處，亦分別建造舍利
塔供養外，而遺留的舍利數百顆。凡景仰大師威德的人，
發心造塔，廣種福田以利人天，並為三寶樹立更堅固的
信念，證明佛法的實踐，得到行果不動搖的道理。[175]

---

175 釋湧蓮，〈師德難忘〉《海潮音叢刊》卷 38，1957.3.15，頁 391。

五、焦山定慧寺避暑

三十六年（1947）五月二十六日，「中國佛教會」在南京毘盧寺召開第一屆全國會員代表大會。[176] 大會通過章程，同時推舉章嘉活佛為理事長。[177] 說明今後佛教的方向：

（一）闡揚教義與培植人才

（二）改善僧制與整飭教規

（三）建立農禪工禪制度

（四）興辦社會福利事業

（五）實現僧眾議政而不干政之主張[178]

「臺灣省佛教分會」創辦《臺灣佛教》月刊，戰後臺灣最早發行的佛教雜誌，前身是《南瀛佛教》。[179]

六月，孫將軍被迫從東北瀋陽調回南京。他與清揚居士住在新街口沈舉人巷。初夏的南京，天氣是燥熱無比，孫將軍常在院子散步，有時會到玄武湖邊休憩。

孫將軍夫婦兩人曾到中央醫院檢查，殷大夫說：「是女方生理上的毛病，開刀或許還有機會生育。」清揚居士了解是自己身體上的狀況，二十多年來都無法懷孕生子。[180]

---

176 釋印順，《太虛大師年譜》，頁 542。

177 十普堂，《白公上人光壽錄》，頁 245。

178 闞正宗，《中國佛教會在臺灣》（臺北：中國佛教會，2009 年 4 月），頁 67-68。

179 釋妙然，《民國佛教大事年紀》（臺北：海潮音雜誌社，1985 年），頁 258。

180 沈克勤，《孫立人傳》，頁 910。

　　因緣果報的業力所現，彼此要放下，夫妻子女都是宿世的債主，有報冤、報德、還債。[181] 清揚居士以此勸慰學佛的信眾：

　　（一）錢債：兒女努力賺錢供養父母，或從父母身上掏錢出來。

　　（二）情債：比如長得最好、最優秀；父母最鍾愛的兒女，在年紀輕輕時就往生。

　　（三）怨債：兒女在外為非作歹，讓父母擔心受怕。[182]

　　佛說因果業報的道理，没兒女是前生没有冤家債主，所以没有人會來討債，現在還要去找人來討債。清揚居士認為開刀是欠醫生的債，她不想欠醫生債，所以選擇不開刀。說明她不擔心自己没兒女，也不擔憂丈夫另外尋歡，更不讓自己感到人生的痛苦，反而覺得清淨自由快樂。[183]

　　南京的氣溫酷熱，清揚居士的身體不太適應，想要到定慧寺閉暑。事先她得到東初法師的同意，就與陳太太坐火車到鎮江車站，再轉到定慧寺。可能没算好時間，又錯過來接人的師父。她不熟悉這地方，同時又找不著人，因此没搭上船。經過一段的小波折，才搭上車，等她們到達定慧寺時，兩人被安排在華嚴閣掛單。清揚居士到定慧寺避暑：

　　去年夏天，我因心臟病，同時也因為南京氣候特別熱的

---

181 孫張清揚，《婦女學佛應有的態度》（臺北：人生月刊社，1950 年 2 月），頁 6。

182 釋泳思，〈情緣‧法緣-孫夫人張晶英女士的一生傳奇〉《慈濟》第 289 期，1990.12.25，頁 79-80。

183 孫張清揚，〈婦女學佛應有的態度〉《佛學廣播詞專輯》，頁 73-74。

原因，我徵求當時焦山定慧寺的方丈（東初法師）同意，
到焦山去養病和避暑。本來與方丈和尚預先約定在某一
天的上午八點抵達鎮江車站，方丈和尚在站上接我們，
這是由於我們到焦山還是初次的原故，路線不熟，所以
必須人接。

……我在這裡一住就是三個月，本來還預備多住幾天，
後來因焦山常住上發生點事故，必須要回南京一趟，因
為事情牽絆，結果沒能再到焦山去，及今思之，不禁自
嘆福薄。[184]

定慧寺是一座修身養性的道場，同時也是避暑勝境，清揚
居士置身風光秀麗的焦山頂上，一陣陣的清風徐徐吹來，將塵
世的煩擾吹拂得無影無蹤。[185] 她向外看著滾滾東流的長江，頗
覺得心曠神怡，覺得智慧大長。〈悼智光上人〉一文，說出她
當時的心情：

華嚴閣背山面江，白天憑欄遠眺，金山北固全在眼底，
而浩浩東流長天一色底江水，令人胸襟開闊，有怡然自
得之樂。及至到了火傘全收，夜幕深垂的時候，仰觀繁
星，俯看漁火，點點熠熠煞是好看，而帆影憧憧，更點
綴成令人心響往之的美麗夜景。[186]

清揚居士一住就是三個月，她從四大、五蘊、六根、六識

---

184 張清揚，〈悼智光上人〉《智光大師法彙》（臺北：華嚴蓮社，1993 年 2
　　月），頁 448。
185 范觀瀾，《成一法師傳》，頁 6、340-341。
186 張清揚，〈悼智光上人〉《智光大師法彙》，頁 449。

等認識佛學名相，有時還用梵唄調劑學習的樂趣，由於智光法師精通醫理、命相之學，曾開過藥單給清揚居士，讓她服過後，覺得身體舒緩很多。特別感激智老對她的關懷：

> 老人不但深通醫理，且精於命相之學。我服了那付藥後，雖沒立時痊癒，但嚴重性却減輕不少。後來到了臺灣，曾請心臟專家吳靜醫師檢查，發現心臟却完全好了，實在是不可思議的。自皈依以後，老人不厭其煩的從四大、五蘊、六根、六識等佛學名相教我，有時還用梵唄來調劑，使我感覺枯燥的人生在清水的滋閏之下，重新茁長起來。[187]

佛教並不限制弟子皈依幾位師父，智光法師是華嚴學派，梵唄是他的專長。清揚居士久仰智光法師的道學，經過簡單的儀式，皈依在智光法師座下。

二十世紀中期，清揚居士受到智光法師的影響，為中國女性打開傳統的包袱，漢傳佛教可在臺灣盛行，女眾的努力是功不可沒。那年代，很多人都很好奇，官夫人為何放棄享受，願意到寺院唸經、拜佛。清揚居士寫下學佛的因緣：

> 夏天到焦山定慧寺避暑，《中流》編者要我寫一篇〈我學佛的因緣〉，後來因為母親去世，兼之體弱多病，無形中擱置。敘述自己從念書到結婚，昏昏的生活，直到二十多歲，才漸漸醒悟過來。文章從教會學校讀書的清揚，心中沒有宗教。與孫立人結婚，從來沒有想到明天，

---

187 張清揚，〈悼智光上人〉《智光大師法彙》，頁 450。

不了解來生的因果。不會知道有西方極樂世界，談不上佛法。[188]

　　人的際遇很不可思議，清揚居士受到觀音菩薩的點化，從平凡的生活中，悟出生命的更高價值。孫將軍在前線保家衛國，在刀、槍、子彈的無數戰役中，都能安然度過，也許是清揚居士平日拜佛、念經的功德，回向普天下的庇佑。佛、菩薩的因緣真是不可思議！

六、蔣公對佛教的貢獻

　　上海統一書局曾發行《蔣介石全書》一書，蔣公親述事略：「先妣生平篤信佛法，深通教典，佛語機聲，常相和答，又說先妣長齋禮佛，已二十餘年，人嘗謂先妣清素堅操，險難不足

188　孫張清揚，〈我學佛的因緣〉《中流》卷 6 第 6、7 期，1948.8.30，頁 17-18。

動其心者，蓋得力於釋氏為多。母親王太夫人於《楞嚴》、《維摩》、《金剛》、《觀音》諸經，皆能背誦講解，尤復深明宗派，中正回里時，先母必為諄諄講解，指示不倦。」[189]

民國甫立，國家內憂外患，軍閥爭戰瀰漫於全國，廟產興學事件、驅逐僧尼、掠奪寺產、反宗教運動等毀佛事件迭起。佛教處於狂風暴雨中，都能安然地度過，都是保衛佛教人士奔走，其實蔣公的維護實為最大的因素。後來，蔣公雖受夫人宋美齡的影響而受洗為基督徒，但一生崇敬三寶，與太虛大師相契甚深。從《王太夫人事略》一文看到：

> 先妣長齋禮佛二十餘年，其所信仰，老而彌篤，人嘗謂先妣清素堅貞之操，險難不足累其心者，蓋得力於釋氏為多。先妣於《楞嚴經》、《維摩經》、《金剛經》、《觀音經》，皆能背誦、注釋，尤復深明宗派。中正回里時，先妣必為之諄諄講解，教授精詳。[190]

蔣公對佛教界的貢獻有三：

（一）護法敬僧：十七年，下野回奉化故里，邀太虛大師遊四明山雪竇寺，長談竟日，太虛大師並為說《心經》大意。未久，大師赴歐美弘法，蔣公予以資助。佛教面臨浩劫，廟產興學震驚全國，王一亭面請蔣公維護。中國佛教會之組織章程，亦由太虛大師、王一亭聯名致書，始獲內政部批准。三十二年，行政院批准內政部修改之

---

189 智光大師紀念會，《智光大師法彙》（臺北：華嚴蓮社，1993 年 2 月）。
190 釋慈怡等主編，《佛光大辭典》，頁 7727。

「寺廟興辦公益慈善事業實施辦法」，侵損佛教，太虛
大師上書，蔣公飭令停止實施。

（二）資助弘化：十七年，太虛大師弘法歐美各地，籌
組成立「世界佛學院」，蔣公資助十萬元。

（三）敦聘太虛大師為雪竇寺住持。[191]

母親王太夫人信仰佛教，經常禮佛誦經，因此浙江的雪竇
寺，是蔣家所護持的道場。大醒（1900-1952）法師寫下《口業
集》這一本書，書名是印光法師取名的。當他接下雪竇寺的住
持，曾說：「只要我身子一轉，什麼事情都能做得到。」或許
大醒法師能上達蔣中正總統，[192] 現在又接下「海潮音社」社長、
主編，請會覺（1892-1971）、芝峯、法舫（1904-1951）、印順
四位法師閱稿，所以他把編輯部設在雪竇寺，發行部則在上海
大法輪書局。[193]

---

191 釋慈怡等主編，《佛光大辭典》，頁 7727。
192 釋法果，〈煮雲法師念佛思想與實踐之研究〉（南華大學宗教學研究所碩
　　士論文，2020 年 7 月），頁 38。
193 釋大醒，〈為本刊遷移臺灣講幾句話〉《海潮音叢刊》卷 30，1949.6.20，
　　頁 38。

第三章 孫立人夫婦與臺灣命運

　　戰亂中，孫立人將軍夫婦以其身份，協助二十多位僧人來臺，包括星雲、廣慈法師等人才能在臺灣安身立命。清揚居士為「1949 法難」營救被關的出家人，結束出家人的法難。孫將軍夫婦大公無私的奉獻，為國為民同受國際間的讚揚，同時惹來旁人的忌妒。「孫案」發生時，舉家雖軟禁於臺中的孫府，但清揚居士仍出面發起影印《大藏經》，讓信眾認識佛教與了解佛教的教義，研究佛學的人逐漸增加，使佛法能夠普遍化、深刻化傳播於臺灣的各角落。臺灣在自由民主的政治體制下的發展，政治、軍事、經濟、教育、文化等皆有輝煌的進步，佛教對於社會秩序也起著重要的角色。

第一節　來臺前的臺灣佛教

　　明朝末年，中國佛教從福建、廣東傳入臺灣，鄭成功（1624-1662）來到臺灣後，其子鄭經（1642-1681）虔誠信仰佛教，所以在臺南興建彌陀寺。之後，又為母親興建開元寺，特別請僧人主持寺院。清朝時，福建、廣東的僧人來臺，寺院漸次增多才有彌陀寺、竹溪寺、法華寺、超峯寺、凌雲寺、靈泉

寺等古剎。[1]

光緒年間，從福建漳洲、泉洲來臺的人最多，當時臺灣的人口大約有四百萬多人，其中信仰佛教有四十多萬的人口。當時的民間信仰很複雜，寺廟舉辦祈福、消災等法會，也要拜道教的北斗，天尊的神，土地公也要拜，還要拜閻羅大王、有應公等孤魂野鬼。[2]

日本政府實施皇民化教育，就是要消滅中國文化。佛教在臺灣也受到殖民統治的影響，出家人學習日本僧人娶妻、食肉，為了生活很多人都還俗了。此時在家人居多，出家與在家只是名稱上的不同。之後，受到西來庵事件[3]的影響，臺灣原有的信仰和齋教為了求自保，都歸化日本佛教，導致佛教界充斥著迷信、雜亂的現象，致使佛教的衰退。[4]

十一年（1922），臺北龍山寺成立「南瀛佛教會」，同時發行《南瀛佛教》月刊，對佛教的推廣起了助益。三十年（1941），改稱「臺灣佛教會」，同時在臺灣的南、北部，成立「臺灣佛教鍊成所」，其目的是為訓練佛教的人才，幫政府來安定民心。這時傳統佛教與各地小規模的教團，被迫皇民化、陷入困頓中，因此成立「臺灣佛教奉公團」。[5]

三十三年（1944），月刊改稱《臺灣佛教會》會報。太平

---

1 符芝瑛，《傳燈-星雲大師傳》，頁 56-59。

2 釋慧雲，〈臺灣佛教現狀與僧伽生活之一斑〉《海潮音》卷 9，1928.12.1，頁 520-523。

3 西來庵事件又稱余清芳事件、玉井事件、噍吧哖事件。四年（1915），在臺灣以宗教力量抗日的重要事件，領導人有余清芳、羅俊、江定等人。

4 釋宏聖，〈慈航法師思想與實踐之研究〉（南華大學宗教學研究所碩士論文，2017 年 6 月），頁 1-2。

5 釋惠空，《臺灣佛教發展脈絡與展望》，頁 109。

洋戰爭後，在臺灣總督府遽令解散，會報也停止發行。[6]

光復後，政府從日本人接收寺產，不僅更換住持還要收地租，其實臺灣的佛教寺廟其規模小，不像大陸的叢林寺院有很多的田產。當時的農業社會，只能維持三餐的溫飽，當時的社會經濟並不發達，因此寺院的收入，只能依靠善男信女的捐助，還要出外化緣才能維持寺院的經濟。[7]

此時因信眾能提供的供養少，出家人都要種田、賣菜等工作，當時寺院、道場的建築物，大部份都是木樑瓦房。[8]

三十五年（1946），佛教組織先在龍山寺成立「臺灣省佛教會」，推舉本圓（1883-1945）法師為理事長。後來，更名為「臺灣省佛教分會」，納入中國佛教會系統，會址遷至善導寺，才開始制定傳戒、僧尼剃度、寺庵住持等等的規範。隔年七月，發行《臺灣佛教》月刊。[9]

李炳南（1891-1986）隨奉祀官孔德成（1920-2008）來臺，曾走訪寺廟七、八處，看到寺廟守清規的人，但都閉門自修。還有人搞起迷信、神通種種，龍華齋教自認是佛教，對於能解能行的信徒，其實對佛、天、鬼神都分不清楚。[10]

三十七年（1948）八月，李子寬來臺，寫下對臺灣佛教的觀察，進而提出建議。其內容是：

> 光復後，無領導之中心，勢形散漫。如全臺僧尼與在家

---

6 釋妙然，《民國佛教大事年紀》，頁 238。
7 符芝瑛，《傳燈-星雲大師傳》，頁 59。
8 釋惠空，《臺灣佛教發展脈絡與展望》，頁 5。
9 釋妙然，《民國佛教大事年紀》，頁 244-258。
10 李炳南，〈臺中佛化進展的大概〉《人生》卷 3，第 2 期，1951.3.15，頁 5。

二眾，在省市縣佛教機關領導下，成立菩薩學處。……
另設佛學研究院，為臺省之佛學府，分初級、中級、高
級三部。聘請臺省及內地學資俱深之法師或名宿為教
授，教以普通專門各學科，造就完全人才，為宏化之準
備。於院內設圖書、編印二處，搜集佛教圖書法物，廣
藏以供參覽，編輯各專集，及各級教科書、印行，以期
普遍。各級佛教會及較大之寺院齋堂，各設宣教所，為
長期之宣傳，其有資力者，並辦普通學校及醫療所等教
育慈濟事業。十年之後，臺灣佛教將為全國冠，此展望
於將來者。[11]

廣慈法師的訪談紀錄，說明他剛到臺灣，看到佛教的問題：

臺灣在日本統治的時候，日本人把出家人的文化水準，
壓得非常的低，頂多初中、小學畢業而已。能讀到高中，
十個裡沒有一個，證明壓得很厲害。臺灣佛教幾乎沒有
出家人，只有幾個日本和尚，白天穿著西裝出去，晚上
回到家裡穿起大袍，老婆、兒子都住在廟裡。[12]

　　臺灣是一個島嶼，受到不能抗避的自然威脅也多，因此形
成多神教的信仰，所以看到的神廟特別多。除了供奉媽祖、呂
洞賓、土地公等等，還要拜石頭公、大樹公等，民間信仰充滿
著神化的色彩。至今逢年過節時，老百姓都要到寺廟拜拜。

---

11 李子寬，〈我對臺灣佛教之觀感及展望〉《海潮音叢刊》卷 29 第 9 期，
　　1948.9.10，頁 665。
12 朱泫源、劉晏均，〈廣慈口述訪問記錄稿〉，佛照淨寺，2017 年 5 月 3 日。

佛教、道教的儀軌都被神廟沿用，至今三步一宮、五步一廟，民間信仰都是神佛不分的。當時佛教信徒的目的，都是求籤問卜、祈福祈安為多；家中擺掛的畫像，有觀音、媽祖、灶君、土地等等。從中國大陸來臺的僧人，看到寺院的情形，是僧俗不分、神佛不分。出家人不重視戒律，也不住寺廟，宛如世俗人。[13]

佛教在臺灣的發展是衰微了，反而使民間信仰大為盛行，每逢神明的誕辰，人們都要大拜拜，迎神、賽豬成了農業社會的遺風。當人們發生糾紛時，都來到廟裡燒香、發誓或賭咒，所有的大小問題就能迎刃而解。我們可看到，社會的道德規範竟然依賴諸天神明，來維持著社會秩序。[14]

第二節　義助僧人來臺

清揚居士經常到南京棲霞山，在棲霞寺參與各種的法會活動；抗戰時在重慶長安寺皈依太虛大師，常在座下聽經聞法，不懂處有大師的法眷指導；勝利後回南京暫居毗盧寺，中國佛教會也成立。焦山定慧寺初遇東初法師、皈依智光法師，所以江蘇的棲霞寺、金山寺、定慧寺和宜興天寧寺的出家人，都知道孫將軍的夫人清揚居士是佛教界的大護法。

---

13 釋東初，〈了解臺灣佛教的線索〉《中國佛教史論集.臺灣佛教篇》，《現代佛教學術叢刊》第 87 冊（臺北：大乘文化，1976 年），頁 106。
14 釋星雲，〈我與神明〉《百年佛緣》社緣篇④，頁 81-83。

一、孫立人設立新軍訓練班

　　孫將軍在軍事史上是一位常勝將軍，尤其於「仁安羌大捷」在軍事史上堪稱為奇蹟，這是中國遠征軍入緬最光輝的戰績。沈克勤先生於〈我隨侍孫立人將軍的回憶〉一文，回憶：

> 孫立人將軍在我心中留有好印象的稅警團的領導人，後來他率領新一軍，在緬甸戰場上屢建奇功，打通中緬公路，成為一位戰績輝煌的抗戰英雄。由他來訓練新軍，必為國家帶來新希望。[15]

　　三十五年（1946）八月，孫將軍被任為東北第四綏靖司令及長春警備司令，擊破了林彪五次強大攻勢，一時人士目之為遼北長城。三十六年（1947）四月，孫將軍成為東北保安副司令長官。[16]

　　七月，升為陸軍副總司令兼陸軍訓練司令官，負責全國國防新軍訓練重任。孫將軍就在國防部附近的香靈寺，成立訓練司令部。前後經過三個月的籌備，同時會商美國的顧問，草擬訓練的計畫內容，同時完成羅致教官、蒐集教材等項目的準備作業。[17]

　　孫將軍特別到天津、北平、青島、廣州、南京，以及臺灣的鳳山等地的視察。從地理位置來判斷，臺灣屬於太平洋上的島嶼，位於中國沿海中心位置上，指出臺灣的海空運輸最為方

---

15 沈克勤，〈我隨侍孫立人將軍的回憶〉《孫立人傳》，頁 1043。
16 中央研究院近代歷史研究所，館藏號：105-01-11-001。
17 沈克勤，《孫立人傳》，頁 463-464。

便。說明中國北到鴨綠江口，南到廣州灣，其中鳳山最適合作為練新軍的場域。[18]

鳳山曾是日軍聯隊的兵營，所以這個軍營的環境，不僅是訓練場所，且營房的設施很齊全，所以很適宜作為新軍的訓練基地。後來，孫將軍把三個訓練處，增設為七個訓練班，特別把軍事重心，放在臺灣鳳山這區域。[19]

沈克勤剛從中央政治學校大學畢業，他看到國內戰亂，所以不願意回鄉。這時，從報上看到孫將軍奉派到臺灣訓練新軍的訊息。他認為這是報效國家的機會，決定穿上軍裝投效陸軍訓練司令部，其原文：

> 三十六年夏天，我從政治大學畢業，奉派到安徽省政府工作。時逢國內戰亂，安徽地方受到土共騷擾破壞，已不安寧，因而我不願意回鄉從事地方工作，暫停留在南京。我在報上看到一則消息，說「孫立人將軍奉派到臺灣訓練新軍」，當時我眼中恍如閃現一線曙光，認為這是我從軍報國的機會。一則我投筆從戎的宿願得償，再則我可到初光復的臺灣寶島遍覽熱帶風光。[20]

八月十九日，張老太夫人往生，清揚居士頓時失去至親的依靠，對她的打擊極大，意味著從此過著孤單、寂寞無助的生

---

18 沈克勤，《孫立人傳》，頁 465。
19 朱浤源，〈臺灣新軍的搖籃：鳳山第四軍官訓練班〉《臺灣光初期歷史》（臺北：中央研究院，1993 年 11 月），頁 439。
20 沈克勤，〈我隨侍孫立人將軍的回憶〉《孫立人傳》，頁 1043。

活。[21] 清揚居士從小受到母親的教導，是「幼承母訓，久奉真詮，知如來之遺教，以利人為先。」[22]

多年來，中國一直處於戰亂，夫婿孫立人常年在外打戰，清揚居士有母親的陪伴，唸佛、拜佛為日常功課，佛教則成為她精神上的支柱。

十月，陸軍訓練司令部第一批官員有百餘人，從上海搭乘登陸軍艦艇，離開黃埔江。沈克勤則站在船頭，看著軍艦艇慢慢地駛向臺灣海峽。《孫立人傳》說明他到達基隆碼頭，再南下到鳳山營房的情形：

> 十月十一日，抵達基隆碼頭。上了岸看到路邊水果攤林立，大家搶著買香蕉。第一次看到奇異的鳳梨，想買又不知道如何吃。在基隆市逛了一趟，覺得它是個樸實無華的海港。當天晚上乘火車到高雄，第二天清晨，進駐鳳山營房。這是日軍留下來的老舊營房，門窗破壞，營區雜草叢生，無電無水又無桌椅床舖。[23]

十一月三日，孫將軍偕美軍顧問抵達臺北，然後南下到鳳山營房。十二日，第一批人進駐鳳山營房，開始披荊斬棘、動手打掃房舍。沈克勤到崗山的空軍，借來老舊的桌椅來辦公，為新軍訓練作前期的準備。十六日，新軍訓練開始，次日，為

---

21 〈佛教新聞〉，《今日佛教》卷 1 第 6 期，1957.9.10，頁 30。

22 孫張清揚，〈邁淮先生德配吳郁宏慈夫人五十壽言〉《人生》卷 2 第 2 期，1950.2.15，頁 14。

23 沈克勤，《孫立人傳》，頁 1044。

軍官訓練班幹訓總隊的開學典禮。[24]

三十七年（1948）五、六月，清揚居士延續太虛大師的事業，捐出八兩黃金作為「海潮音社」的基金。這時因物價的狂飆，白報紙竟從一百七十萬狂漲到二百二十萬，排版費漲到百分四十。[25] 大醒法師於《海潮音》月刊說明當時的情形：

> 清揚居士布施黃金八兩作為本刊基金，與發行主任蘇慧純、李子寬商量。物價波動太大、狂漲駭人。存放的利息，支付第一個月印費紙張，第二個月就不足，第三個月無法應付。大家議決購買八十令白報紙，尚存六十令在大法輪書局。[26]

當時物價狂漲駭人的情勢，讓人民措手不及，清揚居士捐出這筆錢，只能購買到八十令的白報紙，讓我們了解到政府的經濟政策，處於崩潰的邊緣。[27]

二、清揚居士來臺

海峽兩岸的政權不穩定，整個局勢也讓大家不安。三十七年

---

24 朱浤源等合編，〈孫立人將軍年表〉《中國軍魂：孫立人將軍永思錄》，頁 416。
25 〈編後雜話〉《海潮音》卷 29，1948.1.10，（上海：上海古籍出版社，2003 年 10 月），頁 498。
26 釋大醒，〈編後雜話〉《海潮音叢刊》卷 29 第 8 期，1948.8.20，頁 661。
27 〈編後雜話〉《海潮音叢刊》卷 30 第 4 期，1949.4.20，頁 848。

（1948）十一月，孫將軍特別回南京，原本不想離開中國的清揚居士，被說服準備到臺灣。十六日，清揚居士很匆促地隨夫婿，從南京搭軍機，來到臺灣這片土地上。（如上圖）

　　十一月份的南京，冬天的氣溫是很低的。她不熟悉臺灣的環境，也不了解臺灣的狀況，但她感受到四季如春的臺灣。永芸法師的訪談紀錄有一段記載：

> 十一月是寒冷的冬天，她穿著貂皮大衣，搭軍機到臺北。看到臺灣人穿著白衣裳，心中暗忖：「這地方的死人，怎麼這麼多？為什麼大家都穿孝服？」回到家，女傭問她熱不熱，她才醒悟大家對她異樣的眼光。[28]

　　臺北南昌街的孫公館，是一棟日式與西洋式混和的花園建築，後來改為「陸軍聯誼廳」。今日被臺北市列為古蹟之一。

清揚居士在二樓把佛堂（如上圖）佈置起來，在佛堂前點

28　釋永芸，〈與孫立人將軍夫人往生前的最後訪談〉《中國軍魂：孫立人將軍永思錄》，頁445。

一炷香、唸佛、拜佛。每天做早晚課且精進修行，很少與大家吃早餐。平時的她都是笑容滿面、和顏悅色待人。曾日孚參謀常以公事外出洽公，把車子開走，此時清揚居士的臉上，總是笑嘻嘻，然後走出大門，趕搭公車或坐人力車，外出去辦事。[29]

孫將軍夫婦平時過著清淡儉樸的生活，客人來訪，加菜不是炒雞蛋就是皮花蛋，否則就是鹹鴨蛋。他的堂妹戲稱添菜三蛋。[30] 沈克勤先生於〈我隨侍孫立人將軍的回憶〉一文回憶：

> 我剛到臺北，孫立人待他如同家人，早餐都是稀飯，小菜有花生米、豆腐乳、醬瓜、鹽菜，菜色天天都不變，來了客人才加兩個鹹鴨蛋。中午、晚上都在家吃飯，四菜一湯有兩葷兩素，魚肉青菜和蛋花湯，有客人才加一盤炒雞蛋。[31]

沈克勤先生於〈我隨侍孫立人將軍的回憶〉一文，說明孫將軍夫婦的生活情形：

> 孫夫人性情溫和慈祥，面容光潤清秀，對待我們都是笑嘻嘻，從未見她發脾氣，有屬聲屬色的情形。她和老總真是一對恩愛夫妻，相敬如賓，從未見到他們之間有何爭執或是有相互生氣的時候。
> 老總每天上班辦公、開會，日夜去視察部隊，很少有私人生活。有時看到老總太疲累，就勸老總多休息，有時

29 沈克勤，〈我隨侍孫立人將軍的回憶〉《孫立人傳》，頁1060。
30 沈克勤，《孫立人傳》，頁916。
31 沈克勤，〈我隨侍孫立人將軍的回憶〉《孫立人傳》，頁1051。

晚上家中沒有客，便強接著老總去西門町看場電影。有一次他們到大世界看電影，片名為常使英雄淚滿襟。回來後，張保恆問：「影片怎樣？」老總笑道：「我這個人不懂羅曼蒂克」。[32]

胡健中（1904-1993）在孫公館聊天時，曾談及佛教的種種，清揚居士說：「立人在外帶兵打仗，我與老母在家裡無力相助，惟有終日念經拜佛，祈禱菩薩保佑他平安。」這時，清揚居士談起兩則靈驗的事蹟：

抗戰期間，孫立人在貴州都勻訓練稅警團，前往重慶接洽公務，為了節省汽油，改搭商車前往。回程趕回駐地，遇到一輛小轎車，接洽後改搭轎車回來，不久傳來商車在弔死崖翻車，無一人生還。另一事蹟是緬甸作戰，深夜於叢林峭壁間，不知為何馬突然驚嚇，孫立人從馬摔下淵深，衣服剛好被樹幹托著，所以沒有掉入谷底，否則就粉身碎骨。[33]

孫將軍笑著說：「妳的誠心足以感動神靈，但絕不能使我信佛。」平時於家中從不談論公事或評論是非，聊到個人的宗教信仰，孫將軍會把手放在胸膛說：「我不信任何宗教，只信良心。」[34]

---

32 沈克勤，〈我隨侍孫立人將軍的回憶〉《孫立人傳》，頁1060-1062。
33 沈克勤，〈我隨侍孫立人將軍的回憶〉《孫立人傳》，頁1063。
34 沈克勤，〈我隨侍孫立人將軍的回憶〉《孫立人傳》，頁1063。

三、廣慈、星雲法師到臺灣

清揚居士很匆忙地把所有事安排好了，搭上軍機到臺灣。她沒想到這一離別後，從此沒有機會再回到大陸，也沒機會再回自己的家鄉。來臺前，清揚居士立刻想到江蘇附近的僧人，他們要如何離開？這時，孫將軍正在上海招考「知識青年從軍」，她靈機一動，如果讓出家人換穿軍服，就可隱藏身份搭上登陸艇，隨著軍隊到臺灣。

清揚居士找人通知棲霞寺、定慧寺、天寧寺附近的僧人，趕快到上海。這一切的安排，都是在孫將軍的默許，二十多位的出家人才能到臺灣。廣慈法師的訪談紀錄，說明當時的狀況：

> 徐埠會戰後，我們能夠離開南京，都是孫夫人的關係，才有辦法到臺灣。那時的我，如果沒有搭上這層關係，根本沒有資格到臺灣，那個時候我們都沒有錢，能夠來到臺灣可稱上是奇蹟。我們有二十幾個人來到臺灣，這些人之中只剩下星雲和我兩個人，其他人都先走了，現在回想起來真是很意外。
>
> 孫立人司令在南京招考「知識青年從軍」到臺灣，當時號召了六百人。那時他的軍階是臺灣陸軍訓練司令，我們這些小和尚在大陸是身無分文，不要說買飛機票，連半張船票都買不起，其實我們是窮到不行，壓根兒沒有想要到臺灣的念頭。
>
> 那個時候，孫夫人經常在寺廟裡作客，經常照應我們，很了解我們的情形。孫夫人說：「這樣好了，我去找幾

十套軍服。你們穿起來軍服，就跟這些青年，一起去臺
灣。」我們二十幾個和尚，有星雲、戒視、清月、淨海、
印海、浩霖等等，以及殷嘯秋、曹敬三等人。天寧寺的
學僧，也是跟我們一起到上海，然後再坐上登陸艇準備
到臺灣。[35]

　　星雲大師曾提及此事，當時是孫立人司令以「僧伽救護隊」
名義，我們二十多位的出家人，才能混入軍隊。我們到了基隆
港後，都要下船馬上離開軍隊。這時，星雲、廣慈、宏慈法師
不知道要往那裡走，跟著部隊南下到旭町營房。[36] 廣慈法師在
訪談紀錄中，說明當時是如何到臺灣，以及進入軍隊的心情：

由於登陸艇的底是平的，遇到風浪的登陸艇就會搖，搖
到每個人都吐了，最後膽汁都吐出來。孫夫人特別交待：
「你們一到基隆，就趕快跑掉，因為名冊裡沒有我們的
名字。」我們是混到軍隊裡面，搭登陸艇才到臺灣。
我們剛到基隆的時候，什麼人都不認識，我們要往哪兒
跑？根本不曉得天南地北，也沒有人在岸上接待，這時
我們到底該往哪裡跑？那時只有一個人跑掉，就是印
海。他一下了船，真的就跑了。我們根本無法跑，怎麼
辦呢？只好跟著五、六百人，搭火車到臺南三分子旭町
營房。
當時招考的時候，是以「知識青年從軍」宣傳號召，應

---

35 朱浤源、劉晏均，〈廣慈口述訪問記錄稿〉，佛照淨寺，2017 年 5 月 3 日。
36 沈克勤，《孫立人傳》，頁 480。

該是軍官。但是，我們一到旭町營房時，外面掛著一個
大牌子：「入伍生補充總隊」。我們是來讀軍校，怎麼
能進這種兵呢？所以其他的人都不進去。之前是說軍官
的訓練，結果弄了個半天，連個兵都不是。哪是來補充
的？它也不是自己成一個隊。那時候的我們也沒辦法，
人都已經到營房，還能怎麼樣？不進去，我們也得進去，
所以大家就進去。[37]

　　三人進旭町營房成為軍人，跟大家一起接受軍中的訓練。
廣慈法師繼續跟我們說：

那時是正月（農曆），我們穿個紅短褲和一頂斗笠，腳
上穿草鞋。站在那裡排隊、抖喔！抖完後，大家開始跑
步。跑回來的時候，流下的汗珠有黃豆那麼大，整顆整
顆地流下來。每天最後一個跑回來，就是星雲，因為他
的腳是內八字，所以跑不快。當時大家都沒辦法，只能
吃苦。晚間自修結束，我們睡在大通舖上，直覺周身骨
頭都要散開似的，都令人感到吃不消。

排長管得嚴，真的太嚴了我們被安排在第三連第二排，
這一排都是出家人，當時的排長是一個基督徒，專門兒
欺負我們出家人。添飯的時候，有一個人在回程的路上，
吐了一口痰。剛好被排長看到，硬要他趴下來，把地上
的那口痰吃掉。那個排長不是佛教徒，故意用他的權威。
我們當下聽的、看的，根本不是人可以過的生活，很不

---

37 朱浤源、劉晏均，〈廣慈口述訪問記錄稿〉，佛照淨寺，2017 年 5 月 3 日。

　　盡人道，所以今天跑掉兩個，明天跑掉三個。我們三個
　　大塊頭，利用站衛兵的時候，一起跑掉。[38]

　　三人逃離部隊後，只能到處地躲藏，不敢走在大馬路上，因為擔心、害怕會被抓回部隊。他們在臺灣沒有任何的人脈關係，只好來到臺北的西門町，請清揚居士幫忙。廣慈法師又繼續跟我們說：

　　二月，我們走到臺中寶覺寺，遇到慈靄、蓮航，當時的
　　住持是林錦東，大同因為有匪諜的嫌疑，很早就逃到香
　　港。我們住了幾天，寺中有一位覺道比丘尼，她的人很
　　好，拿給星雲、宏慈跟我，一人一塊大白布。我們就自
　　己剪裁，做一件褲子來穿。沒有衣服穿，怎辦呢？我們
　　總不能一天到晚都穿短褲，我用針線縫，縫了幾天，縫
　　出一套衣服。
　　後來，我們又到臺北，當我們走到新公園的旁邊，不知
　　道怎麼搞得？星雲摔一跤，掉到旁邊的水溝，全身濕透。
　　他這麼掉下去，身上的鈔票通通跑出來，由於水流得太
　　快，抓也抓不到。我們看著鈔票跟著水，流走了。三個
　　人的身上，一毛錢都沒有，你說：怎麼辦？
　　那時，我們的腦筋全部都空白了。人生地不熟的地方，
　　怎麼辦才好呢？只好再去中華路文具社找孫夫人。我們
　　到書店，孫夫人給我們每個人五十塊錢的關金。那時候
　　關金是蠻值錢的，它是長長的。她要我們到基隆靈泉寺，

---

38 朱浤源、劉晏均，〈廣慈口述訪問記錄稿〉，佛照淨寺，2017 年 5 月 3 日。

因為戒德、默如、印海都在那裡。

我們到了靈泉寺，印海說：「這裡住不下」。這裡沒有位子，也沒有房間，又介紹我們到觀音山。我們到臺北車站時，打算搭乘往觀音山的車子，忽然下起大雨，聽說山區崩坍、道路中斷，就沒有去。四月，我們走到中壢圓光寺的時候，所有學生都要準備離開。

智道是一位比丘尼，看過《怒濤雜誌》，所以認識我們，請妙果讓我們留下來。第二天，學生都離開了，只剩下我們三個人住在那裡，覺得這樣子也很好，但每天都提心吊膽，還是很害怕。三十六年，釋智勇等法師在宜興白塔山創辦《怒濤雜誌》。[39]

　　他們接受清揚居的建議，三人來到基隆的靈泉寺，由於沒有多餘的寮房，只能離開。四月，三人來到中壢圓光寺，臺灣佛學院剛好結束，學生都要離開，才有寮房讓他們住下來，暫時告別逃亡的生活。

四、聖嚴、了中法師來臺

　　三十八年（1949）一月，蔣委員長宣佈下野，大陸局勢日見惡化。上海的物價飛漲讓人措手不及，食米一斗要價二千萬元，香煙一包要價二十萬元，造成人心的恐慌。[40]

　　春天，聖嚴法師看到寺院的長老，都離開靜安寺。同時他也發現白聖（1904-1989）、道源（1900-1988）法師都不在寺院

---

39 朱浤源、劉晏均，〈廣慈口述訪問記錄稿〉，佛照淨寺，2017 年 5 月 3 日。
40 釋妙然，〈平凡僧中的聖僧〉《海潮音》卷 64，1983.4.30，頁 9。

裡，讓大家感受到社會動盪的不安。

　　孫將軍任東南軍政副長官兼臺灣防衛司令官，「臺灣訓練新軍聯勤總部」補給單位駐進上海靜安寺招收軍人。當時的時勢讓所有人都很緊張，大家都在互相的猜忌，聖嚴、了中（1932-2022）法師脫下僧服，向二〇七師青年軍招兵站報名投軍，特別選擇通訊單位服役。最後，軍隊先後招收了七千多位的青年人來臺從軍。[41] 五月十九日，兩人登上海艇到臺灣。[42]

　　四十九年（1960）一月六日，聖嚴法師由於身體的原因，提前退役、重新出家，成為東初法師的弟子。之後，前往日本求學，拿到立正大學博士學位。返回臺灣後，接下北投農禪寺和中華佛教文化館。後來，聖嚴法師創辦中華佛學研究所，為佛教學術培育許多位的研究生。最後，隨順因緣選擇新北市的金山地區蓋建一座觀音道場，同時成立法鼓山園區，並結合生態環境創辦「法鼓大學」。

　　了中法師來臺後，先後隨侍慈航（1895-1954）和白聖二位法師。其後，他也赴日求學並拿到立正大學碩士學位，刻不容緩把博士課程修畢。返國後，接受南亭法師的付託，曾為華嚴蓮社的住持。後來，為臺北善導寺的第八任住持，同時他在新竹香山創辦「玄奘大學」。

41　沈克勤，《孫立人傳》，頁 476。
42　林其賢，《聖嚴法師年譜》，頁 76-78。

第三節 爲「1949 法難」奔走

三十六年（1947），二二八事件發生後，臺灣人民對政府充滿敵意。此時，上海官兵撤退來臺，臺灣各地的秩序相當混亂，又遇到省籍的疑忌。大陸有一、二百萬軍民公教遷臺，臺灣本土仍有六百萬多人，大家面對政治、軍事的雙重不安，臺灣如洶湧波浪中的漏船，隨時有傾覆之危。[43]

三十八年（1949），樂觀法師隨部隊也來到臺灣。有一天，他看到外省籍的僧尼都被抓起來，並且羅織的罪名是：「他們是遊民」。[44] 廣慈法師是大陸來臺的僧人，首當其衝也被抓進警察局，他說明當時的情形：

> 大約是六月份，大陸出家人就遭難了，很多出家人通通被抓起來。當時是陳誠下了一道命令，政府官兵到處抓散兵、遊民。散兵就是從軍人裡面逃出來的；遊民是大陸人到臺灣，沒有工作的人。黃昏的時候，我被押到桃園的臨時拘留所，那是一個大倉庫，裡面關了二、三百人。
>
> 我到了拘留所，就和從大陸來的五、六十個出家人會合。第二天，又傳來消息，和慈航一起的四、五十個出家人，也被逮捕了。臺灣到處在捉捕僧人，這究竟是為什麼呢？

---

43 呂晶，《宋美齡的後半生》（臺北：臺灣商務印書館，2016 年 2 月），頁 132。

44 釋樂觀，〈中國佛教第一個應變的人〉《海潮音叢刊》卷 43，1942.12.30，頁 243。

> 後來我才聽說有個傳聞：大陸在對岸用廣播方式，他們
> 派了五百個出家人到臺灣，他們是來做間諜。因此國民
> 黨要逮捕、審問出家人。[45]

　　就這樣，大陸來臺的出家人，都被警察一一地逮捕，他們
被拘留了二十三天。星雲大師在《百年佛緣》書中，也說明他
被警察逮捕的情形：

> 來臺時，居無定所被中壢圓光寺妙果收留，幫忙打水、
> 採買、看守山林等工作。我和智道在中壢街上採購的時
> 候，莫名其妙就被警察逮捕。智道是臺灣人可以回去，
> 我被關在拘留所的小牢房裡，一直都沒有人來問話。大
> 陸的和尚，剛到臺灣都沒有工作，慈航、道源、了中等
> 等的出家人，先是關到中壢的拘留所，後來才移到桃園
> 倉庫。[46]

　　臺北警察局都知道智光法師，是孫將軍夫人的師父，不敢
上門查問，所以十普寺的出家人，並未遭到逮捕。警察也到圓
山臨濟寺，查驗所有出家人的身份證和入境證。[47]

　　慈航法師於各地弘法，還要四處奔波、解決僧眾食宿的問
題，反而讓政府起了疑心，予以拘捕。出家人發生法難，馬上
在佛教界引起軒然大波。[48]

　　立法委員董正之（1910-1989）與慈航、道源、無上

---

45 朱浤源、劉晏均，〈廣慈口述訪問記錄稿〉，佛照淨寺，2017 年 5 月 3 日。
46 釋星雲，〈臺灣的比丘尼〉《百年佛緣》僧信篇⑧，頁 44-46。
47 陳慧劍，《南亭和尚年譜》，頁 104。
48 十普堂，《白公上人光壽錄》，頁 252。

（1918-1966）等法師，以及學僧十多人，都被帶到中壢警察局，中將退伍的律航（1887-1960）法師，也遭到逮捕。

　　大陸來臺的出家人有五、六十人，都被關進拘留所和桃園大型倉庫。隔天，董正之回到臺北，找到監察委員丁俊生（1903-1979），奔走各地準備營救。斌宗（1911-1958）法師也到臺北善導寺，找到李子寬、清揚居士共施援手。[49]

　　出家人被關進之後，白天還被警察押到街上遊行，是莫大差辱。廣慈法師的訪談紀錄：

> 這些出家人，都是被關在桃園做煤炭球的工廠，每個人發給兩條麻帶，一條麻袋是蓋的，另一條麻袋是墊在下面。夜裡還是會冷的，我們三天都沒有吃飯，因為菜飯都是葷的，後來有一個居士叫普真，每天挑一擔的鹹稀飯，給我們吃。我們每天只吃一頓，而且還把我們扣起來，帶到街上遊街給人看。我和星雲的塊頭大，在前面帶頭走，這是故意整出家人。反動標語的活動，用來污衊是僧人寫的，其實寫反動標語的人，是中壢警察局的局長，他才是真正的匪諜。[50]

　　清揚居士經過多方的奔波，黨國元老居正（1876-1951）、于右任（1879-1964）、李子寬等人出面，同時並擔保：「出家人，絕對不會亂來，做間諜、什麼的。」半個月後，清揚居士與國大代表坐著官車前去保釋。那時被關進去的出家人，大約

---

49 陳慧劍，《南亭和尚年譜》，頁 104。
50 朱浤源、劉晏均，〈廣慈口述訪問記錄稿〉，佛照淨寺，2017 年 5 月 3 日。

二、三百人先後都被保釋出來。當時的法律有一條規定：「人
被抓了，還要付一天兩塊錢的伙食費。」這筆罰款可能是清揚
居士負責的。[51]

　　清揚居士為了營救被關的出家人，親自出面與警察局、政
府官員們斡旋，最後救出所有的出家人，結束出家人的法難。
泳思法師的訪談紀錄，說出這一段的原委：

> 政府撤退臺灣初期，很多大陸來的僧寶，被以匪諜嫌疑
> 被捕，就有很多本省籍太太找我出來護法。我上警察局
> 與局長理論，我說：「出家人沒有眷屬，但他們有信徒
> 在護持，信徒的力量是很大的。」
>
> 日本統治臺灣五十年，日本是信仰佛教的，佛教在臺灣
> 已經根深柢固，何況他們出家人會不顧一切困難，追隨
> 政府來臺灣，正是擁護政府的行動證明。結果無緣無故
> 被抓起來，這和共產黨抓和尚、破壞佛教，又有什麼差
> 別？警察局長被我說得無言以對，但他也作不了主，我
> 決定另外想辦法。
>
> 有一次大型宴會，黨政軍首長雲集，當時我先生擔任臺
> 灣防衛區總司令………。我稍後趕到會場，向大家呼籲：
> 「現在佛教遭到空前困難，請大家站在朋友的立場，幫
> 助我救救佛教。」結果得到很多人的支持。我立刻寫了
> 一封信給行政院長陳誠先生，並找了幾位代表陪我去陳

---

51 釋永芸，〈與孫立人將軍夫人往生前的最後訪談〉《中國軍魂：孫立人將
　軍永思錄》，頁 445。

情。就這樣，政府把所有和尚都放出來了。[52]

　　從永芸（1960-）法師的訪談紀錄中，出家人發生法難，星雲大師特別感謝清揚居士：

> 當時訛傳大陸派五百名僧侶到寶島來，從事滲透顛覆的工作，我等出家人因而身陷囹圄，幸經孫張清揚等人的辛苦奔走，多方營救，才得以洗冤出獄。[53]

　　星雲大師於《百年佛緣》的書中說：「法難之後，清揚居士曾託人帶錢給我。」對當時一無所有的星雲大師，那四百元無疑是天大的賜與。[54]　《雲水日月－星雲大師傳》一書記載：後來，有很長的一段時間，星雲大師被警備總部派人跟蹤：

> 警備總部接到黑函，投訴出家人收聽大陸的廣播，晚上穿著便服外出，張貼親共標語、散發反動傳單。曾被人密告窩藏長槍，佛光山貧無立錐之地，拿不出來油印傳單的紙，當時也買不起收音機，更何況是槍械之類。若干年後，黑函才不攻自破，反倒是跟監人受到感化，皈依為佛門弟子。[55]

---

52 釋泳思，〈情緣・法緣-孫夫人張晶英女士的一生傳奇〉《慈濟》第 289 期，1990.12.25，頁 78-79。

53 釋永芸，〈與孫立人將軍夫人往生前的最後訪談〉《中國軍魂：孫立人將軍永思錄》，頁 442。

54 釋星雲，〈孫立人與孫張清揚〉《百年佛緣》生活篇③，頁 177。

55 符芝瑛，《雲水日月-星雲大師傳》（臺北：天下遠見，2006 年 3 月），頁 87-88。

　　清揚居士從不公開出席任何的活動，也謝絕了各種的邀約和酬宴，但經歷出家人發生法難事件。所以她改變原本的觀念，採取主動態度，親自寫信給行政院長陳誠（1898-1965），請求國家出面保障出家人。她到陸軍官校演講時，手上拿的是哈達（藏文 kha-btags）。是蒙、藏民族的宗教或民間社交活動中，作為見面禮品的織物。是絲綢或絹紗之長方形帶，有粗細四等，分白、藍二色。

　　當時以陸軍總司令孫將軍夫人的身份，周旋於達官顯要、立法、監察委員之間；邀請高級將領、立法委員的太太們，在家中宴請賓客。仍以一己之力，影響許多達官顯要的夫人，不僅改變信仰從此皈依佛教。[56]

---

56 釋永芸，〈與孫立人將軍夫人往生前的最後訪談〉《中國軍魂：孫立人將軍永思錄》，頁 445。

第四節 堅持初衷信仰佛教

一、孫將軍成立女青年兵

孫將軍鑑於第二世界大戰中,看到美軍婦女輔助隊在前線救護傷患,同時於後方擔負軍隊的後勤業務,其成效顯著、舉世讚譽。因此他要在陸軍訓練司令部成立「女青年訓練大隊」,對象以十五歲的女性知識青年,依照軍中的編制,向外招募三百二十人。地點設立在屏東阿猴寮的營房,並給予嚴格的軍事管理與訓練課程,期望可為新軍培養女性幹部的人才,主要是訓練婦女救護、軍中福利和軍眷、兒童的福利工作。[57]

---

57 沈克勤,《孫立人傳》,頁 487-488。

　　三十八年（1949）三月八日，女青年訓練大隊舉行開學典禮。阿猴寮營房是日本空軍留下的軍官宿舍，樓屋有十多座，陸訓部副官找到一座庭院，成為孫將軍的屏東公館。

　　屏東公館位於臺灣的南部，充滿著亞熱帶風光的氣息，它是一座椰樹環繞著西式洋房，還有綠草成茵的大庭院。

　　副官雇用張只為屏東公館的管家，她要整理房舍等雜事，負責洗衣、煮飯的家務事，還要打掃屏東公館的庭院。[58] 張只（1928-2016)是臺南麻豆人，屏東公館所有的事務，幾乎由她來張羅打理。日後，她是清揚居士物色的人選，進孫府為孫將軍傳宗接代的三夫人，稱梅娘。

　　翌年二月十六日，是中國人傳統的除夕夜，這天的年夜飯，在屏東公館（如下圖）以野餐式進行。孫將軍夫婦對這群女兵愛護備至，同時把女兵視同自己的子女，當時的女青年兵都以乾爹、乾媽來稱呼，大家一起團拜、過新年。每位女兵離鄉來臺，第一次拿到紅包作為壓歲錢，日後這群女青

---

58 沈克勤，《孫立人傳》，頁932。

年兵每年都會為義母清揚居士慶生。[59]

攝影：羅超群

六十年（1971）十二月，他們聚集在臺北和平東路上「素菜之家」舉行生日餐會。[60] 從《烽火歲月下的中國婦女訪問紀錄》一書看到合照。（如下圖）

七十八年（1989）十二月，王珂等人在臺北和平素菜館會

---

59 沈克勤，《孫立人傳》，頁 491。
60 羅久蓉等訪問，《烽火歲月下的中國婦女訪問紀錄》（臺北：中央研究院近代史研究所，2004 年 11 月），頁 432。

集設宴、祝賀義母七十八華誕。（如下圖）資料來源：《立新》
報紙。宴會中，清揚居士談起往事，說出孫將軍最大的心願：

> 妳們義父的心願是，將妳們從大陸帶來，他得親自護送
> 妳們回大陸。我們夫婦往日愛護各位出於真心，毫無世
> 俗或政治色彩，不求回報，也不要求各位做任何事情。
> 各位這麼懷念我們，孝順我們，我們很感激！[61]

三十八年（1949），錢穆（1895-1990）、唐君毅（1909-1978）、
牟宗三（1909-1995）等三位國學大師，到香港創辦亞洲文商夜
校。隔年，更名為「新亞書院」。

年底，錢穆先生特別搭機來臺，透過司法院長居正的協調，
經行政院副院長張厲生（1901-1971）允准，可由政府出面協助
新亞書院。訪臺期間，他到處視察臺灣各地的環境，南下到鳳
山陸軍官校演講。

錢先生被請到屏東公館，他看到阿猴寮營房有很多的樓

---

61 王珂，〈孫將軍與女青年隊〉《中國軍魂：孫立人將軍永思錄》，頁 280。

屋，同時還有空閑閒置的情形。於是他向孫將軍提出一個請求，日後若香港發生狀況，請孫將軍提供必要的協助：

> 總統府秘書長王雪艇（1891-1981）告余，萬一香港有變，政府派船去港，新亞學校可獲優先第一批接運來臺。學生可轉各學校肄業，惟教師及其家眷未蒙提及。此處多空樓，君肯留數座備濟急否。[62]

五十三年（1964），新亞書院併入香港中文大學。五十六年（1967），錢先生移居臺北，中國文化書院（今文化大學）特聘教授、中央研究院院士、故宮博物院特聘研究員，著述書籍有八十多種。

二、清揚居士開辦托兒所

從大陸撤退來臺的陸、海、空三軍，都集中在高雄附近，鳳山是陸軍基地，左營是海軍基地，岡山是空軍基地。[63]

三十九年（1950）一月，陸軍總部有一位尉官，他把兩個小孩寄養在民眾的家裡。這時，清揚居士看到屏東營房還有空閒的樓屋，想到她在貴州都勻時，曾擔任慈幼院院長，培育小孩子的教育，於是在臺灣防衛司令部開辦托兒所：

> 清揚幼承母訓，久奉真詮，知如來之遺教，以利人為先。爾來以外子立人總綰軍府為國效力，凡執役軍旅者，以

---

62 錢穆，〈錢穆自述與孫立人交往〉《中國軍魂：孫立人將軍永思錄》，頁16-17。

63 沈克勤，〈我隨侍孫立人將軍的回憶〉《孫立人傳》，頁1047。

俸入微薄，不足以瞻身家，軍中日夜託兒所之籌設。[64]

清揚居士以佛法和人間五福的意義，向佛教徒勸募經費：

> 人間五福，壽為之先，良有以也，此有形之壽耳。若夫
> 賑恤孤窮，嘉惠黎庶，捍災禦難，佈德四方，上無形之
> 壽也。佛弟子以《阿彌陀經》：「夫壽之無量者，莫過
> 於吾人之一心」。《金剛經》：「何得長壽，金剛不壞
> 身」。說明非世間有形無形之壽所可同日而語。[65]

佛法說人身難得，若得人身如嫩木初長，天真期若遭夭折，
即不壽。至壯年期，血氣方盛，正是青雲直上、奮發有為之日，
忽遭不測則百業不成、志願未伸。一般所追求的不外乎是福祿
壽喜，「壽」乃為人最為重視。壽若無，雖有整千盈萬之產業，
不能享受，故曰：「五福壽為先」。老年欲壽不能，亦極痛苦。
求長壽實為人生最大的要求，富貴者需要、追求，亦為中國人
特別重視的禮節。[66]

吳宏慈夫人把生日禮金贈予托兒所，作為籌備經費。工作
人員都是義務幫忙且不另支薪資報酬，特別聘請孫敬婉
（1923-），輔助教學工作。[67] 清揚居士特別請史坦因夫人（德

64　孫張清揚，〈遵湛先生德配吳郁宏慈夫人五十壽言〉《人生》卷 2 第 2 期，
　　1950.2.15，頁 14。

65　孫張清揚，〈遵湛先生德配吳郁宏慈夫人五十壽言〉《人生》卷 2 第 2 期，
　　1950.2.15，頁 14。

66　釋太虛，第七編法界圓覺學〈藥師琉璃光如來本願功德經講記〉《太虛大
　　師全書》，頁 2366-2367。

67　孫敬婉〈孫敬婉女士訪問紀錄〉《女青年大隊訪問紀錄》（臺北：中央研
　　究院近代史研究所，1995 年 9 月），頁 125。

籍顧問）主持兒童教育的行政。[68]

　　這一年三月，孫將軍擢升陸軍總司令兼臺灣防衛總司令，沈克勤、徐士立兩人調任總司令的隨從秘書，從事辦理文書整理、演講或會議紀錄，記錄所有點點滴滴的日記，這資料可在中央研究院近代歷史研究所查到。

　　孫將軍身兼總司令因而走遍臺灣、澎湖、金門的每個角落。沈克勤先生於〈我隨侍孫立人將軍的回憶〉說明：

> 孫老總志趣在於練兵，他的目標是要把中國軍隊練成世界上第一流的軍隊，因而他每天除了辦公、接見客人及參加會議之外，一定要抽出時間去看部隊。他走到操場野外，看到部隊演習訓練，精神極為愉快，好像一個嗜好運動的球員，一上了球場，打起球來，他的精神就來了。[69]

68 沈克勤，〈我隨侍孫立人將軍的回憶〉《孫立人傳》，頁 1062。
69 沈克勤，〈我隨侍孫立人將軍的回憶〉《孫立人傳》，頁 1049-1050。

三、蔣夫人宋美齡成立婦聯會

　　三十九年（1950）二月六日，孫將軍以司令的身份，出席陸軍全軍官兵代表大會並發表演說，擁護蔣委員長復行視事。三月一日，蔣委員長在臺北復行總統。[70]

　　三月八日，蔣夫人宋美齡（1898-2003）主持婦女節紀念大會，她的致詞內容：「每一個婦女都團結起來，發揮自己的力量。」蔣夫人號召婦女們：不畏艱難、不灰心、不絕望，全民團結一致。[71]

　　三月十七日，孫將軍升任陸軍總司令仍兼陸軍訓練司令、第四軍官訓練班主任暨臺灣省防衛司令，一身任四職，這是孫將軍一生中事業的頂峯！

　　四月一日，國防部政工局改組為總政治部，蔣經國為首任主任。四月三日，蔣夫人呼籲婦女們要自救、要救人，共同奮鬥的目標。蔣夫人在皮以書（1904-1974）、錢劍秋（1904-1996）、錢用和（1897-1990）、王亞權（1912-）等人的規劃下，特別邀請政軍高層和外交官夫人，有鄭毓秀（1891-1959）、呂錦花（1909-1981）、李緞（1909-1995）等人擔任重要幹部。[72]

　　四月十七日，成立「中華婦女反共抗俄聯合會」，簡稱婦聯會。三軍將領的夫人成為婦聯會的幹部，全省分會陸續成立。婦聯會成立的目的：「團結全國婦女以照顧軍眷，使其前線將士無後顧之憂而能專心抗敵。」此時，鳳山第四軍官訓練班改

70　朱浤源等合編，〈孫立人將軍年表〉《中國軍魂：孫立人將軍永思錄》，頁 421。
71　呂晶，《宋美齡的後半生》，頁 134-135。
72　呂晶，《宋美齡的後半生》，頁 134-135。

為陸軍官校，清揚居士擔任婦聯會陸軍分會主任委員。

　　蔣夫人南下到屏東阿猴寮營房探視女青年兵，在孫將軍夫婦以及黃珏（1930-2014）的陪同，檢視女青年訓練大隊。[73]（如下圖）資料來源：《女青年大隊訪問紀錄》，頁56。

　　六月一日，臺灣北、中、南、東部防守區司令部重新編成，隸屬臺灣防衛總司令部。八月八日，蔣中正總統任命羅友倫（1912-1994）中將為陸軍官校首任校長，事前並未知會陸軍孫總司令。

　　十月一日，陸軍官校在臺灣復校，以第四軍官的教職員、示範隊為班底，與舒適存（1898-1989）副總司令設計興築不同防禦工事，同時透過靈活的通信分五個階段，共同來推動全島性的演習。[74]

73　朱浤源等合編，〈孫立人將軍年表〉《中國軍魂：孫立人將軍永思錄》，
　　頁421。
74　朱浤源主持，《孫立人紀念館導覽內容報告》，頁16。

十月十日，女青年訓練大隊改隸總政治部，改歸陸軍軍官學校代訓，又延長三個月的訓練。[75] 這一群的女青年兵，是以戎裝持躍馬的花木蘭圖形作為隊徽、臂章，特別配戴在肩上，因此被稱為「花木蘭隊」。[76]

當年的女青年兵，展開全臺巡迴的工作。休假期間都借住於臺中太平國小和臺北雙園國小。四十五年（1956），才在臺北大直劍潭的附近，建造女青年之家。年底，改編為女青年大隊，下轄有六個工作隊。從大陸來臺的女青年兵，選擇退休、轉職或結婚有六十多人，也有人投考大專院校，選擇復學。[77]

蔣夫人又陸續成立「縫衣工廠」、「母職講習班」以及播放勞軍電影、捐建眷舍等，協助建立一百七十六個眷村，佔眷村總數的五分之一。蔣夫人出面發動三軍軍官眷屬，為前線士兵縫製征衣。[78]

陸軍眷屬被通知負擔十萬套襯衣褲，蔣夫人交辦下來的事，沒人敢說「不」字。清揚居士陸軍分會主任委員的身份，在會議中說明：「陸軍官兵待遇菲薄，本身生活都無法維持了，那裡有餘錢，再來負擔襯衣褲的費用。」當蔣夫人聽到這一段，竟然為清揚居士的真誠所感動，下令由婦聯會提供布料。[79]

對當時沉悶的人心士氣，發揮女姓特有的優點。借用女性為國軍將士縫製征衣，起了鼓舞國軍的士氣等等。清揚居士動

---

75 朱浤源，〈臺灣新軍的搖籃：鳳山第四軍官訓練班〉《臺灣光初期歷史》，頁 452。

76 沈克勤，《孫立人傳》，頁 501。

77 王珂，〈孫將軍與女青年隊〉《中國軍魂：孫立人將軍永思錄》，頁 279。

78 皮以書，《中國婦女運動》（臺北：三民書局，1973 年 1 月），頁 115-125。

79 沈克勤，〈我隨侍孫立人將軍的回憶〉《孫立人傳》，頁 1060-1061。

員所有的佛教徒，發揮佛教的布施精神，號召大家來縫製征衣，最後如期完成了這項工作。（如下圖）

　　婦聯會成立後，三軍總司令的夫人都被請去開會，還要上臺演講。清揚居士不太願意去參加，當她坐著官車出門時，還以「我要到臺北殯儀館」來形容這個會議，惹得大夥們都忍不住的笑。

　　當日的演講稿，清揚居士特別用毛筆，把字寫得大大，還用紅筆作圈點。蔣夫人看到這種情形，向清揚居士提出質疑：「怎麼寫這麼大的字？」清揚居士直接地回答：「我怕上臺眼睛花花，所以寫得大大，請勿見笑！」工作報告的內容：

> 我是佛教徒，婦聯會今天要我作工作報告，我很慚愧，個人沒有什麼作為，但是我們佛教的力量很大。婦聯會發給我們為軍人製衣的布料，我拿到寺廟中，師父們很熱心，大家分工合作，很快就完成了。他們很了不起，默默的貢獻，請主任委員能給他們獎勵。[80]

---

80 釋永芸，〈與孫立人將軍夫人往生前的最後訪談〉《中國軍魂：孫立人將

　　清揚居士致辭後，蔣夫人對大家說：「在座信仰基督教、天主教的夫人，你們聽到沒有？佛教徒這麼熱心，她們要向她看齊。」從這對話中，看到清揚居士的人格特點，佛教對當時的社會、政治都起了鼓舞的作用。蔣夫人不僅公開讚賞清揚居士，私底下問：「妳怎能講得這麼好？」清揚居士的回答：

> 我是在寺廟裡訓練出來的。蔣夫人宋美齡是理事長，我是理事，在婦聯會的發表，這不是我個人的，是佛教的貢獻。[81]

　　婦聯會的工作內容：「以造福軍民為宗旨，軍人與軍眷便成為服務對象。」官夫人身先示範的魅力，吸引各地的婦女加入，因此婦聯會迅速地向全臺擴展，全省成立分會和工作隊。開始從各地方政府，再到校園、民間，全國由上而下、由內而外，婦聯會的組織聯繫著全臺的婦女們。

　　婦聯會的總會是在臺北長沙街，二樓的至德堂成立縫衣工廠，婦女為軍人縫紉征衣，成為全臺最大的縫紉工廠。後來又辦理勞軍、籌建眷村、牛奶供應站、成立中小學、托兒所等，改善軍民的生活等等。[82]

　　五十三年（1964），更名為中華婦女反共聯合會。八十五年（1996），婦聯會從長沙街搬離後，改名為中華民國婦女聯合會，它是一個與政治、歷史緊密鑲嵌在一起的組織機構。早

軍永思錄》，頁 446。

81　釋永芸，〈與孫立人將軍夫人往生前的最後訪談〉《中國軍魂：孫立人將軍永思錄》，頁 446。

82　呂晶，《宋美齡的後半生》，頁 133。

年的婦聯會、婦工會，由官夫人們到各地勞軍、義賣等活動。那時，根本沒有婦女運動，只有婦女在工作，因此關懷社區、救援困苦的婦女，都是婦聯會的工作。[83]

四、受到基督教的壓抑

臺灣剛光復時，經濟各方面的條件極差，佛教只能維持平時的生存，出家人只會超度、誦經等法會，根本談不上弘法布教的活動。社會上的知識分子，學佛的人猶如鳳毛麟角，但天主教、基督教挾持雄厚的財力，伸進臺灣的各大城、小鄉。蔣夫人宋美齡生於基督家庭，是一位虔誠的基督教徒，佛教徒於公開場合都不敢承認自己是佛教徒，同時也不敢出面為佛教界辦事。[84]

由於蔣總統夫婦篤信基督教，不少政商界、達官貴人也跟進信仰基督教。當時大家都以信仰基督教是高尚的宗教，佛教則被貶抑為市井流俗的迷信。當時臺灣的寺廟、庵堂都被軍隊、機關所占住，如善導寺被市政府兵役科當作辦公室，臨濟寺大雄寶殿做了中山堂，足見在當時想護持佛教的不易。[85]

白色恐怖瀰漫著全臺，出家人歷經法難的困窘，清揚居士仍然拒絕改信奉基督教。星雲大師稱讚清揚居士護教的情形：

> 我抱著滿腔興教熱忱來到臺灣，想一展抱負。那時大家
> 害怕「白色恐怖」，噤若寒蟬，除不顧性命危險，發起
> 「搶救僧寶運動」的慈航法師，以及不惜違逆蔣宋美齡

---

83 皮以書，《中國婦女運動》，頁115-125。
84 釋煮雲，《佛教與基督教的比較》，頁3。
85 符芝瑛，《傳燈-星雲大師傳》，頁58-59。

> 夫人，拒絕信奉耶教的孫張清揚等少數大德以外，許多
> 佛教徒不是不敢承認自己是三寶弟子，就是見風轉舵，
> 改信耶教，在僧侶同道中也有不少在走投無路之下，易
> 服變節。[86]

蔣夫人曾經以種種的好處，誘惑清揚居士改信基督教，但
清揚居士都不為所動。當佛教受到基督教的壓迫時，清揚居士
都會挺身出面處理，私下也會爭取官太太們來信奉佛教。[87]

蔣夫人是婦聯會理事長，清揚居士則是高雄鳳山分會理
事，當年她們是一起撐起來的。蔣夫人以當權執政者勸她改信
基督教，達九次之多，清揚居士跟政治人物見風轉舵不一樣，
都斷然拒絕了。永芸法師的訪談紀錄，看到當時的情形：

> 蔣夫人以國母之尊，三番兩次要清揚居士改信基督教，
> 但她都直言以對，叫他做什麼事都可以，改信基督教是
> 做不到的事。蔣宋美齡前後勸了九次，仍然不能改變她
> 的信仰。[88]

臺北孫公館曾經舉辦雞尾酒會活動，中外來賓有三百多人
參加。酒會中，外國客人以挑釁的立場，以各種的問題，想要
責難佛教的問題。清揚居士不退縮並從容的應答，顯露出她在

---

86 朱浤源、高嘉蔚，〈百年來臺佛教的轉捩點（1949-1961）：從孫張清揚居
士看起〉，《建國一百年宗教回顧與展望》（新竹：臺灣宗教學會，2011
年 5 月），頁 145-146。
87 釋星雲，〈孫立人與孫張清揚〉《百年佛緣》社緣篇③，頁 176-177。
88 釋永芸，〈與孫立人將軍夫人往生前的最後訪談〉《中國軍魂：孫立人將
軍永思錄》，頁 445-446。

佛教的機鋒。第一個問題：佛教有一本《無盡燈》[89] 雜誌，內容經常批判基督教，這樣對嗎？清揚居士隨即回答：「不對。那只是作者個人的見解，並非佛教本懷，宗教都是勸人為善。」

第二個問題：我到日本，看到佛寺的大殿上，終日點著燈，那點燈是代表什麼意義？清揚居士再次的回應：「燈代表光明，相對於黑暗，所以佛寺點燈就是象徵我們到了佛寺，要點燃自性的智慧之光，以照破無明黑暗。」

第三個問題：佛教徒死後都能進入極樂世界嗎？清揚居士不假思索回應：

> 佛教徒講信願行，好比要到美國，必需儲備足夠的金錢，還要知道交通工具、路線等，信願行就是到極樂世界的資糧，資糧足夠了才能到達。又說：信願行即信仰、發願、修行。淨土宗最重視此三者，稱為淨土三資糧。譬如遠行，一要資財，二要糧食，缺此二事則絕難到達。三資糧復有連帶關係，先由信生願，由願生行；信若不具，願、行皆不成立。佛教是勸人為善的宗教，累積福慧之糧，點燃自性的智慧之光，自能照破無明黑暗。[90]

這三個問題，經清揚居士逐一回答後，外國人對佛教的教理，感到敬佩！

---

89 竺摩（1914-2002）法師在馬來西亞開辦佛學院、出版《無盡燈》季刊。點燈的比喻是：「以燈火無盡，比喻教化無盡，開導百千人而輾轉無盡、光明不盡，猶如一燈燃百千燈。」

90 釋泳思，〈情緣‧法緣-孫夫人張晶英女士的一生傳奇〉《慈濟》第 289 期，1990.12.25，頁 79。

當時，官太太們認為信仰佛教的婦人，一定是瘦巴巴、裹小腳的傳統老太婆，但官夫人們都沒想到，孫總司令的夫人是一位既標緻又能言善道的夫人。聚會時，總是有人以清揚居士為目標，特別故意對她詰責問難。時間久了，清揚居士並不以為忤，反而練就了隨緣度化的本領。

孫立人將軍與夫人張晶英女士於台北官邸慶典活動敬酒 (羅超群 攝影／羅廣仁 典藏)

　　佛教界有了孫將軍的夫人出面挺身幫忙，佛教文化的事業能保存在臺灣，都是清揚居士的重大貢獻，賦予人（生）間佛教在全世界開花結果的機遇！

　　四十一年（1952）十二月，新竹佛教會特別邀請清揚居士、孫清波到新竹東門的地藏廟演講，楊秀鶴以閩南語翻譯。清揚居士公開表明自己是佛教徒。演講內容是：「從觀音靈感、因果報應，普勸民眾拜拜不應殺生。」博得所有人的掌聲。[91]

　　當地鄭姓士紳以素齋來招待所有人，附近有基督教佈道大會，所有人都到地藏廟看熱鬧，因而引起基督教人士的注意。[92]

　　清揚居士曾對宗教做比較，永芸法師的訪談紀錄中，有這

91　〈各地簡訊〉《菩提樹》第 2 期，1953.1.8，頁 26。

92　釋泳思，〈情緣‧法緣-孫夫人張晶英女士的一生傳奇〉《慈濟》第 289 期，1990.12.25，頁 79。

樣一段的內容：

> 基督的博愛是有範圍的，信我者得救，不像佛教講慈悲，
> 普天下的兒女我都要救，佛光普照無邊無際，就像千江
> 有水千江月……。[93]

煮雲法師擔任陸軍五十四醫院佈教師，有愛國僧人及三多
法師（行路多、講法多、度眾多）的稱號，在臺灣看到生疏形
影的城市，人們是盲目追求物慾，遭遇到千奇百怪的經歷，深
山中可看到基督的標語等。[94] 當時佛教受到基督教的壓抑，星
雲大師的心情：

> 蔣夫人重視基督教的關係，大家都不敢表態自己是佛教
> 徒。因為說出信仰佛教，就沒有職業；資料上填寫佛教
> 徒，就不能出國留學、出國旅行。佛教受到種種的壓抑，
> 佛教徒好像是三、四等的公民一樣。[95]

光復初期，臺灣的社會環境是封閉的，對西洋的各文化欣
羨嚮往，從生活到文化的意識形態，無不以西方為首。西方在
臺灣的宗教活動，不但廣受社會多階層的注目，在校園或知識
界的影響力也強大，其他的宗教團體都大嘆不如。

基督教徒和佛教徒的矛盾與衝突，也逐漸呈現出來，攻擊

---

93 釋永芸，〈與孫立人將軍夫人往生前的最後訪談〉《中國軍魂：孫立人將
　　軍永思錄》，頁445-446。
94 釋煮雲，《佛教與基督教的比較》（高雄：華成書局，1955年12月），頁
　　1。
95 釋星雲口述，何智霖、何鳳嬌編輯，《百年佛緣》第2本（臺北：國史館，
　　2012年9月），頁15。

的主動方常常是非佛教徒。當時佛教界的知識份子也多，早期
佛學權威的印順法師，後起的聖嚴法師，擅長通俗布教的煮雲
法師以及淨土念佛李炳南等人，都遭到基督教的教徒以傳單或
語言攻擊，因而雙方為此展開護教的辯論。[96]

　　中華民國在臺灣執政以來，政治、軍事、經濟、學術、教
育等人才都走向歐美的路線，自然受到基督教很大的影響，而
這些人作為臺灣社會的主流，反而對臺灣佛教的發展呈現負面
影響，造成不可言喻的災害。

　　從大時代的角度，重觀中華世界的信仰，從辛亥革命到蔣
中正委員長統一中國、擊敗日本、收復臺灣，之後在臺灣展開
教育、經濟、文化，甚至政治民主化推展中華文化復興運動。
佛教教育在臺灣非常有特色，基本上是朝著大開放的方向，往
前邁進，因此其效果極為正面。[97]

96 江燦騰，《當代臺灣心靈的透視-從雙源匯流到逆中心互動傳播》（臺北：
　　秀威資訊科技，2019 年 5 月），頁 189。
97 釋惠空，《臺灣佛教發展脈絡與展望》，頁 69。

第五節 與孫立人角色互換

一、安排孫立人傳宗接代

三十九年（1950）十月十七日，是孫將軍五十歲生辰日，家人都在臺北孫公館慶生。（如下圖）

孫將軍談及他在東北期間，經過長春，曾遇到一位算命奇準的張瞎子，別號神算鐵算盤。後來在當地經過耆老的介紹，以微服偕友人往訪。

張瞎子問過生辰後，大約十來分鐘排好命盤。張瞎子說：「您是國家的大棟樑，若沒有您的相扶持，國家必將危殆不安，但一生中常遇小人，所幸都能逢凶化吉、遇難呈祥。明年五、六月份，離開現職到偏遠地方，開創另一番事業；五十五歲那一年，將會有一個大劫難，人可保平安，事業則畫上休止符。最後三年，重現生命中最後的光彩，國家還需要您出來做事。」[98] 又說：「命中有兩男兩女，子女隨侍在側送終。」聽完後，大家都哈哈大笑，這是不可能的事。當時孫將軍並無兒女，自己也不相信這些話。這場五十歲生日慶生中，堂妹孫寧人是三

---

98 鄭錦玉，《一代戰神-孫立人》（臺北：水牛圖書，2004 年 7 月），頁 325-326。

軍總醫院醫師，根本不相信這些話，所有人都當作是笑話。[99]

　　清揚居士大部份的時間都在臺北。有一次，她隨孫將軍南下到屏東公館。她看到張只這女孩時，想起張瞎子的話，突然給她一個靈感。張只做起事來很勤快、為人柔順，若把這位女孩收為側室，可在屏東公館照顧孫將軍的生活起居。這時，她主動向夫婿提出建議，完全不影響到孫將軍的軍職，由她出面安排這椿的緣份，靜靜地完成這一件的大事。[100]

　　四十年（1951）五月，孫將軍晉任陸軍二級上將。（如下圖）由清揚居士出面、安排張只進孫家的門，同時改名為梅英，大家以「梅娘」來稱她。

一九五一年孫立人將軍當陸軍總司令時與夫人留影

　　第二年，梅娘為孫家生下長女，孫將軍以「中國安定、天

99　沈克勤，《孫立人傳》，頁 909。

100　鄭錦玉，〈一位臺灣人心目中的孫立人將軍〉《中國軍魂：孫立人將軍永思錄》，頁 232。

下太平」為兒女命名，長女中平、長子安平、次子天平、小女太平，從此過著很平靜的生活。清揚居士為了延續夫婿的子嗣，在中國傳統的文化，這是很特殊的案例，很少有女人會這麼的大氣量。

　　清揚居士從佛法了解因果業報的道理，不會因無子息或擔心丈夫再娶妾，甚至更珍惜夫妻今生的情緣。說明夫妻要互相體貼、互相敬愛，互相諒解及讓步，才能保持家的和諧。智光法師曾出版一本佛學小叢書，書名《婦女學佛初步》，說明：

從人生的因果道理，了解夫妻間要坦白、真誠，絕不可有隱瞞欺騙的情事，彼此欺騙虛偽的行為。世間上的父母、夫婦、兄弟、姊妹、兒女，總不過是順逆兩種因緣感發顯現的。順因緣所感的，則為父母慈、夫婦順、兄弟和、姊妹睦、兒女孝，六親眷屬都互敬互恭互助互益。逆因緣所感則反是了。[101]

清揚居士曾在佛學講座的場次，向大家說明家庭主婦在做人處世方面，曾提出六點：

第一、夫妻相處要互相體貼和互相敬愛，在這個敬愛和諒解的條件下，才能保持日常的愛情。

第二、關於家庭方面，婦女為家庭主婦，要負責管理家政的責任，不但要把家庭管理得整潔有條有序，而且要使家庭佛化。飲食方面以素食為主，但無論如何避免殺生。

第三、要恭敬佛法僧三寶，我們是三寶弟子，佛法二寶應當尊敬外，對現前的出家佛教徒，不問他有道德，甚至犯了佛所禁戒，都要一樣平等看待、恭敬禮拜。

第四、要依法修行，學佛以後，一定要做功課，每日念佛或念經多少遍，附近有法會或廣播演講，必須參加收聽，決不可讓時間空過。

第五、要救濟貧苦，學佛的人，對一切眾生要常存一種慈憫心。自己的力量不夠，勸別人去幫忙，也是一樣的

---

101 智光大師紀念會，《智光大師法彙》（臺北：華嚴蓮社，1993 年 2 月）。

功德無量。

第六、要去除我見和驕慢，多數的婦女都犯了同樣的毛病，就是自私和驕傲，什麼事都認為自己是對的，這是自私的我見。學佛的人，運用自己的智慧，從客觀的事物上去觀察是非得失，不可錯用主觀的見解去判斷一切。[102]

從這內容的說明，清揚居士的言行是一致的，她在人生事理上受到佛教義理的影響，勸人和自修的標準是一致的，這是極為難得可貴的。人們常說：「勸人容易，說服自己難！」很多人說的是一套，做的又是一套的托辭。清揚居士親身實踐大乘佛法，她在菩薩道上是一位真實的行者，令人讚歎！

二、「孫案」事件

四十三年（1954）五月二十四日，美國普渡大學（Purdue University）授與孫將軍榮譽博士學位，然而並未獲得政府的同意，前往接受榮譽博士文憑。[103]

白色恐怖的年代，想要迫害一個人是很簡單，罪名只要扣頂紅帽子就可以，當局竟把孫將軍身邊的人，特別從外圍打入核心區，一共羅織了五個匪諜案。

四十四年（1955）五月二十五日，陸軍步校少校教官郭廷亮（1921-1991）以匪諜罪名被當局逮捕，當時牽連王善從（1917-）、江雲錦（1917-）、劉凱英等三百餘人。惟送至保安

---

102 孫張清揚，〈婦女學佛應有的態度〉《佛學廣播詞專輯》，頁76。
103 朱浤源等合編，〈孫立人將軍年表〉《中國軍魂：孫立人將軍永思錄》，頁423。

司令部者一百零八人，獲起訴宣判並受刑至無期徒刑、死刑者
三十五人。

　　屏東閱兵的前夕，原編受校部隊臨時重新整編。六月五日，
舉行年度大閱兵，蔣中正總統親臨主持，遠東聯軍統帥泰勒上
將（Maxwell Taylor,1901-1987）應邀觀禮，典禮進行如儀，但
幕後則暗潮洶湧，發生駭人聽聞的「屏東兵諫」事件。六日，
孫將軍開始受誣。八日，總統下令交國防部隨時查考。[104]

　　清揚居士在善導寺，接到鄭介民（1897-1959）局長的電話，
內容是：「孫立人將軍發生事情，被禁止外出，妳快回公館。」
她放下電話，立即返家。看見夫人回來，孫將軍說：「妳回來
做什麼？」清揚居士說：「**您是我丈夫，夫妻有難同當，您是
直心腸的人，若發生重大事故，我還能獨當一面……。**」[105]

　　此時，外面謠言四起，清揚居士又外出，去找毛人鳳
（1898-1956）的夫人幫忙，都得不到任何協助。出事前，已見
端倪，外面傳出風聲都對孫將軍不利，多人曾勸孫將軍出走，
但孫將軍以堅定口氣說：「我沒做錯任何事，為什麼要走？如
果我出走，假的誣構也會被人說成真的。」[106]

　　孫家遭遇重大的變故，清揚居士仍然排除萬難，完成影印
《大正藏》的重大任務。她在〈略記印藏因緣始末〉一文，說
明當時她是如何調整心態：

　　　　我在當時正是舉家遭遇了最大的變故，面臨著人世所難

104　朱浤源等合編，〈孫立人將軍年表〉《中國軍魂：孫立人將軍永思
　　錄》，頁 423。
105　鄭錦玉，《一代戰神-孫立人》，頁 323-324。
106　沈克勤，《孫立人傳》，頁 777。

> 忍受的拂逆，不要說素來就沒有積蓄，心情的昏亂也使
> 我痛苦到了極點，但結果承擔下來。向日本請一部《大
> 正藏》便費了無窮的周折，原因是在日本也只剩下這一
> 部，交涉進行時，講定是一千元美金，而另外有人已出
> 到美金一千五百元。我當時直接找到葉公超部長，託他
> 去電駐日大使館託董顯光大使爭取這部《大正藏》，以
> 及教內外大德緇素的支持。[107]

這一年，政府當局利用郭廷亮是匪諜一案，抓了一百零八人。軍方為了讓郭廷亮伏罪，當局者羅織的理由來說服郭廷亮的內容是：「你來當匪諜，可以救孫將軍，承認自己是匪諜，你死了，孫立人將軍就可以不死。」

當時刑訊了非常長的時間，用以最嚴酷的刑訊被刑求，郭廷亮都不願意承認。後來改用軟的方式：「你是為了孫將軍！」郭廷亮沒想到這是陷井，承認自己是匪諜後，孫將軍就從參軍長下來，然後被軟禁了。

七月三十一日，孫將軍曾應邀訪問陳誠，因此兩人都未參加擴大軍事會議。蔣中正在這會上宣佈查辦孫立人，孫將軍從此失去自由。八月二十日，蔣總統正式發布，總統府參軍長二級上將孫立人，因為匪諜郭廷亮一案，引咎辭職。

總統令免孫立人參軍長職，以陳誠為主任委員的九人調查委員會，進行調查。結論竟然證實郭廷亮是匪諜，他是利用孫將軍的關係，在臺灣製造動亂、意圖顛覆政府，這是孫將軍用

---

107 張清揚，〈略記印藏因緣始末〉《人生》卷 12 第 11、12 期，1960.12.1，頁 14。

人不察，應負其咎，但體念孫立人將軍抗戰有功，功在黨國，特從輕發落。

　　九月十九日，孫將軍在陽明山第一賓館與調查委員會談話。十月八日，完成報告。二十日，公佈報告，孫立人交國防部隨時察考。[108]

　　十月二十一日，監察院國防委員會指派曹啟文、蕭一山、余俊賢和王枕華五人成立調查小組。二十三日，蔣中正總統於總統府辦公室召見孫立人，勉以多自修、多充實。

　　十一月二日，孫將軍與監察院五人小組在監察院內談話。二十一日，完成報告，但未對外公佈。直接存放在監察院最隱密的地方，也就是鎖在保險箱。[109]

　　四十五年（1956）六月十五日，孫將軍全家遷至臺中向上路一段十八號。[110] 目前開放供民眾參觀「孫立人將軍紀念館」。（如右圖）

108　朱浤源等合編，〈孫立人將軍年表〉《中國軍魂：孫立人將軍永思錄》，頁 423。

109　朱浤源等合編，〈孫立人將軍年表〉《中國軍魂：孫立人將軍永思錄》，頁 424。

110　〈孫張清揚啟事〉《海潮音叢刊》卷 37，1956.7.15，頁 169。

三、消滅孫立人作戰史實

九月廿九日，國防部對匪諜郭廷亮一案正式宣判。[111]「孫案」事件後，政府當局為了消音與絕跡，把孫將軍的作戰史實略去、刪改，現在存在的歷史文件幾希是片段的，在臺灣練兵的紀錄全遭毀滅，讓大家都看不到這一段歷史。

國軍歷史館所懸掛的陸軍總司令照片，也找不到孫將軍的照片。圓山太原五百完人紀念碑上，孫將軍撰題的紀念文，姓名也被剷掉。臺灣坊間都不許出售有關孫將軍的任何書籍，報章雜誌上都不允許報導及評論「孫案」事件。

美國國務院也訓令駐華官員，對「孫案」事件不得表示任何意見。社會上流言蜚語、傳說著各種的謠言，並且渲染著「屏東兵變」及「郭廷亮匪諜」案。沈克勤先生於《孫立人傳》，說明孫將軍的狀況：

> 「孫案」發生後，關心孫將軍的國外人士，都以為察考的時間不致太長，甚至寄望奇蹟出現，能獲平反；未料此案石沉大海，蔣總統所指示的觀察後效，也一直沒有一個交待。將軍一去，大樹飄零，孫將軍就這樣困居臺中，在失落中虛度了後半生的歲月。[112]

孫將軍被軟禁的年代，他的一切事蹟，都遭到政府刻意的刪除，「孫立人」三個字，在中華民國的歷史上，消失了三十

---

111 朱浤源等合編，〈孫立人將軍年表〉《中國軍魂：孫立人將軍永思錄》，頁 424。

112 沈克勤，《孫立人傳》，頁 914、943。

三年。孫將軍曾經叱吒戰場，戰功彪炳的一代抗日名將，他的
後半輩子的時間，只能夠待在臺中的孫府，他在這個小庭院種
花、散步，半生戎馬空留惆悵！

四、孫家陷入窘困

　　清揚居士曾提及孫立人事件發生前，她曾做了一個奇怪的
夢，這個預兆是：

> 事情發生前兩天，我還做了一個惡夢，夢見我們的樓房
> 突然倒塌，立人從屋子裡走出來，所幸人還好好的，只
> 是沒有戴軍帽，我想人身體平安就好。[113]

　　孫將軍每月有二十萬的特支費，合計至少有上千萬元。情
治單位的承辦人員，開始清查孫家全部的財產，發現孫將軍在
國、內外都沒有銀行存款，讓所有人都不相信。後來，特別向
陸軍總司令調查所有的帳冊，發現特支費都轉為部屬的急難救
助金。又到臺北南昌街的孫公館搜查，都沒有任何等值的現金。
特別南下到屏東公館，進行全面的搜查，把天花板、地板都撬
開，最後都沒有查到不法的資料。[114]

　　「屏東兵諫」事件發生後，政府竟然停發孫將軍的薪資，
沒了收入，這讓孫家的經濟陷入危機。清揚居士在外籌措一點
錢，只能維持幾天的家用。經過了三年，王叔銘（1905-1998）
參謀長得知孫將軍的近況，向上請總統核准，國防部才按月發

---

113 鄭錦玉，《一代戰神-孫立人》，頁 324。
114 沈克勤，《孫立人傳》，頁 915。

給上將薪資給孫將軍。[115]

　　孫將軍一生從不為吃穿擔心，年近六十的孫將軍，却要憂愁生活費用，他在後院養豬、種玫瑰，另外也培植蘭花。院子的玫瑰花，花色鮮艷美麗，深獲家庭主婦們的喜愛，將軍玫瑰在民間傳為美談。梅娘會騎著腳踏車，上面載著水果或玫瑰花，到第二市場賣給水果攤，有時還去擺地攤貼補家計。[116]

　　五十年（1961），孫將軍為了謀求改善家中的經濟，賣掉在陽明山的土地，然後在臺中縣大坑買下一塊山坡地，面積大約五、六甲土地，又請三、五個工人，來幫忙開墾這山坡地。

　　孫將軍天天上山除草、種植、施肥，曾說：「他帶十萬兵作戰很容易，但是要帶五個工人却不容易。」這時他把軍事上的精神，完全放到農藝上，才讓生活增添許多樂趣。孫將軍原本要把這一片園，命名為「東山果園」。又擔心引起軍方的猜想，還是作罷！[117]

五、大象林旺

　　三十四年（1945）元旦後，中國駐印軍打到中緬邊境的緬北，收復八莫，越過克提克山，直下南坎市，來到芒友與雲南的國軍會師。部隊為了克服麗瑞江，準備渡河攻擊，部隊中有人建議抓幾隻大象，把大象立於河中，然後上面搭上木板，就可以成了快速的便橋，讓部隊走在上面就可安然渡過。新三十師諜報組化裝為緬民，然後偷渡到對岸，在竹林中發現象群，

115　沈克勤，《孫立人傳》，頁 916。

116　鄭錦玉，《一代戰神-孫立人》，頁 333。

117　沈克勤，《孫立人傳》，頁 917-921。

原來牠們是被日軍抓來作運補工具，這十三頭大象成為新一軍部隊的戰利品。[118]

新一軍部隊在戰地舉行記者招待會，大象和彈藥、車輛一起被拿來展覽，讓各國的記者攝影，這些相片寄往各地發表。後來，大象隨新一軍部隊行走，途中先後倒斃六頭，到達雲南霑益營地，剩下七頭大象，林旺是最年輕的象，大約二十多歲。（如上圖）資料來源：《孫立人傳》。這份特殊的戰利品，分別送到北平、上海、南京、長沙的動物園，便於國人一睹大象的風采，另外三頭大象就在當地展覽。[119]

三十六年（1947）秋天，三頭大象從廣州搭海基輪運送到臺灣，放在鳳山灣子頭營房。不久一頭大象死了，當時把牠的四隻腿骨做成四個矮凳，作為紀念品。（如右圖）

118 沈克勤，《孫立人傳》，頁 946-947。
119 沈克勤，《孫立人傳》，頁 948。

詹西玉女士在〈孫府將軍夫人〉一文，有這一段有趣故事：

> 四把特殊有趣的圓凳子，每次來都吸引我在上面輪流坐
> 一坐，那是當年孫立人將軍反攻緬北時，帶回來的戰利
> 品象王林旺的同伴。林旺壽命長、福氣好，一直在圓山
> 動物園過著逍遙悠哉的日子。牠的同伴却早早過世了，
> 那沈甸甸、胖燉燉的四條腿，連同那在陸地上，在密木
> 踩踏了千里征途的脚蹄，一起留下來嵌上錦織布面，做
> 成四把小圓凳，留為永久紀念！[120]

四十二年（1953），兩頭
大象，公象緬甸名叫阿妹，母
象叫阿沛。贈送圓山動物園。
沒多久，母象阿沛死了，把牠
做成動物標本，存放於臺北新
公園的博物館，供人參觀。

九月，《百戰軍魂－孫立
人將軍》記錄：美國諾蘭參議
員到臺灣訪問，與孫將軍、林
旺攝影留念。[121]　（如右圖）

七十二年（1983），圓山動物園替大象阿妹過生日，各報
記者採訪，有人認為公象却用女性化的名字，是不雅。園方向
外徵名、獎勵，幫牠取名林旺，含有森林之王的意思。

---

120 詹西玉，〈孫府將軍夫人〉《中國軍魂：孫立人將軍永思錄》，頁 241-242。
121 沈克勤，《孫立人傳》，頁 949。

　　隔年雙十慶典,全國為林旺慶祝六十歲生日。特別邀請曾
參加緬甸作戰潘德輝等人,於會中攝影又錄影,介紹大象林旺
的故事,但很久都未公開播出。等到播出時,歷史不僅被刪改,
其內容也被修改,讓全民不清楚這段歷史。[122]

　　七十四年(1985),林旺又隨著動物園遷到木柵,園方特
別為牠建造一座白宮,也為牠配一頭幼象馬蘭。動物園每年為
林旺舉辦慶生會,有兒童表演歌舞,向林旺爺爺祝賀。

　　九十一年(2002)十月,馬蘭心臟衰竭往生。隔年二月二
十六日,林旺走到生命的終點,是文獻記載最長壽的亞洲象。

122　沈克勤,《孫立人傳》,頁950。

第四章 發揮轉變臺灣佛教

　　慈航法師在臺灣灑下人生佛教的種子，是佛教傳播發展之福。清揚居士來臺後，以「世界佛學苑」接收善導寺，作為佛法弘化、僧務運作的重心，中國佛教會在臺灣才有根據地。迎請太虛大師舍利，成立菩薩學處，落實太虛大師在人間淨土推行人生佛教。出席參與中國宗教徒聯誼會，作為聯繫世界性的宗教，促進世界和平為宗旨。更以其一己之力號召廣大的信眾，不僅出錢又出力協助大陸來臺的長老，為戰後的臺灣舉辦傳戒活動，此番活動對佛教傳播的意義也是甚大的。

第一節　護持彌勒內院

一、初遇慈航法師

　　清揚居士看到佛像、經典、法師，從心中升起無限的恭敬心。剛下飛機問旁人，臺灣有大廟？聽到的人回答：「我們住的街上，有一間十普寺。」聽到「寺」，以為是大陸的叢林寺院。第二天，清揚居士來到十普寺，看到臺灣的寺院。她的心情是：

> 詎知，竟是一個連大門都沒有的小廟，居然也稱起「寺」
> 來，實在叫我有點想不通。不管它大也好，小也好，是
> 廟是佛的原則下，我步下汽車走進所謂大雄寶殿裏去敬
> 香禮佛，殿裏只有個老太婆管理香火，沒看到一個和尚，
> 這使我有點丈二和尚摸不著頭腦了。[1]

清揚居士抬頭一看是個光頭俗漢，穿著一般人的衣服，認為是冒牌的，此時她沒有禮拜、話也沒問，隨即離開十普寺。

她想要了解佛教在臺灣的情形，以及出家人的狀況，去找先到臺灣的李子寬。此時，李子寬沒多講什麼話，只回答：「慈航法師在中壢圓光寺開辦僧學教育，明天在中和圓通寺弘法，我們可以去聽聽。圓通寺的建築雄偉、風景佳麗，我們順便遊覽一番。」

隔天，兩人搭車來到圓通寺。一路上看到周邊的景色，圓通寺依山面水（淡水河），林木蓊翠讓人心爽神怡。佛寺的建築瑰麗堂皇，雖比不上大陸叢林佛寺的雄偉，但較十普寺真不啻霄壤。[2]

慈航法師以簡單易懂的說詞，達到弘法普及之功，清揚居士進到大殿，傳來嘹亮圓音的聲音，讓人覺得很震撼。[3]

初次見到慈航法師，給人的印象是由衷恭敬，但一身僧服卻讓人感到惶惑。慈航法師不顧眾議並以身作則，希望能影響

---

1 清揚，〈我崇敬的慈航法師〉《慈航菩薩成道四十五周年紀念集》（臺中：慈善寺，2000 年），頁 615。
2 清揚，〈我崇敬的慈航法師〉《慈航菩薩成道四十五周年紀念集》，頁 616。
3 釋宏聖，〈慈航法師思想與實踐之研究〉，頁 5。

到漢傳佛教,從而改革僧服。[4]

我們看到的僧服,是清朝以前的漢服,東南亞的僧服有黃色、褐色、棕色,也有穿紅色的僧人。

慈航法師遍禮九華、天台、普陀山等,學禪於常州天寧寺、揚州高旻寺;遊學諦閑之門;復於度厄時習淨土。三十六歲到南洋弘法,五年後返回中國,到無錫、常州、鎮江、南京、桐城、九江、廬山、武漢等地弘法。四十四歲回福建,到廈門南普陀寺向太虛大師請益。[5] 之後,隨中國佛教國際訪問團到南洋,留在新加坡、馬來西亞等地講經說法,創辦多所的佛教學校和佛教雜誌,歷時七年。

三十七年(1948)四月,圓瑛法師到新加坡,將衣鉢付予慈航法師。[6] 慈航法師從南洋轉道到臺灣,他在東和禪寺受到大家的歡迎。[7]

慈航法師看到佛教界是沒有組織,出家人又缺乏教育。慈航法師發表在《臺灣佛教》月刊,提出〈新佛教與新臺灣〉一文,建議:

> 日本向以神道設教為愚民政策,以厲其帝國主者統治之慾,……。今欲使臺民納於正軌,必使推行新的佛教,破其迷信觀念,而發揮佛教真理,平等、自由、博愛之精神,而輔助政治、法律、軍警之不及,則事半而功倍,使臺民固有信佛之心,改正之、擴充之,使人心向善,

---

4 清揚,〈我崇敬的慈航法師〉《慈航菩薩成道四十五周年紀念集》,頁617。
5 〈慈航法師圓寂三週年〉《今日佛教》卷1第3期,1957.6.10,頁18。
6 〈國內佛教消息〉《臺灣佛教》卷2第7號,1948.7.1,頁20。
7 釋慈航,《菩提心影》上集(臺北:大乘精舍,1997年1月),頁2。

社會秩序安寧，此種職責，全仗吾佛教徒努力為之，以
盡大慈大悲，救世救人之責，其推行方法如下：

（一）全省各區組織僧尼訓練班：一方面研究佛陀真實
的教義，發揚佛陀的精神，另一方面研究三民主義，發
揚國父救國的精神，培持傳教的幹部人才。是為至要。

（二）全省各區組織佛教宣化團：一方面有固定地點宣
傳，另一方面循環佈教，把佛陀慈悲的教義，傳播人間，
使人人腦海中，深印一種和平氣象，化怨氣為慈祥，視
萬民為一體。

總之，以佛心為心，以佛志為志，使新臺灣而建設新佛
教，由新佛教而建設新臺灣，是吾厚望。8

　　廣慈法師來臺時，發現出家人的文化不高，佛教書刊太少，
因此他的構想是：一個是辦學，一個是辦雜誌，還有一個是出
書刊。從他的訪談紀錄中，說明：

臺灣是日本的殖民地，人民的教育知識普遍很低，高學
歷的人不多，初中畢業的人很少。我們是被保出去，才
開始做佛教的工作：

第一、辦佛學院。

第二、辦雜誌宣傳。

第三、印佛經。當時的佛經都是日文的。

第四、是環島佈教。

佈教時，我們在深山裡面繞了五圈，只要有人的地方，

---

8 釋慈航，〈新佛教與新臺灣〉《臺灣佛教》卷 2 第 7 號，1948.7.1，頁 1。

統統去做佈教活動，所以老百姓都很歡迎我們，家裡敲的、響的鍋蓋，竟然還把臉盆都拿出來。老百姓拜了幾十年的佛，都不懂什麼叫佛教？什麼叫道教？只要有香就拜，沒有香，竟然連樹頭、石頭也要拜。[9]

戰前，日本在臺灣以神道教充當佛教，齋教則在臺灣盛行。大陸在家的齋教，龍華派、先天派、金幢派先後傳到臺灣，但龍華派傳來最早。金幢派較具道教，先天派較具儒教，而龍華派最具社會色彩。多以觀音、釋迦為本尊，龍華派以阿彌陀佛、三寶佛、關帝為本尊，金幢派以阿彌陀佛、彌勒為本尊，三官大帝、太子爺、媽祖、註生娘娘等配祀於本尊之側。

林衡道於《臺北市的寺廟》的內容，說明當時的齋教：「大多數是齋教系統，龍華派、先天派的齋公、齋婆帶髮修行，以致僧俗混淆，一般人對佛教缺乏正確的認識。」[10] 齋教融合儒、釋、道，又稱白衣佛教、持齋宗、齋門，主張三教同源的宗教。以《金剛經》、《阿彌陀經》為課誦經典，教義皆注重戒律、嚴守五戒十善，以戒殺生而勸人吃素，被稱為食菜人，男子稱齋公，女子稱齋姑。[11]

二、臺灣佛學院

妙果（1884-1963）法師邀請慈航法師再度到臺灣，在中壢圓光寺開辦「臺灣佛學院」，全臺掀起僧尼求法的熱忱。慈航法師以其創辦佛學院的經驗，除佛學兼授國文、黨義、社會常

9　朱浤源、劉晏均，〈廣慈口述訪問記錄稿〉，佛照淨寺，2017 年 5 月 3 日。
10　釋慈怡等主編，《佛光大辭典》，頁 7408。
11　釋慈怡等主編，《佛光大辭典》，頁 8197。

識等學科，準備開設八個訓練班。[12]

三十七年（1948）十一月二日，臺灣佛學院舉行開學典禮，學生六十多人，信眾有一百五十多人。[13] 圓明（1918-?）法師代理院務，唯慈（1925-2019）、自立（1927-2010）、幻生（1929-2003）等法師都在佛學院求學。[14]

三十八年（1949）三月，臺中寶覺寺舉辦觀音法會，慈航法師和弟子輪流講經說法。[15] 三月二十八日，基隆靈泉寺佛學院開學，教務交由默如（1905-1991）、戒德（1909-2011）兩位法師負責。[16]

四月八日，妙果法師以經費短絀，臺灣佛學院結業後，不再續辦佛學院，十幾位學生遷到新竹靈隱寺。[17] 無上法師開辦獅山佛學院，五月一日，又創辦預修班。基隆寶明寺也創辦佛學院，先後成立四個佛學院。[18]

中國隨著局勢惡劣，各地僧侶陸逐湧來，散居港九各處，一般僧侶到東普陀寺、竹林禪院、寶蓮禪寺、鹿野苑、青山寺等，也有一批青年僧侶到荃灣弘法精舍就讀華南學佛院。

五月，道安、靈根法師到香港。[19] 當時國內的騷動，群向南移，香港驟增一百餘萬人， 出家人不下二千人，香港茂峰法

12 釋南亭，〈慈航老法師圓寂經過‧生平事略及遺囑〉《人生》卷 6 第 6 期，1954.6.10，頁 156。
13 〈消息〉《臺灣佛教》卷 2 第 11 號，1948.1.1，頁 15-16。
14 朱浤源、劉晏均，〈廣慈口述訪問記錄稿〉，佛照淨寺，2017 年 5 月 3 日。
15 李炳南，〈臺中市佛化進展的大概〉《人生》卷 3 第 2 期，1951.3.15，頁 5。
16 釋律航，〈獅山佛學院開課紀實〉《人生》卷 1 第 3 期，1949.7.20，頁 8。
17 十普堂，《白公上人光壽錄》，頁 255。
18 釋律航，〈獅山佛學院開課紀實〉《人生》卷 1 第 3 期，1949.7.20，頁 8。
19 陳慧劍，《南亭和尚年譜》，頁 305。

師重修東普陀寺，落成時請諸山長老參與開光。[20]

道安法師於湖南衡陽佛國寺出家，於仁瑞寺習禪。佛教改革運動興起之際，到南嶽祝聖寺求學，並且在空也、明真（1902-1989）、靈濤（1884-1951）法師的教導下，躋身於佛教改革行列。來臺後，將衡陽雁峰寺法脈傳承智諭（1924-2000）法師。六十一年（1972），智諭法師於臺北三峽創立西蓮淨苑，以八宗並重、導歸淨土。[21]

三、護持靜修禪寺

慈航法師追隨太虛大師的腳步，將人生佛教具體化，以「教育、文化、慈善」為三大目的。著手計劃在臺灣成立「世界學僧會」，制訂宣言、綱章，宗旨是：「以挽救世界和平為目的，以整個地球為對象，而以全人類為中堅。」從而對外發起、組織「世界學僧會」，創辦一所大學或中學，同時在臺灣組織佛學院，成為僧伽最高學府。[22]

出家人發生法難後，達心（1905-1956）、玄光（1901-1995）法師特別請慈航法師住錫汐止靜修禪寺。[23]

慈航法師看到靜修禪寺的後面，有一座小山，因此取名秀峯山。之後，他在山坡上增蓋一座秀峯寶塔，親筆寫下「秀合千山潤、峯迴一塔尊」詩句。

靜修禪寺開辦一所尼眾學院，課程中講因明、唯識、楞嚴

---

20 鄧家宙，《二十世紀之香港佛教》（香港：香港史學會，2008 年 12 月），頁 65-67。

21 徐孫銘、文平志、王傳宗，《道安法師法脈傳記》，頁 24-32。

22 《人生》卷 1 第 1 期，1949.5.10，頁 7。

23 〈佛教要聞〉《人生》卷 1 第 3 期，1949.7.20，頁 12。

等大乘經論,同時環島布教。各地學者和僧人聞道前來,有如過江之鯽,儼然成為佛教界的奇觀。[24]

三十九年(1950)一月,慈航法師來到臺北法華寺,為信眾講經並開示。[25] 清揚居士曾拿出為數不小的金錢,想要護持慈航法師,竟然被拒絕。慈航法師要她轉交給當家師,因為他不蓄存金錢,也不貪求穿、吃住,從不過問其他事物,只是專心講學弘法。[26]

趙恆惕(1878-1971)為了安置來臺的僧青年,於是發起慈航護法會,準備籌款蓋建「彌勒內院」。九月二十六日,彌勒內院落成,有數百人前來參觀。[27]

四十一年(1952)九月,慈航法師開啟第三度閉關(法華關)。[28] 隔年二月,道安法師成立「慈航法師永久紀念會」,編輯《慈航法師全集》。[29]

五月,佛學院創辦研究班,趙恆惕為董事長,鍾伯毅(1880-1962)、胡國偉(1898-1976)、清揚居士、錢召如、吳乘雲(1900-1990)等人和律航法師為常務董事。翌年八月,因經濟拮据,結束課程。[30]

四、慈航法師圓寂

四十三年(1954)五月六日,慈航法師在法華關內圓寂。

---

24 黃玄,《臺灣肉身菩薩傳奇》(臺北:紅螞蟻圖書,1995年2月),頁55。
25 〈佛教要聞〉《人生》卷2第1期,1950.1.10,頁12。
26 清揚,〈我崇敬的慈航法師〉《慈航菩薩成道四十五周年紀念集》,頁618。
27 陳慧劍,《南亭和尚年譜》,頁116。
28 釋慈航,《慈航法師全集》(新北市:彌勒內院,2014年),頁7。
29 陳慧劍,《南亭和尚年譜》,頁305。
30 徐孫銘等人著,《道安法師法脈傳記》,頁139-143。

他能預知時至、早立遺囑，其內容是：「三年後開缸，如肉身不壞，將其裝金保存。」成為臺灣第一位高僧坐缸封龕。[31]

五月三十日，十普寺舉辦慈航追悼法會，章嘉活佛為主祭，陪祭有南亭、道源等法師，清揚居士等數百人參加。[32]

六月二十七日，舉行奉安法會，輓聯多到無法統計，大約有三千多人參與。[33] 翌年，六月二十五日，追悼慈航法師永久紀念會，道安法師於塔前上供。[34]

慈航法師在臺灣播種下善的種子，讓人們養成良好品德，得到正確人生觀，進而了解生命是奉獻的、是利益的，達到利人利己的世界觀。[35] 慈航法師遺留人間的文稿，其內容是：

> 佛教既是教育文化宗教之一，則對於維持世道人心，必有說焉。佛教的教理說法雖多，而勸人深信因果尤為首要。蓋上升與下墮，全以因果為樞紐。……吾人學佛，對於因果之理，必須深信無疑！非但行為有標準，蓋舉心動念，善惡亦自能反省。佛教因果之理，不出十惡與十善，以及四聖之無漏行，分大小之別。[36]

慈航法師深信因果是學佛的根本，提倡佛法的正知、正念以及戒律等等。他一生重視教育，說明學校教育對個人的影響

---

31 朱鏡宙，《夢痕記》（臺中：樂清朱氏詠莪堂，1970 年 3 月），頁 647。
32 〈各地通訊〉《人生》卷 6 第 6 期，1954.6.10，頁 180。
33 〈各地教訊〉《中國佛教》卷 1 第 5 期，1954.7.10，頁 15。
34 〈各地教訊〉《中國佛教》卷 1 第 12 期，1955.6.1，頁 33。
35 釋宏聖，〈慈航法師思想與實踐之研究〉，頁 87。
36 慈氏遺稿，〈深信因果是學佛的根本〉《人生》卷 6 第 6 期，1954.6.10，頁 157。

很大，佛學對青少年的教育有更大的影響。

　　慈航法師採用通俗的語言，讓初學者深入經教，注疏經論都以現代語言，留下著述一百二十萬餘字，纂編為八冊。這八冊的內容是，宣揚中國佛教八宗，但尤重唯識義理，從第一冊《菩提心影》、《大乘起信論》、……，到《成唯識論講話》、《雜俎篇》等。[37]

　　四十六年（1957）七月，松山寺舉行破土典禮，吸引眾多人士，但社會上整體氛圍、知識份子對佛教的偏見很深，認為佛教是落後於時代的需要，而且是迷信與消極。其中也有人接觸佛教後，仰慕道安法師的博學。[38]

　　四十七年（1958），彌勒內院裝修完成。[39] 三月，善導寺護法會推道安法師為主席。[40]

　　五十一年（1962），道安法師於松山寺重新發行《獅子吼》季刊，發行的宗旨：「是弘揚佛法，繼承和發揚傳統文化，讓知識分子、青年學生瞭解佛法。」[41] 這一份季刊對當代傳播的影響很大，引起知識分子的注意。

　　四十八年（1959）五月十九日，道安、律航兩位法師主持開缸典禮。[42] 慈航法師的肉身不壞，還長出頭髮、眉毛、鬍鬚，把慈航法師的全身裝金，然後安放於彌勒內院。[43] 清揚居士對

---

37 釋宏聖，〈慈航法師思想與實踐之研究〉，頁 87。

38 徐孫銘等人著，《道安法師法脈傳記》，頁 159-162。

39 黃玄，《臺灣肉身菩薩傳奇》，頁 60。

40 〈佛教簡訊〉《人生》卷 10 第 4 期，1958.4.10，頁 30。

41 《人生》卷 14 第 5 期，1962.5.25，頁 1。

42 黃玄，《臺灣肉身菩薩傳奇》，頁 60。

43 朱鏡宙，《夢痕記》，頁 647。

金剛不壞身的解釋：

> 這個名詞是佛教專有的，也是修學佛法者所日夜祈求的
> 目標。肉身菩薩屬於金剛不壞的一類，佛教徒所追求的，
> 主要是那靈光獨耀，迴脫根塵，不生不滅，不垢不淨的
> 法性之身，但如能修到色身不壞的程度，圓滿法身的意
> 願，自然也就達到。[44]

蘇芬（1899-1962）是一位居士，他在汐止五堵有一塊山坡
地，取名為象山。他要向慈航法師報師恩，因此捐出這山坡地，
請道安法師出面號召，成立「慈航中學」籌備委員會。

十一月二十八日，舉行破土典禮，
甘珠（1914-1978）活佛、律航、道安等
法師和蘇芬等人主持大會。[45] 翌年，慈
航中學成立董事會，道安法師為董事
長，蘇芬出任校長。九月，學校開始招
生。三年後，首屆畢業典禮。[46]

七十一年（1982）三月六日，清揚
居士仍以微薄之力，繼續護持彌勒內
院。（如右圖）

五、護衛棲蓮精舍

迴龍樂生痲瘋療養院的病患有六百多人，院中有一座觀音

---

44 孫張清揚，〈金剛不壞的女菩薩〉《覺世》第 4 號第 2 版，1957.5.1。
45 〈佛教動態〉《中國佛教》卷 4 第 4 期，1959.4.15，頁 27。
46 〈新聞版〉《中國佛教》卷 7 第 11 期，1963.7.15，頁 25。

堂，後來被基督教所佔用。[47] 痲瘋病在過去是一種會傳染、不可救治的絕症，得病者須與外界隔離。這一群被社會人士所遺忘的人，過著猶如煉獄般的生活，不敢想像是如何走過來。

佛教徒想在院中興建一座佛堂，慈航法師親自取名「棲蓮精舍」。大家發起募集資金，同時成立「慈惠會」，吳江惠為會長。[48] 慈航法師於法華閉關中，寫下「棲蓮精舍」緣起：

> 人生是苦惱，還是快樂，只要一個病苦，我們就吃不光。遇到不可醫的大毛病，有錢又能怎樣？樂生療養院的病人，精神上痛苦是不可言喻的，藉著宗教達到安慰，除一、二百人信奉耶穌教，還有三、四百人都是信佛教。他們組織慈惠會，共同來念佛誦經，安慰和解決精神上的痛苦，把身體放在外，讓身心得到輕安。大家發起建築一座「棲蓮精舍」，以便大家共同念佛誦經和聽講。經過長久的時間，由各種因緣助成，現在一座巍巍堂堂的佛堂落成，從此可以托質蓮邦，修持淨業。[49]

四十三年（1954）五月二十三日，棲蓮精舍舉行落成法會，佛堂的外觀是一座西式建築，大殿上擺放著三尊聖像，可容納五百人。[50] 清揚居士送來佛書，又搬來新式的收音機、擴音機，讓病友們每日能收聽到，民本電台播放佛學講座。當天她在會

---

47 〈各地通訊〉《人生》卷 6 第 5 期，1954.5.10，頁 152。
48 李炳南，〈參觀癩病樂生療養院因緣記〉《菩提樹》創刊號，1952.12.8，頁 20-21。
49 釋慈航，〈棲蓮精舍緣起〉《菩提樹》第 19 期，1954.6.8，頁 5。
50 〈各地教訊〉《中國佛教》卷 1 第 4 期，1954.6.10，頁 13。

場分贈《棲蓮精舍落成紀念特輯》一書。[51] 清揚居士在紀念特輯的序文中，說明棲蓮精舍的完工和勉勵病友的因緣：

> 棲蓮精舍於四十一年六月動工，至四十三年完工。人生之不幸事，莫過於病苦，而癩瘋患者為病苦中之最不幸者，並與世界永遠隔離。整個人生過程中，在生、老、病、死、求不得、愛別離、怨憎會、五陰盛苦中討生活。過去如是，未來亦是。貧賤者如是，富貴者亦是。所不同者，五十步與百步間程度之差。今天棲蓮精舍諸位，以病苦之身，親自體驗人生之真實意義，乃放下萬緣，一心歸命佛陀座下，欲盡此一報身，永證蓮邦無生者。[52]

章嘉活佛為大會主席，當日致詞的內容：「佛堂建築絕非一件容易的事，由於大德們熱心佛教，慘澹經營，卒獲於成，樹此莊嚴淨清的精舍永垂後世，這樣偉大精神和功德，我實在敬佩。」[53]

朱斐（1921-2015）報告佛堂籌建的經過，清揚居士在堂外布蓬慰問病患。[54] 她在會場中，以〈疾病是助道因緣〉作為演講，內容是：

> 在很早以前，慈惠會曾邀來參觀、講佛法，棲蓮精舍的落成，是佛教徒發揮為法、為人的精誠表現。這是病患

---

51 〈佛教新聞〉《菩提樹》第 19 期，1954.6.8，頁 34。
52 孫張清揚，〈棲蓮精舍落成紀念刊序〉《菩提樹》卷 20 期，1954.7.8，頁 26。
53 〈各地教訊〉《中國佛教》卷 1 第 4 期，1954.6.10，頁 13。
54 〈各地通訊〉《人生》卷 6 第 6 期，1954.6.10，頁 180。

們的福音，也是海內外教徒們的光榮，從此在心理上和身體上都得到安慰和歸宿。各位不要悲觀、消極，並且要珍重這個僅有的機會，努力修學以達到常樂我淨的理想境界。採取怎樣的步調和方式，才能達到這一目標。……在方式上有易行和難行兩方面：難行要曠時費日，久久難見其效。易行則一超直入，立見其功。永嘉大師所說：「萬修萬人去的念佛法門。」[55]

第二節　接收善導寺

一、以「世界佛學苑」接收善導寺

清揚居士到處尋訪佛寺，在臺灣成立弘揚佛教的據點，延續太虛大師「人生（間）佛教」，讓更多人有正知正見的佛法。她又準備四千萬元（舊臺幣），特別與李子寬商量，想要以圓山作為弘揚佛教的道場。[56] 永芸法師的訪談紀錄，看到清揚居士想以圓山作為佛教的據點：

在人生地不熟的她，她覺得寂寞、孤單，第一件事就是先把家中的佛堂佈置好，因為這是她的精神寄託。接著她又到處去找廟，那時圓山還是個日本神廟，她告訴身邊的劉士官長：「這地方給我拿下，我要了！」士官長說：「夫人，要不得啊！這是公家的預定地，政府遷來

---

55 張清揚，〈疾病是助道因緣〉《中國佛教》卷 1 第 4 期，1954.6.10，頁 5。
56 李子寬，《百年一夢》（臺北：自署，1971 年），頁 335。

用的啊！[57]

圓山是日本的神道社，從遠處看到連山都變小的圓山飯店，傍著基隆河和劍潭之間，外表是仿明清的宮廷式建築，與普通飯店的設計不同，今天仍有臺北紫禁城之稱。[58]

戰後的臺灣，全省的寺院都被政府當局以遺產來交接，善導寺由臺北市政府教育局接收，交給曾到日本淨土宗知恩院尼眾學院就讀，又到淨土宗大本山知恩院受戒的達超（1907-1975）法師來管理。

臺北市政府交通大隊、兵役課等單位，都在寺院辦公，佛教的活動都無法進行，只能維持寺院的香火。[59] 善導寺被臺北市府機構所佔用的情形：

> 臺灣光復時，以寺廟組織未能健全，以致臺北市政府兵役科、交通警察隊、臺北市兵役協會及臺灣省物資局倉庫與該機關部份職員等所佔住，當時門警森嚴，信徒禮拜，頗感不便。[60]

善導寺建於十五年（1926），採用日本風格的建築物，佛寺有大雄寶殿、彌勒殿和講堂。大殿屋上蓋的是銅瓦，房舍都是木板搭就，寺前有一片廣場，兩邊都是空地，是一座接連成

---

57 釋永芸，〈與孫立人將軍夫人往生前的最後訪談〉《中國軍魂：孫立人將軍永思錄》，頁445。

58 佟靜，《宋美齡全本》下集（臺北：風雲時代，2003年1月），頁206。

59 〈善導寺護法會徵信錄〉《人生》卷3第1期，1951.2.15，頁8。

60 〈一般教訊〉《中國佛教》卷13第3期，1968.11.15，頁30。

寬方形的寺院。[61]

大殿供奉釋迦牟尼佛、阿彌陀佛、觀世音菩薩、藥師如來、地藏菩薩、善導大師等。後面有功德堂，東有大講堂、大客廳，事務所與寮房有十餘間，占地約四百坪，餘地有一千六百坪。[62]

達超法師從曾普信（1902-1977）的口中，得知李子寬是太虛大師的弟子，也是中國佛教會常務理事，於是主動讓出善導寺的管理權。

清揚居士馬上撥出一千萬元，三千萬留作道場的備用資金，李子寬也捐了五佰萬元，以一千五佰萬元取得善導寺的管理權。同時出面跟臺北市府交涉如何進駐，決定以「世界佛學苑」接收善導寺，同時迎請大醒法師來臺，將太虛大師的佛教文化事業遷移到臺灣，宣揚並實踐人（間）生佛教，展開弘法利生的活動。[63]

清揚居士畢生奉獻佛教、發大誓願：「效法太虛大師住持正法、續佛慧命，上求菩提，下化眾生。」這是她的初發心，

61 范觀瀾，《成一法師傳》，頁 96。

62 李子寬，〈十年來的善導寺紀實〉《海潮音叢刊》卷 40，1959.10.15，頁521。

63 〈善導寺護法會徵信錄〉《人生》卷 3 第 1 期，1951.2.15，頁 8。

也發大願:「從中國大陸來的法師,供養他們住在善導寺。」清揚居士傳承太虛大師的遺業,試著把善導寺住持交託星雲大師,但因年紀太輕且師承不同,而未竟功。[64]

二、展開佛教活動

三十八年(1949)一月十六日,善導寺大殿,舉行太虛大師誕辰、舍利入塔奉安法會,清揚居士設齋供奉所有人,中國佛教在臺灣開始有聚集道場,同時成立佛教文化的據點。[65] (如下圖)

善導寺從此展開弘法利生的活動,作為弘揚漢傳佛教的場所,以及傳承佛教文化的中心。此時,達超與慧能、慧文三位法師和證蓮法師都住在善導寺。[66]

佛教在臺灣的據點,太虛大師的門下在善導寺、圓瑛法師的門下在十普寺,這時主要是依靠慈航法師開辦僧學教育,和

---

64 釋永芸,〈與孫立人將軍夫人往生前的最後訪談〉《中國軍魂:孫立人將軍永思錄》,頁 442-445。

65 〈消息〉《臺灣佛教》卷 3 第 1 期,1949.1.20,頁 18。

66 李子寬,《百年一夢》,頁 335-336。

清揚居士建立的人脈關係，適時地發揮安頓援手的效果。

　　當時海峽兩岸的局勢尚未穩定，從中央到地方、從社會到
個人都是一片茫然。來臺的工商政界，藉法會的佛力無邊，安
下離鄉背井忐忑不安的心，而漸臻協助恢復社會、經濟生活的
復甦。[67]

　　三月，清揚居士、李子寬、王天民（1911-1983）等人組成
臺北念佛團，成立淨土宗修行會，大醒法師為善導寺的導師，
每週日念佛共修法會，同時把漢傳佛教帶進臺灣社會的生活
中。[68] 每周或每月一次念佛會，有固定的時間共修，優點有：

> （一）佛七因為時間較長，一般信眾不能常常參加，一
> 年只能參加一、兩次。每個禮拜的共修，能使大家接受
> 淨土的薰習。
> （二）每次只要一個晚上或一個下午的時間，在時間上
> 調配容易。
> （三）持名念佛簡單易行，易於產生接引力量，在街坊
> 鄰居之中都能帶動念佛的風氣。
> （四）大家對於定期念佛會產生相契，長期薰習的歸屬
> 心理，利於接引廣大信眾參與念佛修持的法門。[69]

三、成立菩薩學處

　　三十九年（1950）一月十九日，廣州南華寺禪堂舉辦禪七，

67　陳慧劍，《南亭和尚年譜》，頁 4。
68　〈佛教要聞〉《人生》卷 1 第 3 期，1949.7.20，頁 12。
69　釋惠空，《臺灣佛教發展脈絡與展望》，頁 138。

虛雲（1840-1959）法師說：「座下有開悟者」。[70] 清揚居士受戒證明，時間是庚寅年十二月十二日（農曆），萬年曆換算是三十九年（1950）一月十九日。推論清揚居士到南華寺千佛戒壇受戒，法名寬揚，字佛清。皈依碟（如下圖）

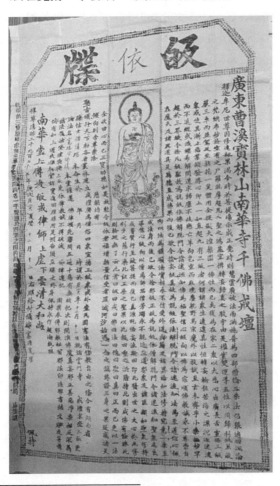

---

70 岑學呂，《虛雲和尚年譜》，頁 218。

二月四日，太虛大師六十誕辰紀念日，佛教儀軌從齋戒供養儀式開始，案前香花燈果羅列、鳴鐘集眾，拉開法會序幕。大醒法師主持紀念大會，五十多人上前拈香，法會中誦念《心經》、真言，最後唱大師讚，清揚居士當日捐贈蔬供一席。[71]

二月十二日，達超法師離開善導寺。李子寬組織「護法會」，依阿彌陀佛四十八大願，推出董監事四十八人，每願一百元作為常住、維護道場的經費。

善導寺創辦「佛教圖書館」，提供信眾閱覽和研究佛教經典的場所。館內閱讀書籍有：向臺北市政府借《續藏》、《大般若經》，盧滇生寄存《頻伽藏》和其他佛教書籍，加上臺灣省分會有二十四史。[72]

十九日，蔣中正總統親率五院院長及軍政首長前往臺北劍潭山，致祭太原五百完人[73] 牌坊。閻錫山（1883-1960）撰寫太原五百完人成仁紀念碑文，孫將軍為塚題詞。三月四日，白聖法師和趙恆惕、清揚居士在圓山主持五百完人殉國公祭。[74]

四月五日至十一日，清揚居士發起觀音法會，李子寬、居正作法會發願文。[75] 章嘉活佛主壇修金剛大法，智光法師主淨壇念佛，大醒法師主經壇誦《金剛經》，念佛誦經有二百多人，

---

71 李克儉，〈虛大師滿六十誕辰紀念會速寫〉《海潮叢書》卷 31 第 2 期，1950.2.20，頁 196。

72 〈善導寺護法會徵信錄〉《人生》卷 3 第 1 期，1951.2.15，頁 8。

73 三十八年（1949）四月二十四日，太原被共軍攻破，山西代理主席梁敦厚（1906-1949）率部屬五百零六人壯烈成仁，史稱太原五百完人。

74 〈佛教通訊〉《人生》卷 3 第 2 期，1951.3.15，頁 11。

75 李穆雨，〈滴滴春雨透經聲——為護國消災利生薦亡法會而寫〉《海潮叢書》卷 31 第 4 期，1950.4.20，頁 236。

功德金六千餘元捐助大陸同胞。[76]

八月，清揚居士出資為大殿的釋迦牟尼像裝金，侯慧玉、劉慧賢等人捐助新塑觀世音菩薩聖像，李文啟居士出資新地藏菩薩像。[77]

九月，大醒法師因病遷居新竹，請南亭法師為導師，[78] 開講《維摩詰經》，陳景陶協助印刷一千本，讓信眾看著經文上課。圓滿日，清揚居士借來放映機，播放目蓮救母影片，觀賞有四百多人。

十月，成立菩薩學處，每逢佛、菩薩誕辰與成道日，大眾誦經念佛，參與有百餘人。[79]

菩薩學處重在啟發初發心的菩薩，成大乘菩薩為目標。初學者從十善學起，名為十善菩薩。大地菩薩是十善正行的深廣實踐，除身語的正行清淨，不邪見而得甚深的正慧，不瞋恚而具廣大的慈悲，不貪欲而成無量三摩地。總攝為三聚淨戒：

（一）從離惡防非來說，名律儀戒；

（二）從廣集一切善行來說，名攝善法戒；

（三）從利益救濟一切眾生來說，名饒益有情戒。[80]

太虛大師為菩薩學處釋名，說明佛教的二學處：

---

76 〈中國佛教會臺灣省分會民國三十九年度工作總報告〉《人生》卷 3 第 1 期，1951.2.15，頁 10。

77 〈善導寺護法會徵信錄〉《人生》卷 3 第 1 期，1951.2.15，頁 8。

78 陳慧劍，《南亭和尚年譜》，頁 9。

79 〈善導寺護法會徵信錄〉《人生》卷 3 第 1 期，1951.2.15，頁 8。

80 釋印順，《成佛之道》增注本（新竹：正聞出版社，2005 年 2 月），頁 276-277。

比丘學處，是指比丘應學習的律儀言，規定若者應作，
若者不應作，使所有如法出家的比丘大眾，都軌納在這
個範圍內。菩薩學處，這是把範圍更擴大開來，除包括
比丘學處外，且統貫世出世間一切階位漸進為菩薩的學
習，是指依菩薩應作應不作的規律，成為學習菩薩心行
的基礎；其弘深廣大，較前者倍增殊勝。[81]

　　十一月五日，南亭法師開講《菩薩學處》，皈依者有四位
女眾。十三日，開講《阿彌陀經》，信眾八十多人。十六日，
為在家人傳授三皈五戒，有四十多位參加。[82] 十二月，南亭法
師帶領大眾啟建佛七，為信眾開講《十六觀經》。[83]

四、發起仁王法會

　　四十年（1951）一月，清揚居士以大陸戰亂、百姓苦難，
為求減免災劫，發起仁王護國般若法會。[84] 居正、趙恆惕、吳
經明（1876-1970）、李子寬等人籌備法會，邀請總統及三軍首
長軍政長官、四眾弟子與各界參加。[85]

　　三月十三日起共十四天，啟建法會，為護國、安民，提振
士氣並安定人心。總統派居正院長為代表，考試院長派孫奐崙
（1887-1958）主任秘書、考試院首席參事陳天錫（1885-1975）、
司法院秘書馬壽華（1893-1977）、陸軍副總司令舒適存、海軍

81　釋太虛，第九篇制議〈菩薩學處釋名〉《太虛大師全書》，頁281-282。
82　陳慧劍，《南亭和尚年譜》，頁116-117。
83　〈善導寺護法會徵信錄〉《人生》卷3第1期，1951.2.15，頁8。
84　《人生》卷3第5期，1951.6.15，頁2。
85　〈佛教通訊〉《人生》卷3第2期，1951.3.15，頁11。

總司令桂永清（1901-1954）、審計部部長張承標，親臨拈香致敬。臺灣省政府主席派劉兼善（1896-1972）委員代表拈香，立委、監委、國大代表與軍政各界人士參加法會。[86]

法會由居正代總統拈香，各機關代表及副總持吳經明、趙恆惕、清揚居士等人相繼拈香，章嘉活佛主持密壇、修大白傘蓋降魔妙法，南亭法師主持顯壇、為信眾開講《仁王護國般若波羅蜜多經》。法會期間，清揚居士、吳經明從未缺席，分別被要求開講說佛法，成為南亭法師的助教。[87]

《仁王般若波羅蜜經》有二卷，又稱《仁王護國般若波羅蜜經》、《仁王般若波羅蜜護國經》、《仁王般若經》、《仁王經》，收於《大正藏》第八冊。本經分序品、觀空品、菩薩教化品、二諦品、護國品、散華品、受持品、囑累品等八品。

---

86 〈仁王護國法會徵信錄〉《人生》卷 3 第 3 期，1951.4.15，頁 10。
87 釋壽民，〈臺北仁王護國法會紀盛〉《人生》卷 3 第 3 期，1951.4.15，頁 6。

　　佛陀為十六大國王說示守護佛果、十地之行及守護國土之因緣，講說受持此經，則可息災得福，與《法華經》、《金光明經》並稱護國三部經。南亭法師特別提示三大要旨：

> （一）諸佛出世的宗旨，是教我們眾生明心見性。
>
> （二）《仁王經》宗旨，是要我們佛弟子，修護五忍十四位的菩薩因行，以期獲證一切智地的菩提佛果。
>
> （三）法會宗旨，在為大陸同胞祈求免諸災難，為世界人類祈求安樂和平，要我們與會大眾，精誠進修，切勿鬆懈，語至警惕，感人實深。[88]

　　臺灣海峽戰雲密佈，國際局勢日趨緊張，善導寺、十普寺於觀世音菩薩聖誕日，發起護國消災利生薦亡法會，祈禱恢復國土，人民安樂；超薦陣亡將士，死難同胞。[89]

　　八月十七日，在中山堂舉行公祭大陸死難同胞法會，南亭法師領眾唱誦《地藏菩薩本願經》，超度陣亡將士、無祀孤魂，同時舉辦三時繫念佛事。[90]

　　十月十三日起，舉辦觀音佛七，開講《法華經》〈普門品〉，現場請楊秀鶴（1910-?）翻譯（閩南語）。十八日，舉行追悼法舫法會。[91]

　　傳統的祈福、點燈、講經、禪七、念佛、拜懺共修等法會，

88　〈仁王護國法會徵信錄〉《人生》卷 3 第 3 期，頁 10。

89　〈善導寺護法會徵信錄〉《人生》卷 3 第 1 期，1951.2.15，頁 8。

90　陳慧劍，《南亭和尚年譜》，頁 127。

91　釋蓮航，〈從追悼法舫法師說起〉《海潮叢書》卷 32，1951.12.20，頁 423。

都是佛教弘法的方式，也是道場經常舉辦的活動。[92] 讓社會漸趨安定，經濟發展穩定，政府首長、社會名流以及信眾都來參加誦經。

五、印順法師來臺

四十一年（1952）一月二十七日，國安局長鄭介民、立委倪文亞（1902-2006）的夫人等百餘人到善導寺拜年。三月八日，啟建觀音佛七，超薦三軍陣亡將士及所有的死難同胞。

五月，李子寬邀請印順法師到臺灣。八月底，印順法師開始講學〈學佛的三個條件：信、悲、智〉。

八月九日，觀音成道紀念法會，透過清揚居士的牽線、介紹，國防部副部長袁守謙（1903-1992）夫人陳繽芬、國代賀衷寒（1900-1972）夫人方孝英等八人皈依南亭法師，另有二十七人皈依。[93]

九月，章嘉活佛、印順法師和趙恆惕、李子寬、李添春（1899-1988）為代表，到日本參加「第二屆世界佛教徒聯誼會」。二十五日，在東京本願寺開幕，與會國家、地區有二十二單位，代表有五百一十九人，連同自由參加者共有一千五百人。[94] 印順法師在會中發表〈華譯聖典在世界佛教中的地位〉，部份內容是：

> 世界佛教教友會，主旨在聯繫世界每一角落的佛教。從精神的聯繫，到達和諧合作。從發揚佛陀的最高文化，

---

92 釋惠空，《臺灣佛教發展脈絡與展望》，頁 23。

93 陳慧劍，《南亭和尚年譜》，頁 137-143。

94 〈看今日世界的佛教〉《菩提樹》創刊號，1952.12.8，頁 18。

去實現覺世救人的事業。

……佛法是一味同源的，也是多方適應的。

……華文系的聖典，雖以中期的大乘為主，而教典的傳
譯是不限於中期。晚期的佛教，已有了頭緒。初期的佛
教，有著豐富的傳譯。所以從華文聖典去理解，向前攝
取巴利語系的聲聞三藏；向後參考藏文系的晚期中觀、
無上瑜伽。印度佛教一千六、七百年的發展全貌，也即
是流傳於今日世界的三大系佛教，可獲得完整的、綜貫
的發達適應的真確認識。[95]

蘇行三先生講述參加世界佛教會的盛況：

出席代表二十餘國，博士有九位，大學教授及學生很多，
佛教教義已為世界各國知識份子注意。我國提案設立世
界佛學院，大會通過。小組討論時，各國代表爭取設在
本國。我提議於第三屆世界佛教徒會議時，視各國推行
佛教程度再決定。[96]

十月二十五日，參與聯誼會的人回國，印順法師特別帶回
日譯《南傳大藏經》。下午二點舉辦歡迎代表團回國茶會，有
二百多人參加，蔣總統親自接見代表團。後來，印順法師在各
地巡迴演講，提振中國佛教會的社會地位。[97]

十一月六日，舉行觀世音菩薩紀念法會。十四日至十六日，

---

95 釋印順，〈華譯聖典在世界佛教中的地位〉《海潮音叢刊》卷 33，1952.9.15，
　　頁 510。

96 〈一月佛教〉《菩提樹》創刊號，1952.12.8，頁 2。

97 〈歡迎佛教代表團回國大會特寫〉《海潮叢書》卷 33，1952.12.16，頁 522。

印順法師講佛法，楊秀鶴翻譯（閩南語）。第一日講〈信〉，第二日講〈佛化的新人〉，第三日講〈佛法與真正和平〉。[98]

六、提倡資生佛教

四十二年（1953）三月十七日，舉辦太虛大師圓寂六週年紀念會。[99] 十二月十六日起，善導寺開始弘揚淨土，舉行彌陀佛七。[100] 印順法師講〈淨土法門〉，[101] 清揚居士出資翻印太虛大師《彌陀淨土法門集》三千冊。[102]

四十三年（1954）二月，舉辦新春佈教，宣講佛法。[103] 研究生死的問題，清揚居士提倡資生《藥師經》與救亡的《阿彌陀經》，從〈提倡資生佛教〉一文，看到她的願力：

98　〈一月佛教〉《菩提樹》創刊號，1952.12.8，頁 2。

99　〈佛教要聞〉《人生》卷 5 第 4 期，1953.4.5，頁 20。

100 程文熙，〈莫恃現在，當畏未來〉《菩提樹》第 32 期，1955.7.8，頁 14。

101 〈佛教要聞〉《海潮叢書》卷 35，1954.1.15，頁 24。

102 〈教界消息〉《臺灣佛教》卷 8 第 1 期，1954.1.8，頁 13。

103 〈各地教訊〉《中國佛教》卷 1 第 1 期，1954.3.1，頁 8。

研究生死的問題，最適合人類的情趣，佛教經典有資生的《藥師經》與救亡的《彌陀經》。《藥師經》說：「為拔業障所纏有情，利益安樂像法轉時諸有情故。」第七願，從貧病兼濟而至身心安樂，在物質與精神的痛苦，皆得到適當的辦法。第十一願，有很多人因為失業和家累的關係，只有挺而走險，而造下不可赦免的罪業。但是佛陀是慈悲的，只要能棄邪歸正，投身於佛陀的懷抱，不但生活上的痛苦，可以解除，即精神界的寧靜與建立亦可獲致。[104]

從佛教經典提出《藥師經》、《阿彌陀經》，說明佛陀為有情眾生拔業障所纏，像法轉時利益安樂。從貧病兼濟而至身心安樂，度脫在物質與精神的痛苦，得到適當的方法；解除生活中的痛苦，而獲得精神的寧靜。現在法會中，超薦是以紅色紙牌作為現世修福修慧，黃色紙牌為往生者修功德，法師帶領大眾唱誦《藥師經》、《阿彌陀經》，分別引領在藥師佛、地藏菩薩前持香、持咒、上供等儀式。

《藥師琉璃光如來本願功德經》略稱《藥師經》，收於《大正藏》第十四冊，漢譯有五種（一說四種），強調藥師佛之功德，稱《藥師隨願經》；義淨所譯《藥師琉璃光七佛本願功德經》，或《七佛藥師經》，詳述七佛藥師本願及其陀羅尼。通行本為玄奘譯本，說明現世利益與淨土往生之思想。

《阿彌陀經》（梵語 Aparimitāyus-sūtra），收於《大正藏》第十二冊。鳩摩羅什的譯本譯文簡潔流利，誦讀者最多。敘述

---

104 張清揚，〈提倡資生佛教〉《人生》卷6第8期，1954.8.10，頁211。

阿彌陀佛西方淨土之清淨莊嚴，諸佛真誠讚歎眾生往生淨土、六方諸佛之印證，及持名念佛等，使淨土信仰明確而平易。

十月二十日至二十六日，啓建藥師如來法會，[105] 印順法師向信眾講《藥師如來本願功德經》。[106] 印順法師說明《藥師經講記》的緣起：

> 二十三年，太虛大師在寧波阿育王寺講過《藥師經》，我們的國家多災多難，特別是今年鬧著空前未有的大水災，弘揚藥師法門顯得最有意義。現在啟建藥師法會，上至元首下及軍民人等祈禱，大家能消災延壽、免難得福，所以在法會講本經，了解其中的意義。大家參加法會時，一方面仗三寶威力加被，一方面自己依法進修，真正達成消災免難的目的。[107]

妙雲集《藥師經講記》說明：拔一切業障是藥師如來本願功德的力量；十二神將的饒益有情，是護持藥師如來的功德法，而令有情獲此功德的法益。「法藥」就是佛法，「藥師」可為一切佛的通稱，佛為治療眾生，施設種種法藥有八萬四千法門，就是八萬四千法藥。妙雲集《藥師經講記》說明何謂藥師：

> 現代談到藥師，祇是配藥的人，而古代卻不然，藥師與醫生的含義一樣。佛法中常稱佛陀為無上醫王或大藥師，因佛能治療一切眾生的種種疾病。經裡說：人的生

---

105 〈佛教簡訊〉《海潮叢書》卷 55，1974.5.1，頁 131。
106 〈佛教新聞版〉《菩提樹》第 24 期，1954.11.8，頁 32。
107 釋印順，釋妙峰、釋常覺記錄，《藥師經講記》（臺北：正聞出版社，2003年4月），頁 1-2。

> 理上有三種病——老、病、死；心理上也有三種病——
> 貪、瞋、癡。大覺佛陀出世救濟眾生，即是為了拔除眾
> 生身心的種種病患，故讚歎佛為大醫王、大藥師。[108]

四十七年（1958）三月四日起，啟建藥師法會四十九天。[109]
二十五日，推道安法師為主席。[110]

七、太虛大師紀念堂

四十六年（1957）三月十七日，太虛大師圓寂十週年紀念
追思法會。上午念佛普供，下午宣講大師的功德，分別就大師
的思想體系，說明菩薩心行、加以分析和闡揚。[111]《海潮音》
特別出版紀念專刊，清揚居士於〈淒風苦雨憶大師〉一文，悼
念太虛大師：

> 時間真像白駒過隙似的，一瞬之間，為救人救世而應化
> 人間的太虛大師，在短短幾十寒暑的勞碌之後，安詳底
> 圓寂了，到今年三月十七日已是整整地十個年頭。在這
> 十個年頭裏，世界風雲不知經過幾多變幻。……我們局
> 在今日的這個寶島上來悼念大師，回首前塵，真不勝今
> 昔之感了。[112]

法會中，李子寬特別發起籌建「太虛大師紀念堂」。追仰

---

108 釋印順，釋妙峰、釋常覺記錄，《藥師經講記》，頁4。
109 〈佛教簡訊〉《海潮叢書》卷55，1974.5.1，頁131。
110 〈佛教簡訊〉《人生》卷10第4期，1958.4.10，頁30。
111 〈籌建太虛大師紀念堂啟事〉《海潮音叢刊》卷38，1957.3.15，頁350。
112 清揚，〈淒風苦雨憶大師〉《海潮音》卷38，1957.2.15，頁54-55。

太虛大師過往事蹟，搜集大師的手筆、遺物和《太虛大師全書》供於堂中，另外製瓷像及遺照懸於中間。清揚居士和印順、東初、南亭、悟一等法師負責籌措經費十萬元。[113]

八月十九日，清揚居士的母親逝世十週年忌辰，舉辦日夜追念佛事。[114] 九月十五日，演培（1917-1996）法師接任善導寺住持，悟一法師擔任監院。[115]

四十七年（1958）四月起，《今日佛教》在善導寺舉辦十二次座談會，探討：傳戒問題、寺廟管理問題、改良社會風氣問題、佛教與政治問題、佛教與經濟問題、佛教普及社會問題、如何健全佛教教育問題、中國佛教與世界佛教聯繫問題、佛教對其他宗教的態度、發揚佛教文化問題、培養佛教青年問題、如何統一慶祝佛誕問題等議題。[116]

四十九年（1960）六月二十三日，太虛大師佛教圖書館（如上圖）開幕典禮，演培法師報告籌備的過程。[117]

圖書館是人們探求佛法的寶藏，導正現代人心思維，使人人獲得身心清淨。目標是：「增進人民的知識，提高文化的水準。」[118] 圖書館的藏書有佛教《大藏經》以及各種佛教的書籍，還有《中國古今叢書》，說明佛教與中國文化具有密不可分的關係。[119]

---

113 〈佛教新聞〉《今日佛教》卷 1 創刊號，1957.4.10，頁 20。
114 〈佛教新聞〉《今日佛教》卷 1 第 6 期，1957.9.10，頁 30。
115 〈佛教新聞〉《人生》卷 9 第 9 期，1957.9.10，頁 28。
116 〈今日佛教問題座談會〉《今日佛教》卷 2 第 1 期，1958.5.1，頁 31。
117 〈散訊簡報〉《海潮叢書》卷 41，1960.6.30，頁 134。
118 樂鳴，〈太虛圖書館開幕剪影〉《海潮音叢刊》卷 41，1960.6.30，頁 155。
119 散訊簡報，《海潮音叢刊》卷 41，1960.6.30，頁 134。

　　李世傑（1919-2003）教授負責圖書館的分類編目，參考各種的資料，整理、出版《佛教圖書分類法》，成為佛教界目前使用的圖書分類法。[120]

八、虛雲法師涅槃法會

　　四十八年（1959）十月十三日，虛雲法師於雲居山真如禪寺圓寂。[121] 十一月八日，善導寺舉辦虛雲老和尚涅槃法會，會場佈置莊嚴，殿前石柱均漆成金黃色，兩邊有「願力彌天最難壽算同雙甲，月華似水重放光明照大千」對聯。[122]

當日鳴鐘十二聲，法會在梵鐘聲中開始，甘珠活佛、演培法師、丁俊生上香，四眾弟子比丘有太滄（1895-1968）、明常法師，居士有姜紹謨（1897-1981）、清揚居士上香。智光法師主持上供儀式，參與盛會的信眾有五百餘人。[123]

四十九年（1960）一月，虛雲老和尚年齡的問題，引起胡適（1891-1962）的質疑。聖嚴法師回應：「虛雲身世與年齡虛構謊言之批評，感佩胡適求精實之治學精神，呼籲推崇虛老，應推其悲心，建立利濟社會的事業。」[124] 清揚居士在《覺世》旬刊，發表個人的看法：

> 虛雲老和尚自涅槃以後，海內外的佛教社會，均掀起了一片哀思的熱潮。因為虛老的生滅，對於整個佛教的興衰，有著極大的關係。……但以如此的一位德學卓絕的老和尚，因其年譜記載失實，從而懷疑其人。年譜記載實失，引起胡適博士的可疑，容有可說。假定因此對於虛老的人格與道德，也發生懷疑，胡博士未免抹煞千百萬人，對虛老崇敬的事實，這種以一廢百的論斷，吾人是不敢苟同的。[125]

九、中元普渡、盂蘭盆法會

五十年（1961）六月，趙恆惕與清揚居士及悟一、妙然

---

123 岑學呂，〈虛雲老和尚涅槃法會特刊〉《虛雲老和尚年譜、法彙》增訂本（臺北：大乘精舍，1986 年 4 月），頁 919。

124 林其賢，《聖嚴法師年譜》，頁 133。

125 清揚，〈虛雲老和尚的年譜糾紛〉《覺世》第 101 號，1960.2.21，第 2 版。

（1922-1997）法師到松山寺，請道安法師回來主持善導寺。[126] 六月十一日，道安法師陞座典禮，悟一法師向外借六輛車，到松山寺迎接道安法師。[127]

八月十九至二十五日，啟建中元普渡法會。[128] 隔年八月十四日，舉行盂蘭盆法會。[129]

佛教最有代表性的宗教節日活動，有過年、浴佛、中元（盂蘭盆）、臘八及三個觀音法會。農曆七月十五日佛教舉辦盂蘭盆法會，道教舉辦中元法會，是中國社會重要的節日，其意義：

> 源於佛教的盂蘭盆節，齋僧拔濟亡親。盂蘭盆法會是佛教教孝的節慶，「盂蘭」譯為懸，喻餓鬼飢渴之苦；「盆」名救器，意以齋食盛滿鍋盆供僧能解倒懸之苦；合稱曰「救倒懸盆」。源於道教的中元節，超度亡靈。
> 臺灣社會以道教及民間信仰最為普及、最基層的信仰。民間叫中元節，中元本是道教的節日，全年盛會有三次，所謂三元，分別為天官、地官及水官的誕辰：正月十五日為「上元」，乃官賜福之日；十月十五日為「下元」，是水官解厄之日；而七月十五日為「中元」，是地官下降赦罪日。[130]

盂蘭盆供僧是結合中國民間信仰、道教三元節的中元節，

---

126 《覺世》第 147 號，1961.6.11，第 4 版。
127 《覺世》第 148 號，1961.6.21，第 1 版。
128 《覺世》第 154 號，1961.8.21，第 4 版。
129 《覺世》第 189 期，1962.8.11，第 1 版。
130 釋惠空，《臺灣佛教發展脈絡與展望》，頁 208-209。

成為大型盂蘭盆齋僧法會。盂蘭盆法會本來是在各寺廟舉辦，由於朱斐的倡導、組織各地信眾供僧，演變成現在北、中、南的全國齋僧法會。

佛、道的不同處是，民間中元節是基於慈悲普施之心，以食物普渡孤魂，免其飢餓之苦，是行於「悲田」；佛教盂蘭盆法會則尊崇僧眾修道功德力，以供養僧眾植福超薦亡親，乃行於「敬田」。兩者都有超拔親人、濟度餓鬼的意義，同時在教孝、慈悲普度的意涵下，深為民間重視。[131]

十、收回土地、重新建設

五十五年（1966）十一月十二日，陽明山中山樓「中華文化堂」落成。翌年，政府成立中華文化復興運動推行委員會。[132]三月十一日，佛教界響應政府復興中華文化運動，善導寺舉辦佛教文化講座。[133] 教育是百年大計，所謂「十年樹木，百年樹人」是傳統文化和民族命脈延續的關鍵動力，所以創辦學校、造服桑梓的人，都是有智慧的文化事業。[134]

五十七年（1968），政府實施九年國民教育，大專校院大幅成長。日據時代的學校改制，大陸時期的大學復校，各科技大專院校相繼設立。[135]

九月，善導寺交涉事件終於落幕，經歷二十年時間的交涉，

---

131 釋惠空，《臺灣佛教發展脈絡與展望》，頁 23-24。

132 劉澤民，《臺灣大事年表》（南投：國史臺灣文獻館，2015 年 7 月），頁 296。

133 〈佛教動態〉《中國佛教》卷 11 第 8 期，1967.4.15，頁 28。

134 范觀瀾，《成一法師傳》，頁 112。

135 釋自正，〈臺灣地區佛教印經事業發展歷程之研究（1949-2008）〉，頁 50。

全部收回被政府機關、民間佔住的建築物。陸續收回的時間：

> 善導寺董事會主席李子寬，曾向政府據理力爭，臺北市
> 政府兵役科於四十七年十二月遷出；交通警察隊於五十
> 年九月遷出；臺灣省物資局倉庫（包括職員宿舍）及山
> 門兩側之兵役科職員宿舍於五十二年五月遷出；兵役科
> 等二十餘戶職員宿舍於五十六年八月飭令他遷，並將舊
> 建拆除；臺北市兵役協會於五十七年九月全部他遷。善
> 導寺全部地皮約二千坪，將次第修整，以裨益觀瞻並加
> 強佛教工作之進展。[136]

第三節 延續「人生（間）佛教」

一、《太虛大師全書》

三十六年（1946）五月二十日，印順和續明法師、以及楊星森等人，在雪竇寺圓覺軒編纂《太虛大師全書》，分為四藏二十編，全書有七百萬餘字。翌年五月，編竣。七月，初編《佛法總學》有四冊，在上海大法輪書局印行。[137]

三十八年（1949）四月一日，清揚居士捐款美鈔一百元，作為印刷費。[138] 九月二十三日，參加出版第二次座談會。[139]

---

136 〈一般教訊〉《中國佛教》卷 13 第 3 期，1968.11.15，頁 30。
137 釋印順，《太虛大師年譜》，頁 540-543。
138 編者，〈編後雜話〉《海潮音叢刊》卷 30，1949.4.20，頁 848。
139 〈編後雜話〉《海潮叢書》卷 30，1949.9.20，頁 100。

　　第二、三編，遇到政局驟變，已排印但來不及發行，由優曇（1908-1993）法師、李子寬、陳靜濤（1887-1967）、蔡契誠、何心尊等人集資，組織出版委員會，次第付梓、流通。第四編《大乘通學》四冊則在香港出版。[140]

　　清揚居士於〈淒風苦雨憶大師〉一文，說明：

> 幸而對大師的遺業，不論直接或間接，多少也盡了有事弟子服其勞的責任，如募化《海潮音》之基金及遺著全書之刊行等等。我雖未直接參與其事，但都盡棉薄之力，現全書已由印順法師、李了空及陳靜濤二居士組織大師全書委員會編印完成，《海潮音》由印順法師、李了空居士負責繼續發行，此二事業存在，大師雖死猶生。[141]

　　太虛大師以全世界、全人類為著眼，無種族、宗教之偏狹觀念，為佛教培育許多僧才。一生為佛教奮鬥，其遺業有：

> 太虛大師一生事業，在宣傳方面，有《海潮音》月刊之發行；在教育方面，有世界佛學院之組織；在發展文化方面，有中國佛教文化社之設立；其他如聯絡世界各宗教之友誼，而有宗教徒聯誼會之創立。[142]

　　太虛大師積極提倡佛教改革，建設人生佛教為主體思想，目的：「是更正人們認為佛教是死人的佛教，指出人間佛教的論題。」印順法師曾自述：「虛大師不但啟發我的思想，又成

---

140 釋印順，《太虛大師年譜》，頁544。
141 清揚，〈淒風苦雨憶大師〉《海潮音》卷38，1957.2.15，頁54-55。
142 清揚，〈淒風苦雨憶大師〉《海潮音》卷38，1957.2.15，頁54-55。

全我可以修學的環境。在一般寺院中，想專心修學佛法，那是不可能的。」[143]

後來，印順法師響應並提出人間佛教的理念，經半世紀的傳播和宣導，人間佛教已蔚為世界潮流。厚觀（1956-）法師稟承印順法師：「實踐佛教智慧慈悲，以利益社會，淨化人心的精神。」將印順法師所出版的書，全部數位化，也將《太虛大師全書》紙本數位化並發行光碟版。

二、海潮音社遷臺

三十八年（1949），時局變化以及物價波動太厲害，上海一帶的雜誌、新聞都停刊，《海潮音》無法郵寄，半數以上的訂戶都無法收到。[144] 大醒法師把海潮音社遷到臺灣，交給大成印書館印刷，準備在臺北發行。[145]

上海的金融改革導致經濟崩潰，金圓券如同廢紙，只能以銀元作交易。清揚居士與母親是佛教界的大護法，護持太虛大師的佛教文化事業，捐款一千一佰萬（舊臺幣）作為海潮音社搬遷的基金。[146] 大醒法師說明原委：

> 《海潮音》社從第三十卷第五期遷移到臺灣，除了訂戶冊子，發行物件都沒有帶來。募集基金先向孫清揚借一千一佰萬（舊臺幣），作為孫代募詹願華捐款。李子寬

---

143 釋宏聖，〈慈航法師思想與實踐之研究〉，頁5。
144 陳慧劍，《南亭和尚年譜》，頁101。
145 〈編後雜話〉《海潮音》卷30，1949.5.20，頁20。
146 釋大醒，〈啓告關心本刊的諸大善知識〉《海潮音叢刊》卷31，1950.12.20，頁320。

捐五佰萬、侯慧玉捐一佰萬、李慈蓮捐二佰萬以及許多
善代募或自捐。月底，與臺北大成印書館張家成簽訂印
刷契約。[147]

海潮音社曾遷移杭州、上海、武昌、漢口、衡陽、昆明、
重慶、南京等各地，有其重要性：「這三十年中，本刊對我國
佛教實有起死回生的絕大關係，對於我國文化道德各方面，也
有殊勝的貢獻和特別的價值」。[148]

時空的變遷，海潮音社在臺灣發行，在《海潮音》重述其
歷史，內容是：

九年創刊，迄今已屆第三十年，本刊過去曾遇過兩次障
礙：第一次在十四、五年，因為經濟與人事關係，幾欲
停頓，旋得泰縣王誠普、錢善二位發心負責。第二次在
二十六年的八年抗戰，由武昌經湖南衡陽南昆明直至重
慶，由福善法師編發，始終都沒有輟，至多有兩期合刊。
自三十七年（第二十九卷第一期起），因塵空法師閉關，
乃由我負責，同時請會覺、芝峯、法舫、印順等法師負
責編輯（閱稿），並請蘇慧純發行。
近半年內，外境變化如此，本刊讀者大半數受到郵寄的
阻礙，是本刊最大的魔障。受到時局的影響以及物價的
波動，印刷方面感受威脅，四月下旬上海一地，若干雜
誌、新聞紙已停刊。隨本社於四月底遷移臺灣，從本期

147 釋大醒，〈為本刊遷移臺灣講幾句話〉《海潮音叢刊》卷 30 第 6 期，
　　1949.6.20，頁 38。
148 〈編後雜話〉《海潮音》卷 30，1949.6.20，頁 38。

（第三十卷第五期）在臺北印刷發行，延續太虛大師手
創的慧業，延續佛教大眾的慧命。[149]

四十一年（1952）六月，出現「海刊怎麼還不出版？現在
由何人負責？」編輯知道讀者不時在探問。證明這份佛教刊物
是有許多人在閱讀。[150] 十一月八日，護法會請印順法師擔任社
長，清揚居士護持《海潮音》的經費。[151] 印順法師說：

> 本刊有卅二年歷史，有它自己的風格；秉承大師的遺意，
> 似乎不能過於降低水準，或者改變作風。……維持本刊
> 慧命，不能不請求多方協助。[152]

五十五年（1966）一月，《海潮音》宣布休刊。停刊五個
月，再不出版，發行執照會被吊銷。佛教刊物有四十多年的歷
史，因無人負責要熄滅。李子寬以大義相勉，請樂觀法師挑起
這個擔子：

> 虛大師創辦《海潮音》月刊不易，這本佛教雜誌乃是虛
> 大師遺留人間唯一慧命事業，也是中國佛教一件光榮事
> 業，無論如何要接受他的要求。[153]

---

149 釋大醒，〈為本刊遷移臺灣講幾句話〉《海潮音叢刊》卷 30 第 5 期，
 1949.5.20，頁 20。
150 〈寫在編後〉《海潮音叢刊》卷 33，1952.6.28，頁 481。
151 〈佛教要聞〉《海潮音叢刊》卷 34，1953.3.17，頁 572。
152 釋印順，〈說幾句關於海潮音的話〉《海潮音叢刊》卷 34，1953.3.17，頁
 550。
153 釋樂觀，《六十年行腳記》（新北市：海潮音社，1977 年 12 月），頁 288。

　　六月，樂觀法師把海潮音社，遷至常樂寺，讓《海潮音》
重新發行出版。[154]

　　五十二年（1963）十二月二日，樂觀法師由緬甸來到臺灣，
他認為：

> 虛大師與我有法乳之恩，事情演變到如此地步，我不能
> 望水流舟，眼睜睜看著佛教這個光榮事業湮滅，於是懷
> 著搶救的心情，硬著頭皮大膽接下來，這時明明知道不
> 可為而為之。

　　多年後，樂觀法師年紀大，要放下這個擔子，思考許久要
找誰來接捧？他在《六十年行腳記》一書說明：

> 這份佛教刊物富有革命性，發揚太虛大師的思想，學人
> 相繼輩出，但追求太虛大師的學人不多，在家信眾寥寥
> 無幾，出家學人都老了。最好人選是清揚居士，也是善
> 導寺的董事長。[155]

三、海潮音社回善導寺

　　六十五年（1976）七月二十四日，交接儀式在善導寺觀照
堂進行，由東初法師負責監交，樂觀法師把印信、文件、帳目
交給善導寺，同時辭卸編輯等工作。清揚居士以董事長的身份，
將海潮音社接回善導寺，說明延續這份佛教月刊的重要性：

---

154 〈教訊簡報〉《海潮音叢刊》卷47，1966.6.1，頁34。
155 釋樂觀，《六十年行腳記》，頁327-328。

善導寺的董事會近年來維護善導寺，走上了正軌，誠然
是好事，是值得稱道的。……現在由善導寺董事會來負
責接辦海潮雜誌，這個意義就不同了，《海潮音》是整
個佛教文化的火炬，它的正義呼聲，可以直接間接的影
響了海內外佛教的前途發展與興衰，……。[156]

海潮音社搬遷
來臺，樂觀法師把這
份刊物帶出去，旅行
十餘年。最後，清揚
居士在善導寺把它
接回來，同時改版發
行。[157]（如右圖）

皈依太虛大師的清揚居士，勉勵董事會、參與者能全力以
赴接辦《海潮音》，當時演講的內容是：

我是在三十二年重慶的長安寺皈依太虛大師，又於六十
二年被推選原為大師弘法道場的善導寺董事會董事長，
以身列大師門牆的双重身份，負責接辦海刊，實是件義
不容辭的事，同時，海刊對我來說，是有相當濃厚的親
切之感，本人願意在此慎重與負責的說，決本着大師發
揚大乘佛法真義，應導現代人心正思的遺訓，以及剛才
兩位老法師的話，盡心盡力的做，使得海刊對國家、佛

156　〈佛教新聞版〉《菩提樹》第 290 期，1977.1.8，頁 49。
157　〈教界簡訊〉《海潮叢書》卷 58，1977.5.31，頁 519。

教能稍有貢獻。更希望兩位老法師，以愛護海刊的精神，給我多多的鼓勵與指教。[158]

《海潮音》承接太虛大師發行的宗旨，其內容豐富，仍然在這份佛教刊物，找到重要的文獻。

八月，董事會會議決議，張若虛為發行人。[159] 隔年起，封面改為彩色印刷，頁數增至四十頁，內容對國內佛教名勝古蹟暨中華文物的介紹。[160]

第四節　主持善導寺

六十二年（1973）九月七日，李子寬往生。[161] 清揚居士被

---

158 殷嘯秋，〈海刊交接側記〉《海潮音叢刊》卷 57，1976.8.31，頁 196。

159 〈社論〉《海潮音》卷 63，1982.10.31，頁 3。

160 〈佛教新聞版〉《菩提樹》第 286 期，1976.9.8，頁 49。

161 〈一般教訊〉《中國佛教》卷 18 第 2 期，1973.10.15，頁 21。

推為「財團法人臺北市淨土宗善導寺」董事長。張若虛選任董事。[162] 隔年，張若虛接任出納這份工作。[163] 道安法師二度接任住持兼苑長，同時宣布四大計劃：

（一）創立附設佛教快樂兒童苑一所。

（二）興建善導寺觀照堂大樓，成立淨土宗念佛道場。

（三）發展社會教育事業，協助擴充私立佛教智光商工職業學校各項教育設備。

（四）加強宣揚佛教文化，成立大專學社星期日佛學講習會，及翻印各項佛教經典流通結緣等。[164]

　　七月，善導寺響應政府小康、安康計劃，清揚居士請雲霞法師當監院，同時撥出壹佰貳拾萬元作為基金，並每月捐出伍萬元作為經常費用，興辦「善導寺佛教快樂兒童苑」，收養孤兒二十餘人。[165]

　　善導寺沒有健全的制度，因此發生很多問題，特別請妙然法師仿照大陸「叢林制度」及現代的「人事與財務組織」，草擬各項法規，聘請出家及在家二眾職事為寺務委員，同時成立寺務會議。[166]

　　六十四年（1975）二月，通過「淨土宗善導寺寺務組織規程」，全文分六章共十七條。建立人事民主、經濟公開、會計

162 殷嘯秋，〈海刊交接側記〉《海刊叢書》卷 57，1976.8.31，頁 196。

163 〈教界簡訊〉《海潮叢書》卷 55，1974.7.1，頁 180。

164 〈佛教新聞版〉《菩提樹》第 260 期，1974.7.8，頁 49。

165 〈籲請中佛會獎勵全國寺廟〉《海潮音叢刊》卷 58，1977.1.31，頁 327。

166 〈善導寺董監事會議通過〉《海潮叢書》卷 58，1977.2.28，頁 399。

獨立制度，走向公開、公平、合理的規範。[167] 改制後，雲霞法師為首任監院，百餘人道賀。[168]

六十六年（1977）一月二十一日，道安法師圓寂。[169] 三十一日，雲霞法師接住持，妙然法師為導師，繼續辦理慈善、公益事業，擴大辦理附設快樂兒童苑、支援「《海潮音》社」經費。[170] 三月六日，雲霞法師榮升住持，近千人參加。[171]

五月四日，舉行太虛大師圓寂三十週年紀念法會。清揚居士、雲霞法師在《中央日報》第一版刊登法會啟事。[172]

十月十二日，清揚居士主持第六屆董事會第六次常務董監事聯席會議，鼓勵學生學習佛法，會議中撥出三十萬，作為獎助大專學校學生的獎學金。[173]

六十七年（1978）一月十八日，舉行東初老和尚涅槃法會。[174] 十一月二十五日，董事會召開第七屆大會，清揚居士連任董事長，但以健康理由辭退一切職務，改聘為「永久榮譽董事長」。她將董事長的印信、簿籍等文件，移交新任董事長妙然法師，同時退出主席職位。[175]

六十九年（1980）二月二十七日，清揚居士參加善導寺首

167 〈教訊〉《海潮音叢刊》卷 58，1977.2.28，頁 399。
168 〈善導寺新訂寺務組織規程〉《中國佛教》卷 19 第 6 期，1975.2.15，頁 29。
169 〈道安長老圓寂讚頌會組成〉《海潮叢書》卷 58，1977.2.28，頁 400。
170 〈善導寺董監事會議通過〉《海潮叢書》卷 58，1977.2.28，頁 399。
171 〈善導寺董監事會議通過〉《海潮叢書》卷 58，1977.5.31，頁 519。
172 〈教界簡訊〉《海潮叢書》卷 58，1977.5.31，頁 519。
173 〈善導寺發揚佛陀濟世宏願〉《海潮叢書》卷 58，1977.10.31，頁 726。
174 林其賢，《聖嚴法師年譜》，頁 366。
175 〈教訊〉《海潮叢書》卷 59，1978.11.30，頁 433。

屆信徒春節年會暨第七屆董事聯席會。妙然法師主持會議，雲霞法師報告寺務和財務狀況，會議通過興建慈恩大樓。[176]

　　七十年（1981）二月十五日，清揚居士參加第二屆信徒春節年會暨董事聯席會，妙然法師主持，雲霞法師報告寺務概況，陸汝賢報告財務收支情形。說明未來這一年的工作重點，讓信徒瞭解寺務進展，提供興革建議。[177]

　　八月十四日，拆除日式觀照堂，興建九層的慈恩大樓。南亭、妙然、雲霞等法師主持破土典禮。[178]

　　七十一年（1982）一月三十一日，清揚居士捐款二萬元興建慈恩大樓。[179] 二月四日，清揚居士出席第三屆信徒春節年會暨董事聯席會。[180]

　　七十二年（1983）二月二十六日，清揚居士出任第四屆信徒春節年會暨董事聯席會。[181] 七十三年（1984）五月，妙然法師為第八屆董事長。[182]

　　七十五年（1986）十月三十一日，慈恩大樓落成。[183]（如右圖）

　　一樓是大殿，四樓為太虛佛教

176　〈教訊〉《海潮音》卷 61，1980.2.29，頁 32。
177　〈教訊〉《海潮音》卷 62，1981.2.28，頁 35。
178　〈教界消息與通訊〉《中國佛教》卷 25 第 12 期，1981.9.30，頁 52。
179　〈善導寺興建慈恩大樓樂助鳴謝〉《海潮音》卷 63，1982.1.31，頁 7。
180　〈教訊〉《海潮音》卷 63，1982.2.28，頁 34。
181　〈教訊〉《海潮音》卷 64，1983.3.31，頁 37。
182　〈教訊〉《海潮音》卷 65，1984.5.31，頁 32。
183　〈國內外佛教新聞版〉《菩提樹》第 409 期，1986.12.8，頁 44。

圖書館，五、六樓為佛教歷史藝術館，七樓為佛教藝文館，供人閱讀、參觀。[184] 目前都不對外開放，似乎與當初籌建目的不同。八樓則是一座蔣公紀念堂，擺放著信眾的牌位。（如下圖）

　　七十六年（1987）四月十日，善導寺響應中國佛教會籌建佛教大學，捐款兩佰萬元。[185] 十月十四日，了中法師為第八任住持。[186]

　　七十七年（1988）一月，善導寺在正聲廣播電台開闢弘揚佛法、清滌人心的單元。

184 〈教界消息與通訊〉《中國佛教》卷 32 第 1 期，1988.1.31，頁 41。
185 〈教界消息與通訊〉《中國佛教》卷 31 第 5 期，1987.5.31，頁 42。
186 〈教界消息與通訊〉《中國佛教》卷 31 第 9 期，1987.9.30，頁 39。

今天在臺北的善導寺（如下圖）

第五節　強化中國佛教會

三十七年（1948）二月，李子寬來臺訪問時，由孫心源、
曾普信等人接待，前去參訪大橋頭龍雲寺重修的落成法會。李
子寬致辭的內容是：

> 來臺參加法會，因緣殊勝，大乘佛法在無我、利他六度
> 萬行，布施第一，財施法施無畏施，各大善士莊嚴佛殿，
> 布施功德無量，臺灣人士信佛者甚多。如果大眾團結，
> 從新的佛教著眼，將來臺省佛教，可為中國佛教冠，是
> 鄙人所厚望。[187]

---

187 〈消息〉《臺灣佛教》卷 2 第 8 號，1948.8.1，頁 22。

　　章嘉活佛發現局勢的不穩，召開緊急會議，派東初法師（常務理事）先到臺灣，籌設「中國佛教駐臺辦事處」。[188] 隔年二月，東初法師搭乘中興輪到臺灣，因為沒有事先申請入臺證，所以無法上岸。經由李子寬出面擔保，暫駐善導寺。後來透過曾景來的介紹，移駐北投法藏寺。[189]

　　十七年（1928），妙吉等法師在北投蓋建法藏寺，寺院居高臨下，可遠眺淡水河，屬於臺北盆地周圍的山脈。[190]

一、中國佛教會監事

　　三十八年（1949）三月，善導寺成立「中國佛教駐臺辦事處」，任務是聯繫臺灣全省各分會，[191] 登記來臺的出家人。[192] 十二月十五日，章嘉活佛隨政府到臺北，宋修振以佛教分會理事長迎接。[193] 星雲大師說明成立中國佛教駐臺辦事處：

> 臺灣佛教所以有些許的成績，乃得力於大陸來臺的外省籍法師的貢獻；而外省籍法師能在臺灣弘揚佛法，則須感謝東初老人的攜來中國佛教會招牌，成立駐臺辦事處，使大家身心有所安置。[194]

---

188 釋南亭，〈六年來「中國佛教會」之成就〉《人生》卷6第11、12期，1954.12.10，頁308。

189 林其賢，《聖嚴法師年譜》，頁72。

190 鄭栗兒，《東方初白-東初老人傳》，頁73。

191 釋憨僧，〈站在海外瞭望自由中國佛教〉《人生》卷5第2期，1953.2.10，頁10。

192 十普堂，《白公上人光壽錄》，頁250。

193 〈佛教要聞〉《人生》卷2第1期，1950.1.10，頁12。

194 鄭栗兒，《東方初白-東初老人傳》，頁79。

　　三十九年（1950）三月，章嘉活佛召開第一屆大會（如下
圖），第一排中間，右三是清揚居士。中國佛教會正式運作，
南亭法師擔任秘書長，白聖法師為幹事。[195] 宣布中國佛教會的
宗旨：「團結全國佛教徒、整理教規、維護教產、宣揚教義、
興辦公益事業、推動教育文化為宗旨。」[196]

　　中國佛教駐臺辦事處為中央級的最高教會行政機構，下轄
有省分會、縣市支會等地方教會，有寺院團體會員與僧尼等個
人會員。南亭法師連任三屆秘書長，傳承中國佛教會，影響並
改變齋教的形式。[197]

　　八月二十九日，中國佛教會召開第一屆理監聯席會議。九
月二日，召開第一屆常務理監事會議，推選清揚居士為佛教徒
代表人，參與「中國宗教徒聯誼會」在臺復會，同時也是中國

195　〈中國佛教會在臺恢復辦公〉《人生》卷 2 第 2 期，1950.2.15，頁 6。
196　顏尚文，〈中國佛教會遷臺及其發展初探〉《中國佛教會遷臺六十週年》
　　　（臺北：中國佛教會，2010 年 2 月），頁 596。
197　范觀瀾，《成一法師傳》，頁 98。

佛教會的監事。[198]

　　十月十一日，中壢圓光寺舉辦彌陀佛七法會（如下圖），
中間是妙果法師，右五是清揚居士。[199]

二、中國宗教徒聯誼會

　　三十二年（1943），太虛大師與馮玉祥（1882-1948）將軍、
于斌（1901-1978）主教、白崇禧（1893-1966）將軍發起「中國
宗教徒聯誼會」，道教要求參加，于斌主教反對而作罷。[200]　五
月二十二日，正式成立。

　　基督教會由陳文相負責，與太虛大師、于斌主教、白崇禧
將軍成立「中國宗教徒聯誼會」。聯繫世界性的宗教，共同為

198 朱浤源、高嘉蔚，〈百年來臺佛教的轉捩點（1949-1961）：從孫張清揚居
　　士看起〉《建國一百年宗教回顧與展望》，頁 146。
199 釋星雲口述，何智霖等編輯，《百年佛緣》第 1 本，頁 34。
200 釋印順，《太虛大師年譜》，頁 497。

追求真理、主持正義，而謀宗教之宏遠發展；此會努力宣揚反
對暴力之侵略，團結一致；反抗迫害宗教之邪說及暴行，保障
信仰自由，促進世界和平的成立宗旨。[201]

　　第二年，太虛大師在紀念會上，說明中國宗教徒聯誼會的
任務：

> 中國宗教徒聯誼會所揭櫫的任務，有擁護抗戰建國，尊
> 重信仰自由，提高精神修養，勵行社會服務，促進世界
> 和平的五項。……
> 然宗教造成人類真正永久和平之功用，端在提高精神修
> 養與勵行社會服務之二項。精神修養之提高，能使社會
> 服務由充實而更加勵行；社會服務之勵行，能使精神修
> 養由擴大而更加提高。有此二項之充實而擴大，擴大而
> 充實，即能恢復並增進人類的精神健康，調節制御現代
> 的物質文明。
> ……由此可知宗教徒聯誼會之出現於此時的人世，其意
> 義之大與價值之高，遠非其他任何可喜之事堪比擬。然
> 不出現於他國而獨先出現於中國，則由中國對各宗教向
> 來寬容而不相排斥，故幾個歷史上有世界性的大宗教，
> 在中國皆有相當多數的信徒，而又各有見識閎遠、思想
> 開明的領袖，各能領導各教的信徒，在全國一致抗戰上，
> 已有精誠團結的基礎，遂在因緣條件比較完備下，嶄然
> 露出頭角。[202]

201　范觀瀾，《成一法師傳》，頁 176。
202　釋太虛，第十三編真現實論宗用論〈中國宗教徒聯誼會贊辭〉《太虛大師

三十九年（1950）九月二日，中國宗教徒聯誼會在臺復會，章程改為理事長制，于斌主教為首任理事長。四十七年（1958）七月十六日，善導寺召開常務理事會議。[203]

翌年，三月十五日，於再興中學召開大會，出席會員有五十多人，于斌主教為大會主席，會中改選監事，清揚居士被選為監事。于斌主教的領導下，召開國際宗教會議並多次組團出國訪問。[204]

于斌主教歸主懷抱後，郭鴻群主教繼任主持，成一法師為常務理事。第九屆會員大會上，成一法師被推選理事長，佛教第一次擔任各大宗教的領袖。

七十五年（1986）十月十九日至二十一日，臺北國軍英雄館舉行「世界宗教徒聯誼大會」，十七個國家有兩百多位的宗教領袖出席，會場有一千多人參加。[205]

八、九十年代，臺灣的經濟快速成長，社會上經濟繁榮、物質豐富，但人們的精神生活卻顯得貧窮，倫理道德疲弱，因此宗教與教育更顯得重要。[206]

三、中國佛教會分歧

四十年（1951）三月，大醒法師在新竹青草湖主辦「臺灣佛教講習會」，星雲大師代理教學，星期天要到新竹城隍廟講

全書》，頁 343-344。
203 陳慧劍，《南亭和尚年譜》，頁 210。
204 〈佛教新聞版〉，《菩提樹》第 77 期，1959.4.8，頁 47。
205 于淩波，《現代佛教人物辭典》，頁 1957。
206 范觀瀾，《成一法師傳》，頁 178-179。

經。[207] 星雲大師每週要到派出所報到，經過警察的准許才能外出。[208] 廣慈法師的訪談紀錄：

> 三十九年，星雲就到新竹靈隱寺，大醒法師辦一個臺灣省佛教講習會。四十一年，因為知識低，先辦一個普通的新竹青草湖佛教學院，大陸來臺的僧侶，逐漸將真正的佛教教義帶入臺灣。[209]

三月三日至十二日，南投縣佛教支會理事長曾永坤巡迴佈教，在日月潭向原住民佈教，聽眾有二百多人。聽眾提出一個要求，代為向清揚居士懇賜觀音像。其後清揚居士以觀音像二百數十幀與大眾結緣。[210]

十月二十二日和十一月二十五日，東部地區發生芮氏地震儀 7.3 級的地震，造成八十五人死亡。[211] 清揚居士、黃王圓通等人以及鄭介民、胡璉（1907-1977）、郭寄嶠（1902-1998）等人，捐款救濟災民。[212]

---

207 釋星雲，〈我的演講緣〉《百年佛緣》生活篇②，頁 17-18。

208 符芝瑛，《傳燈-星雲大師傳》，頁 61。

209 朱浤源、劉晏均，〈廣慈口述訪問記錄稿〉，佛照淨寺，2017 年 5 月 3 日。

210 〈佛教通訊〉《人生》卷 3 第 3 期，1951.4.15，頁 16。

211 花蓮-臺東地震系列，網址
https://zh.wikipedia.org/wiki/1951%E5%B9%B4%E7%B8%B1%E8%B0%B7
%E5%9C%B0%E9%9C%87%E7%B3%BB%E5%88%97，檢索時間
2019.7.1。

212 憨僧，〈站在海外瞭望自由中國佛教〉《人生》卷 5 第 3 期，1953.3.10，

　　十二月，士林啟明堂原本是女眾帶髮者（齋姑）修行的場所，由南亭法師主持佛七。翌年，成立「女眾淨修會」，清揚居士被選為會長。後來搬到西寧南路伍順腳踏車行，隨即成立「臺北念佛會」、開辦佛學研習會。南亭法師主持念佛法會，說〈人生難得〉，清揚居士則講〈施氈女成羅漢因緣〉。[213]

　　第三年八月五日，成立週年，南亭法師講〈佛法要義〉。[214]聚會時南亭法師講〈往生安樂土法門〉，特別叮嚀念佛人要注意三點：[215]

　　（一）研學佛學常識。

　　（二）接引親友學佛。

　　（三）發展團體力量，奠定念佛會基礎，發展慈善事業。

頁 14。

213　陳慧劍，《南亭和尚年譜》，頁 138、154-155。

214　〈國內外佛教要聞〉《人生》卷 5 第 8 期，1953.8.5，頁 20。

215　陳慧劍，《南亭和尚年譜》，頁 164。

廣慈法師的訪談紀錄中，說明當時的情形：

> 我有兩個徒弟，一個徒弟是伍順腳踏車工廠，那時只有
> 他一家，另外一個叫五分珠藥廠，都很會賺錢。中國佛
> 教會沒有錢，就找這兩個老闆，後來幾個秘書長都是國
> 大代表，劉總依、黃遺民、吳從新。吳從新是湖北人，
> 就把同鄉的白聖帶進佛教會，那時佛教會做事都是江蘇
> 人，白聖口號：「打倒江蘇人」。中國佛教會原本是江
> 蘇人的佛教會，後來他當上理事長，我們只好退出來，
> 由他一個人把持佛教會。[216]

中國大陸由中共取得政權，基於共產主義的無神論而否定
宗教，禁止宗教活動。蔣總統及其夫人，容許各種宗教自由發
展。蔣總統主政時期，來臺的出家人、居士對佛教發展的貢獻
殊多。傳統佛教在臺灣有復興之勢，出家人在臺灣的發展，依
開證法師所說分為三系：

> （一）以智光法師、南亭法師、東初長老為一大系，俗
> 稱「江蘇派」。
>
> （二）印順導師系，重視教育以及學術探討，稱「學派」。
>
> （三）白聖大師系，專心於傳戒、度僧事業，教門中稱
> 為「海派」。[217]

系雖然有三，但從戰後初期期刊文獻中，看到他們實為同

---

216 朱洸源、劉晏均，〈廣慈口述訪問記錄稿〉，佛照淨寺，2017 年 5 月 3 日。
217 釋開證，〈白公與臺灣佛教〉《白聖長老圓寂三週年紀念論文集》（新北
　　市：能仁家商董事會，1992 年），頁 39-40。

一系。漢傳佛教在臺灣紮根，解決當時臺灣佛教的許多問題，只是著眼點不同而已。[218] 清揚居士為佛教界的大護法，與這三系的法師都有來往，她希望同道能放棄小我，成就大我的團結，向救民族、救國家、救佛教的大道邁進，以此來振興佛教。

四十一年（1952）八月，中國佛教會召開第二屆理監事聯席會議，章嘉活佛就任理事長，清揚居士為常務理事兼福利組主任，[219] 廣播組在民本電台播放佛教之聲。[220] 其會務的發展：

（一）主導臺灣傳授三壇大戒。

（二）空中弘法、廣播佛學講座。

（三）玄奘大師靈骨塔事宜。[221]

九月，白聖法師為臨時主席，[222] 中國佛教會遷至龍山寺，廣慈法師擔任籌備會理事兼財務組長。[223] 翌年，白聖法師再遷至十普寺。[224]

十二月十三日，大醒法師在新竹香山往生。[225] 隔天舉行圓寂法會，[226] 二十一日，善導寺舉行追悼大醒法師。[227] 隔年九

---

218 朱浤源、高嘉蔚，〈百年來臺佛教的轉捩點（1949-1961）：從孫張清揚居士看起〉《建國一百年宗教回顧與展望》，頁145。

219 〈中國佛教會動態〉《人生》卷4第10期，1952.10.10，頁17。

220 〈中國佛教新聞版〉《中國佛教》卷5第12期，1961.8.15，頁27。

221 顏尚文，〈中國佛教會遷臺及其發展初探〉《中國佛教會遷臺六十週年》，頁602。

222 釋心悟，《人生》卷4第10期，1952.10.10，頁17。

223 〈中國佛教會動態〉《人生》卷4第10期，1952.10.10，頁17。

224 〈各地教訊〉《中國佛教》卷1第9期，1954.11.22，頁20。

225 陳慧劍，《南亭和尚年譜》，頁144。

226 釋演培，〈大醒法師病卒紀實〉《海潮叢書》卷33，1953.3.17，頁555。

227 〈佛教要聞〉《人生》卷5第1期，1953.1.10，頁20。

月十八日，新竹靈隱寺舉辦入塔法會。[228]

　　四十一年（1952）年底，臺南大仙寺的傳戒期限和方式，以及四十二年（1953），中國佛教會改組，形成江浙系佛教為權力核心的中央佛教機構。往後的數十年，支配全臺各寺院的傳戒，以江浙出家人為中心的領導。此一作為及其影響，佛教徒認同以出家人為尊的宗教。[229]

四、一二三自由日

　　四十一年（1952）六月，中國佛教會在《海潮音》上刊登一則訊息：

> 為了韓戰遺俘為求維護人類正義，作有信實的獲致自由，中國佛教會也向國聯及世界民主國家呼籲，維持遺俘的自願政策。[230]

　　關注美國遣返戰俘的態度，中國佛教會透過外交部及聯合國的管道，對外發表願意支持遺俘及提供相關協助的立場。[231]

　　十二月，朱斐與李炳南等人在臺中創辦發行《菩提樹》，清揚居士曾以資金協助出版。[232] 清揚居士曾把四、五十本的佛教雜誌寄到日本，讓清度法師知道臺灣佛教的訊息。[233]

228　〈佛教要聞〉《海潮叢書》卷 34，1953.10.15，頁 740。
229　江燦騰，《當代臺灣心靈的透視-從雙源匯流到逆中心互動傳播》，頁 188。
230　〈中國佛教會消息〉《海潮音叢刊》卷 33，1952.6.28，頁 482。
231　沈幸儀，《一萬四千個證人：韓戰時期「反共義士」之研究》（臺北：國史館，2013 年 8 月），頁 103。
232　《菩提樹》創刊號，1952.12.8，頁 25-27。
233　沈幸儀，《一萬四千個證人：韓戰時期「反共義士」之研究》，頁 351-352。

　　韓戰戰俘營中的反共戰俘聯名上書、拒絕遣返中國大陸，讓美軍不得不重視戰俘問題。韓國濟州島廣場左右側各有天主教和佛教，提供反共義士祈禱與禮拜，其中一萬四千多名的戰俘，大多數是佛教徒，也有出家人。[234]

　　人在日本的清度法師，被聯合國請到韓國為佛教徒佈道、處理戰俘的問題，他順便把佛教雜誌帶進俘虜營。[235] 此時，反共義士都成為《人生》、《菩提樹》的讀者，孫張清揚居士的名聲受到國際上的重視。[236]

　　四十二年（1953）九月七日，中國佛教會在臺北發動十萬民眾，示威遊行，同時電告世界佛教徒友誼大會會長，要求全世界各教區會員支持臺灣的義舉。[237]

　　十二月二十三日，海內外有四百四十八個的團體，發起反共義士自由日運動大會。[238] 陳文光曾來信說明：

> 說明一萬四千多名的反共義士之中，有二分之一的佛教徒和三十多位出家人，想要得到佛教的關切。……強迫參軍，把我運往韓國，替蘇聯老毛子當砲灰，那時正是我投奔自由的好機會，我在一個黑夜的晚上投降自由聯軍這邊來，……。到聯合國，一切生活起居很好，……，

234 鍾石磐，〈謹以最大同情寄予在韓華籍反共義士門〉《菩提樹》第 11 期，1953.10.8，頁 2。

235 劉仁斌，〈捨已救同胞，乃佛者正途〉《中國佛教》卷 1 第 1 期，1954.3.1，頁 6。

236 〈迎反共義士〉《菩提樹》第 15 期，1954.2.8，頁 2。

237 釋南亭，〈六年來「中國佛教會」之成就〉《人生》卷 6 第 11、12 期，1954.12.10，頁 309。

238 《菩提樹》第 15 期，1954.2.8，頁 2。

請來一位清度法師宣傳佛教，……。[239]

　　這一群不願遣返中國大陸的戰俘，最初以反共戰俘稱之，由於臺灣發起大規模的聲援，才出現「反共義士」的稱號。南亭法師說明當時的情形：

中華民國各界援助留韓的中國反共義士，中國佛教會先後在中山堂、基隆碼頭歡迎反共義士歸來，給一萬四千位反共義士，在精神上給予莫大鼓勵，因為反共義士中，皈依佛教有五百多人，其中五十幾位是僧侶，他們來臺是受了佛教精神感化。[240]

　　四十三年（1954）一月二十三日，臺北中山堂廣場舉行反共義士自由日大會，上午十點開始，各寺院鳴鐘二十三響以示慶祝。[241] 當時內政部長谷正綱擔任主席，紀念義士的反共行動，政府明定一月二十三日為自由日，昭告全球各地。[242] 佛教徒喊出為自由的勝利而歡呼，內容是：

全世界愛好自由的佛教弟兄！今天是我們最興奮的自由日；是真理與自由，到底勝過了殘暴與迫害的日子；是

---

239 陳文光，〈反共義士中的僧侶來函〉《人生》卷 6 第 1 期，1954.1.10，頁 30。

240 釋南亭，〈六年來中國佛教會之成就〉《人生》卷 6 第 11、12 期，1954.12.10，頁 309。

241 〈響應自由日〉《人生》卷 6 第 2 期，1954.2.10，頁 47。

242 釋聖印，〈自由的呼聲，展現了光明的美景！〉《海潮音叢刊》卷 52，1971.3.1，頁 461。

二萬多中韓同胞，選擇自由，回到祖國懷抱的日子。[243]

《人生》月刊也呼籲：「我們同為釋迦弟子們應有的同情。」南亭法師等人捐款，對反共義士作精神與物質的慰問。[244] 東初法師公開回函，其內容：

> 你們給我的兩封信，我都看過了。我們雖然不是親兄弟，但我們是同為中華民國的國民，又是同一法統，同一信仰，同為釋迦牟尼的弟子。我看了你們的來信，真使我感慨萬分，竟情不自禁而流淚了。[245]

清揚居士於〈給佛教徒反共義士們的一封信〉一文，表達不能親自出席的遺憾：

> 你們由韓國回到祖國的懷抱以後，因為從自由中國的各佛教刊物上看到我的名字，知道我與你們是同一宗教信仰，所以你們之間有很多寫信給我，希望能得到宗教上的一種同情的反映，這是宗教徒一種純真的表現。
> 我很慚愧，沒有能給你們一一地完滿答覆，一定使你們是很失望的。自由中國的佛教界曾經組織義士慰問團，我做好一篇演講稿，想跟隨他們去看看你們，順便和你們談談，後來因為因緣不足，沒有得如願實現。這是一件很遺憾的事！現在想把我對你們的誠意和所要講的

---

243 〈為自由的勝利而歡呼〉《海潮音叢刊》卷 35，1954.2.15，頁 27。

244 〈緊急的呼籲〉《人生》卷 6 第 2 期，1954.2.10，頁 53。

245 釋東初，〈覆旅韓回臺反共全體佛教信徒書〉《人生》卷 6 第 2 期，1954.2.10，頁 53。

話，一個總體答覆，希望各位不要見怪。[246]

五、大悲禮懺法會

四十二年（1953）三月，十普寺舉行大悲禮懺法會，白聖法師、吳經明、清揚居士、吳月珍（？-1980）被選為常務委員。[247] 四月十二日，舉行祈禱法會、超度南勢角爆炸死難同胞，與會者百餘人，捐獻一千元送交受難者。[248]

九月二十日，十普寺新建講堂落成。[249] 十二月一日，舉行大悲法會。[250] 十二月十三日，舉行圓瑛法師追悼會，白聖法師講述圓瑛法師事蹟，道源法師領眾念佛，心悟、續明、淨念等法師和李子寬、錢召如、清揚居士等有百餘人參加。[251]

四十三年（1954）一月，全省各縣成立支會，廣播組在廣播電台創辦佛教之聲。[252]

清揚居士、廣慈法師等十二人，第二次遊岡山，鳳山蓮社開著兩輛汽車到新超峯寺、龍湖庵。清揚居士看到龍湖庵的殿宇莊嚴宏偉，比丘尼領眾修行，住眾有六十多人。[253]

龍湖庵位於高雄阿蓮區的大崗山，民前四年（1908），永

246 張清揚，〈給佛教徒反共義士們的一封信〉《人生》卷 6 第 5 期，1954.5.10，頁 135。
247 〈佛教春秋〉《人生》卷 5 第 3 期，1953.3.10，頁 20。
248 〈大悲禮懺法會〉《菩提樹》第 6 期，1953.5.8，頁 31。
249 〈十普講堂落成〉《菩提樹》第 11 期，1953.10.8，頁 30。
250 程文熙，〈莫恃現在，當畏未來〉《菩提樹》第 32 期，1955.7.8，頁 14。
251 〈教界消息〉《臺灣佛教》卷 8 第 1 期，1954.1.8，頁 13。
252 〈國內外佛教新聞〉《人生》卷 11 第 5 期，1959.8.10，頁 26。
253 釋廣慈，〈大岡山遊記〉《菩提樹》第 16 期，1954.3.8，頁 22。

定法師領眾創建；光復後，開會尼師重建，宏偉尤勝於前。[254]

二月，冬賑報告時，清揚居士為中國佛教會主任委員。二十八日，吳月珍發起大悲禮懺法會，白聖法師主持法會。[255]

三月，《中國佛教會訊》出版，說明三大宗旨：「推行佛教法令、報導佛教動態、弘揚中國佛教。」[256] 九日，臺灣省分會於善導寺召開會議，林錦東（1924-1976）當選理事。[257]

五月，會訊改為《中國佛教》，成一法師負責編輯。[258]

六月二十日，日本佛教訪問團到錫蘭、緬甸、泰國、香港等地，過境臺灣。[259]

中國佛教會在臺北松山機場，以茶會招待訪問團，章嘉活佛、清揚居士等百餘人參加。[260] （如右圖）

九月三日，中共發動砲擊金門，稱九三砲戰（第一次臺海危機）。[261] 九日，大普寺響應總統號召舉辦大悲法會，舉行救濟大陸水災難胞祈禱法會，有二百多位會員參加，捐款送交中

---

254 釋慈怡等主編，《佛光大辭典》，頁 8006。

255 〈各地教訊〉《中國佛教》卷 1 第 1 期，1954.3.1，頁 7-8。

256 章嘉，〈發刊詞〉《中國佛教》卷 1 第 1 期，頁 1。

257 〈各地教訊〉《中國佛教》卷 1 第 2 期，1954.4.10，頁 10。

258 〈各地通訊〉《人生》卷 6 第 5 期，頁 152。

259 〈茶會招待日本佛教訪問團紀要〉《人生》卷 6 第 7 期，1954.7.10，頁 183。

260 〈日本佛教訪問團蒞臨臺〉《菩提樹》第 20 期，1954.7.8，頁 33。

261 劉澤民，《臺灣大事年表》，頁 249。

央日報社代收彙轉大陸救災總會。[262]

　　四十四年（1955）一月十八日，共軍登陸一江山島，游擊隊全部成仁。[263] 二十三日，大悲法會對一江山的七百二十位將士舉行追悼會。[264]

　　二月六日，美國第七艦隊抵大陳島，協助駐軍與居民撤離，有一萬四千四百八十三人撤退。[265] 二十日，追悼一江山殉國烈士大法會，章嘉活佛、南亭法師、道安法師、清揚居士、黃王圓通等二百多人參加。[266]

　　四月八月，中國佛教會召開第三屆全國會員代表會，清揚居士當選理事長。[267]

六、協助中國佛教會

　　四十五年（1956）十二月十九日，清揚居士出席東和禪寺第一屆「臺灣佛教講習會」的畢業典禮。[268] （如下圖）

　　四十六年（1957）二月，白聖法師創辦「中國佛教三藏學院」，以「毘尼嚴淨，定慧等持」為院訓。[269] 學院有正班、研究班。[270] 學員五十多人，尼師佔四分之三，課程有經、律、論

---

262 〈國內教訊〉《中國佛教》卷 1 第 7、8 期，1954.10.5，頁 18。

263 劉澤民，《臺灣大事年表》，頁 250。

264 〈追悼一江山烈士〉《菩提樹》第 27 期，1955.2.8，頁 38。

265 劉澤民，《臺灣大事年表》，頁 250。

266 〈追悼一江山烈士〉《菩提樹》第 28 期，1955.3.8，頁 37。

267 〈新北投訊〉《中國佛教》卷 1 第 13 期，1955.8.29，頁 36。

268 楊儒賓，《1949 禮讚》（臺北：聯經出版，2015 年 9 月），頁 39。

269 釋律航，〈臺北十普寺第二屆千佛戒壇紀要〉《中國佛教》卷 3 第 9、10 期，1959.6.15，頁 5。

270 〈佛教新聞〉《今日佛教》卷 1 創刊號，1957.4.10，頁 20。

以及外國、中國與世界史等。[271]

台灣佛教教師聯誼會第一屆畢業典禮攝影紀念

戰後台灣佛教的發展在中國佛教史上是不可能跳過不論的一頁，照片為第一屆
台灣佛教講習會的畢業合照。第二排右起第一人為李子寬，第二人為趙恆惕，
第六人為演培法師，第七人為印順法師。演培法師後面穿黑外套者為立人
人張晶英女士。

三月四日，章嘉活佛圓寂，[272] 北投中和寺蓋建舍利塔。[273]
中國佛教會改常務理事制，由五人負責。[274]

八月十八日起，白聖法師為響應各社團追悼死難同胞，十
普寺啟建地藏法會，提倡孝道，導正人心，道源、心然、淨心
（1929-2020）等法師宣講經義，[275] 三百多人同修，圓滿日近千

271 〈中國佛教三藏學院開學〉《今日佛教》卷 1 第 3 期，1957.6.10，頁 22。
272 〈佛教新聞〉《人生》卷 9 第 3 期，1957.3.10，頁 25。
273 〈佛教動態〉《中國佛教》卷 4 第 4 期，1959.4.15，頁 28。
274 釋白聖，〈中國佛教會的組織概況〉《中國佛教》卷 5 第 5 期，1961.1.15，
　　頁 4。
275 〈佛教動態記要〉《中國佛教》卷 1 第 1 期，1957.6.30，頁 28。

人參禮。[276]

　　四十七年（1958）八月二十三日，中共再度對金門砲擊，史稱八二三砲戰。（第二次臺海危機）[277] 十月四日，十普寺舉行支援金馬軍民祈禱法會，太滄法師誦《消災延壽藥師經》，甘珠活佛修《大白傘蓋勝法》，千餘人參加。[278]

　　四十九年（1960）二月二十八日，「中國佛教三藏學院」舉辦第一屆畢業典禮、第二屆開學典禮。[279]

　　五月二十七日，白聖法師於圓山臨濟寺舉行晉山典禮，並創辦「中國佛教研究院」。[280]

　　五十年（1961）四月十八日，臨濟寺搭起中國大乘戒壇，白聖法師為外國人西諦法師受戒，跋陀羅受沙彌戒。[281] 九月三至九日，舉行地藏法會。[282]

　　五十一年（1962）七月二十日，觀世音菩薩成道日，各地佛教寺院、蓮社、居士林於上午八點舉行法會，誦《觀世音菩薩普門品》及菩薩聖號，宏揚菩薩尋聲救苦的聖行。[283]

　　十一月二十五日，十普寺發動冬令救濟，募款購買棉衣材料，由中國佛教三藏學院的學生，趕做棉背心。[284]

276　〈佛教新聞〉《今日佛教》卷 1 第 6 期，1957.9.10，頁 30。

277　劉澤民，《臺灣大事年表》，頁 267。

278　〈佛教新聞〉《今日佛教》卷 2 第 7 期，1958.11.1，頁 59。

279　〈佛教新聞版〉《菩提樹》第 88 期，1960.3.8，頁 48。

280　〈中國佛教研究院未來的展望〉《中國佛教》卷 4 第 10 期，1960.6.15，頁 4。

281　〈佛教新聞〉《今日佛教》第 49 期，1961.5.1，頁 38。

282　〈中國佛教新聞版〉《中國佛教》卷 5 第 12 期，1961.8.15，頁 27。

283　《覺世》第 187 期，1962.7.21，第 1 版。

284　〈新聞版〉《中國佛教》卷 7 第 4 期，1962.12.15，頁 25。

隔年一月六日，發放一百零七件棉背心。[285] 六月十六日，《中國佛教》編輯暨發行部遷至臨濟寺。[286]

六十二年（1973），中央民意代表董正之等人，發起第一屆仁王護國法會。

二月十五日起，善導寺舉辦仁王護國法會，[287] 星雲大師主持法會，南亭法師講《仁王護國經》。[288] 連續幾年皆在善導寺舉辦法會，後來移到臨濟寺舉辦。（如右圖）

七十八年（1989）元月，人民團體法開放後，各教會組織的成立，多是訴求特定的理念或特定族群，發展各自的佛教事業，佛教會的組織朝向多元發展。[289]

中國佛教會有佛教文化事業、慈善事業、僧伽教育以及興建、擴建寺院與國際間佛教的往來等工作項目。由於組織長期的一元化，在戒嚴體制的環境，才能維持下來。[290]

解嚴後，人民可自由組織社團，全國性組織有佛教青年會、佛光協會、傳播協會、中華佛寺協會、護僧協會等，還有基金

285 〈新聞版〉《中國佛教》卷 7 第 5 期，1963.1.15，頁 25。

286 〈新聞版〉《中國佛教》卷 7 第 10 期，1963.5.15，頁 25。

287 〈寫於仁王護國息災法會圓滿之後〉《中國佛教》卷 17 第 7 期，1973.3.15，頁 5。

288 陳慧劍，《南亭和尚年譜》，頁 361。

289 釋惠空，《臺灣佛教發展脈絡與展望》，頁 7。

290 陳佾筑，〈民國道安法師教育文化志業之研究（1907-1977）〉（玄奘大學宗教與文化學系碩士論文，2017 年 7 月），頁 19。

會、學會團體等都是獨立運作。臺灣的僧團、寺院，朝向各自獨立的發展，大規模的僧團以基金會、佛教會等形式，建立僧團組織系統，各自發展僧團的組織。[291]

中國佛教會對各縣市的佛教會，仍有形式上的指導關係，但實際上的影響力減低。臺灣省佛教會重新成立，以淨心法師為精神領袖，其統攝範圍與中國佛教會重疊，理事相互間擔任，有並行的趨勢。[292]

第六節　護持傳戒活動

平時的日常生活中，要以戒為首，慢慢消除積習，規正瞬息萬念的心，需要專注一境而且不散亂，才能夠產生智慧。戒是有戒體且是純善無漏法，唯識學中稱為無漏種子，戒律是制心守身的規範。受戒為佛弟子的一大盛事，戒為樹根、定為樹幹、慧為枝葉花果，戒定慧三學為應持修的根本。

猶記一千兩百多年前，鑑真（687-763）和尚學律及天台，又至長安、洛陽參學，後歸揚州，於大明寺講律傳法。

開元二十一年（733），日本派僧人隨遣唐使來我國留學。榮睿（-749）、普照受到日本佛教界和政府的委託，請鑑真和尚去日本傳戒。五十四歲的鑑真和尚表示：「是為法事也，何惜身命！」唐玄宗（685-762）愛惜鑑真的才德，不允；但鑑真和尚仍決意要東渡。一行人前後歷時十二年，共計六次啟行。

---

291 釋惠空，《臺灣佛教發展脈絡與展望》，頁 116。
292 釋惠空，《臺灣佛教發展脈絡與展望》，頁 7。

　　鑑真和尚第五次東渡出行，又遭到強風襲擊，船在海上漂流十四天，最後漂到海南的振州（今崖縣）。回返時，六十二歲的鑑真和尚雙目失明、大弟子祥彥法師圓寂、邀他的日本僧人也病故。這五次的渡海行程，先後有三十六人死於船禍或傷病，二百餘人退出東渡的行列，但是鑑真和尚仍然篤志不移，要去日本弘法！

　　天寶十二年（753），第六次東渡時，鑑真和尚攜帶王羲之（303-361）的行書真跡《喪亂帖》一幅、王獻之（344-386）的行書真跡三幅，以及其他各種書法五十卷。加上鑑真和尚本人也是書法名家，他的「請經書貼」被日本譽為國寶。同時他攜往大量佛教經像、藥物、藝術品等，對日本的醫學、雕塑、美術、建築皆有相當貢獻。

　　翌年，於東大寺毘盧遮那殿營建戒壇，鑑真和尚為聖武、光明皇太后以及孝謙之下的日本皇族和僧侶約五百人授戒，並建立正規的戒律制度，鑑真和尚成了我國首位到日本開創佛教律宗的大師。

　　後來，於佛殿西邊的下野藥師寺、築紫觀世音寺等地創設戒壇，稱為「天下的三戒壇」。此時雙目失明的鑑真和尚，只能通過耳聽的方式幫助日本僧人校正大批佛經。他又用舌嘗的方式為日本修正藥典，因此被日本稱為漢方醫藥始祖、日本的神農。此外，隨鑑真和尚東渡的弟子及隨行人員，有不少精通建築的人。在鑑真和尚的設計及領導下，從日本天平寶字三年（759），開始建造著名的「唐招提寺」。

　　清揚居士以其一己之力號召廣大的信眾，不僅出錢又出力協助大陸來臺的長老，為戰後的臺灣舉辦傳戒活動，此番活動

對佛教傳播的意義也是甚大的。在戒場舉行佛教的誦經、禮懺等法會，由長老帶領僧眾們學習與教育，然而教育需要長期的學習，才能培育優秀的人才，僧眾特別重視護念宗教觀。[293]

傳受三壇大戒，戒場都是由清揚居士護戒、打齋供養所有人，其實戒場也是一種教育的場所。傳戒可改善佛教僧尼的素質與形象，培養正知正見、行解相應的出家人，讓中國佛教在臺灣重建莊嚴的戒律。[294]

一、大仙寺首度傳戒

四十二年（1953）一月十五日至二十九日，臺南大仙寺傳授三壇大戒，在臺灣重建中國傳統佛教，佛教透過傳戒活動，消弭日本佛教遺風。[295]

大仙寺位於臺南白河仙草埔，康熙四十年（1701），是參徹法師在臺南關子嶺開創的道場。四年（1915），廖炭與德融（1884-1977）法師改建為大雄寶殿，將大仙巖更名為大仙寺。[296]光復後，開參（1893-1975）法師為住持，蓋建圓通寶殿。[297]

戰後第一次舉辦傳戒活動，由諸位長老的領導，採取清朝「傳戒正範」的戒法，中國比丘（尼）的生命，重新在這塊土地上發展，後來由中國佛教會主導，對臺灣佛教的發展是非常

---

293 釋惠空，《臺灣佛教發展脈絡與展望》，頁 224。

294 范觀瀾，《成一法師傳》，頁 43、45。

295 釋本善，〈戰後臺灣佛教傳授三壇大戒之研究（1952-1987）〉，頁 10、11。

296 李佳振，〈臺灣佛教寺院、僧尼分布的發展與變遷-以《同戒錄》為中心（1949-1987）〉（中正大學歷史研究所博士論文，2014 年 1 月），頁 35。

297 〈佛教要聞〉《人生》卷 5 第 2 期，1953.2.10，頁 4。

重要的奠基。[298]

傳戒的戒師：得戒和尚是開參法師、說戒和尚是智光法師、羯摩和尚是太滄法師、教授和尚為道源法師。尊證和尚有證蓮、南亭、慧峰（1920-1973）、煮雲、悟明（1912-2011）、印明、眼淨（1898-1971）等七位法師。開堂和尚由白聖法師主持，陪堂和尚為戒德法師，廣慈等六位法師為引禮師。[299]

清揚居士供養三壇大戒。戒場中，張少齊（1907-2001）送來課頌時所需的佛經，出家、在家弟子有八百多人受戒，董正之前來領受菩薩戒。[300] 智光法師於菩薩戒開示說明：

> 法輪未轉食輪先，經律論三戒律因；無量功德難思議，不離當處為最親。今有陸軍總司令夫人清揚等設上堂大齋，供養佛法僧三寶等眾，要飯粥僧，借此因緣為之畫龍點睛。[301]

會性法師從斌宗法師聽聞《地藏經》、《楞嚴經》、《彌陀》等經，大仙寺受戒期間從慈航法師為師，同時為侍講弟子，法筵之際則充任閩南語譯人。[302] 他在戒場中受戒並擔任翻譯，使傳戒活動得以圓滿完成，為臺灣佛教經壇通譯的先河。[303]

---

298 釋惠空，《臺灣佛教發展脈絡與展望》，頁21。

299 〈大仙寺傳戒雜記〉《人生》卷5第2期，1953.2.10，頁5。

300 陳慧劍，《南亭和尚年譜》，頁5、149。

301 〈大仙寺傳授三壇大戒〉《菩提樹》第3期，1953.2.8，頁31。

302 釋會性，《大藏會閱》（臺北：天華出版，1979年9月），頁1。

303 李佳振，〈臺灣佛教寺院、僧尼分布的發展與變遷-以《同戒錄》為中心（1949-1987）〉，頁37。

二、元光寺三壇大戒

新竹元光寺於光緒二十一年（1895）興建，是獅頭山寺廟群興建最早的佛剎。

四十二年（1953），會性（1928-2010）法師接任元光寺住持，他準備增修佛寺殿宇。翌年，在元光寺發起「三壇大戒」，由清揚居士等人護持戒壇。[304]

九月十一日至十月十一日，受戒比丘有三十二人，比丘尼有一百零六人。[305]

十月四日，章嘉活佛前來觀禮。十一日，元光寺大殿舉行落成典禮。[306] 菩薩戒日，清揚居士設上堂大齋供眾。[307]（如右圖）

道源法師為新戒子講解《沙彌律儀》、《梵網經》，二壇正授後為比丘講解《四分律比丘戒》，為受在家菩薩戒者解說在家菩薩戒；《四分律比丘尼戒》由會性法師主講。佛瑩（1908-1970）法師依南華寶林寺列規講解、講誦《毘尼日用要解》。[308]

---

304 釋白聖，〈開堂大師對在家菩薩戒子訓話〉《中國佛教》卷 1 第 9 期，1954.11.22，頁 4。

305 釋廣仁，〈戒期觀感〉《中國佛教》卷 1 第 9 期，1954.11.22，頁 7。

306 〈獅山元光寺傳戒〉《菩提樹》第 22 期，1954.9.8，頁 32。

307 〈國內教訊〉《中國佛教》卷 1 第 7、8 期，1954.10.5，頁 19。

308 釋本善，〈戰後臺灣佛教傳授三壇大戒之研究（1952-1987）〉，頁 51。

　　傳授菩薩三聚淨戒之日，清揚居士與黃王圓通、周王洵端、陳陸章英、許黃賫保等設齋供養大眾。[309]（如下圖）

　　在臺灣第二次的傳戒活動，會性法師作了許多的變更與修正，首次開講戒的風氣，影響臺灣佛教至深且遠。（如下圖）第一排右三是會性法師，右四是清揚居士。

309 釋懺雲，〈獅頭山元光寺戒壇記要〉《中國佛教》卷 1 第 12 期，1955.6.1，頁 16。

　　臺灣建立僧尼的律制，讓受戒者了解戒律，知其制立的來源和意義，以期奉持者重視傳戒儀式。戒場中，戒師為新戒子講戒律，讓求戒者明白戒法的真義，從臺灣佛教的角度來看，可以稱上創舉。[310] 道源法師以其講戒、傳戒的經驗，三壇大戒為弘揚戒律的平臺，及持戒念佛的開創者。[311]

　　四十五年（1956）秋天，會性法師退居、掩靜靈峰蘭若，深入《大藏經》。[312]

　　四十七年（1958）五月四日，會性法師掩關（法華關），白聖法師主持封關，七、八十人參加。[313] 五十二年（1963）七月，方便出關。

　　會性法師以其意旨、因緣、次第，整理、歸納、分析各經典及判定其價值。掩關閱藏六載，效法古人整理佛教典籍，筆記達數百萬言，完成《大藏會閱》有二百多萬字，其內容是以經、律、論、密、雜來排序。

　　佛教經典為佛陀所說之教，弟子結集數量甚多，說教的時間、地點與因緣各異，因應對象的背景、根機，義理互相有出入。他把佛陀一生所說的教法，依教說的形式、方法、順序、內容、意義等而分類教說的體系：經部以小乘為先，華嚴次之，方等又次之，般若、法華、涅槃更次之。[314]

三、十普寺千佛傳戒

310 釋本善，〈戰後臺灣佛教傳授三壇大戒之研究（1952-1987）〉，頁52。
311 釋惠空，《臺灣佛教發展脈絡與展望》，頁150。
312 釋會性，《大藏會閱》（臺北：天華出版，1979年9月），頁2。
313 〈佛教動態記要〉《中國佛教》卷2第9期，1958.5.15，頁25。
314 釋會性，《大藏會閱》，頁2-4。

　　四十四年（1955）四月二至五月二日，十普寺舉行「千佛傳戒」大典，第一次在臺北市區開戒壇，傳戒期間觀禮者絡繹不絕。白聖法師藉傳戒活動，讓社會人士知道佛教對時代的重要性，既能弘揚戒法，又可推廣佛教的教義。[315]

　　寺門搭上「入解脫門」，廣院中高塔布篷防雨、防曬，用紅、白、黃、藍四色布鑲成帷幕，壇場有鄭介民、孫立人、胡璉等八位將軍夫人，贈「護國千佛大法壇」巨幅黃綾橫楣。（如下圖）

寺內搭設兩丈見方的戒壇，壇上正中懸有精綉黃綾之獅子吼圖像，案上有如來立像、五供俱全、法器悉備、鮮花供奉、香烟繚繞。周圍及大殿遍懸各界人士，慶祝戒壇法事的祝詞讚文，于右任院長等人親筆數十幀。孫立人將軍寫長聯是：「寶剎建三壇受具頓時成佛子；靈山鳩四眾傳燈一點淨毗尼」。[316]

　　戒壇進行的程序，有初壇請戒、二壇請戒、二壇正授、三壇正授。傳授幽冥戒儀式，新戒子集合於法堂，等候各位法師臨壇，迎請羯磨和尚、和尚陞座、新戒請代授戒。清揚居士代表四生跪拜、花香迎三寶等諸佛，代為懺悔宿業，正授三皈十

315 釋本善，〈戰後臺灣佛教傳授三壇大戒之研究（1952-1987）〉，頁63。
316 〈各地教訊〉《中國佛教》卷1第11期，1955.4.1，頁19-20。

戒、代發四宏誓願、迴向。[317]

　　章嘉活佛、白聖法師說明：「佛門弟子到寺廟剃度拜師求佛，稱作沙彌。經過師父傳戒後，才能成為和尚，頭上的疤是虔心供佛的表誌，跟傳戒無關。」新戒子有八十位，受菩薩戒有五十多位，來賓有何成濬（1882-1961）上將、孫立人將軍、嚴家淦（1905-1993）部長、錢大鈞（1893-1982）庭長等六百多人參加。[318]

　　大仙寺、元光寺的傳戒活動，戒壇中的儀式，均採重點式、擇其要點記錄，但十普寺的傳戒過程，改為日記式體裁，詳實記錄每日戒壇的生活作息，名曰《戒壇日記》，編入當期《同戒錄》，作為傳戒大會紀念冊。[319]

四、靈泉寺傳戒大典

　　光緒二十九年（1903），善慧（1881-1945）、善智法師在基隆創建靈泉寺。月眉山位居群峯之中，山明水秀故有月眉山之稱，乃為基隆八景之一。[320]

　　三十八年（1949）四月二十八日，靈泉寺開辦佛學院，由圓明法師代理院務。[321] 隔年，一月三十日，德融法師發起重建功德堂啟事。[322]

---

317 李佳振，〈臺灣佛教寺院、僧尼分布的發展與變遷-以《同戒錄》為中心（1949-1987）〉，頁 28。

318 〈各地教訊〉《中國佛教》卷 1 第 11 期，1955.4.1，頁 19-20。

319 釋本善，〈戰後臺灣佛教傳授三壇大戒之研究（1952-1987）〉，頁 65。

320 釋慈怡等主編，《佛光大辭典》，頁 6170。

321 釋律航，〈獅山佛學院開課紀實〉《人生》卷 1 第 3 期，1949.7.20，頁 8。

322 《人生》卷 2 第 2 期，1950.2.15，頁 15。

新北投居士林原屬於靈泉寺，黃金寶發心修建落成。[323] 十一月二十九日，重新裝塑觀音菩薩，清揚居士為功德主代表。[324]

十二月二十五日，東初、成一法師為清揚居士祝壽。[325]

四十年（1941），太滄法師駐錫新北投居士林。[326]

四十一年（1942）十二月二十七日起，靈泉寺啟建佛七。[327]

四十四年（1955）四月二十二日至五月二十二日，德融法師以師恩難報，舉辦「傳戒大典」。清揚居士為護戒委員，求戒者四百三十六人，[328] 前來觀禮者達二千餘人。[329]

靈泉寺的傳戒期與十普寺的戒期有重疊，靈泉寺雖地處深山、交通不便，但盛況不亞於十普寺。[330]

基隆靈泉寺的傳戒活動，廣慈法師於〈基隆靈泉寺傳戒特寫〉一文說明：

> 清揚居士盡了護持壇場的責任，每日隨眾上殿念佛，指揮照應，使各方來賓都能安心滿意。尤其水陸壇內，由她領導信眾祈禱，人人心滿意足，好像有她在壇內一拜，人人的祖先都可得到超拔，所以每日都有千人上山燒香，一面觀禮，一面要參見孫夫人，人人都稱她為活觀

---

323 陳慧劍，《南亭和尚年譜》，頁 116。

324 趙德馥、王成一，〈智光老法師法語一則〉《人生》卷 3 第 2 期，1951.3.15，頁 11。

325 釋壽民，〈東初法師掩關記〉《人生》卷 3 第 2 期，1951.3.15，頁 8。

326 于凌波，《現代佛教人物辭典》，頁 99。

327 〈各地簡訊〉，《菩提樹》第 2 期，1953.1.8，頁 26。

328 〈佛教要聞〉《人生》卷 7 第 5 期，1955.5.10，頁 27。

329 〈各地教訊〉《中國佛教》卷 1 第 12 期，1955.6.1，頁 33。

330 釋本善，〈戰後臺灣佛教傳授三壇大戒之研究（1952-1987）〉，頁 70。

音。

五月二十日，孫立人將軍冒雨登山到靈泉寺。孫將軍很
謙虛地說：「我對佛法不及我的太太研究得深澈。」但
他對新戒規律生活極為頌揚，想不到佛教徒也有這樣嚴
格的訓練。331

　　傳戒的宗教儀軌、儀式，依照寶華山的規矩，改善臺灣佛
教僧俗不分、神佛混雜的情況。寶華山是中國的律宗道場，明
清以來最大的傳戒道場，中國比丘（尼）受具足戒，大多出自
寶華山門下，而以隆昌寺受戒為榮。332

　　戒壇三師由智光法師擔任說戒和尚、證蓮法師為羯磨和
尚、東初法師為教授和尚，得戒和尚由已故善慧法師掛名，開
堂和尚是隆泉（1902-1973）法師，陪堂和尚是戒德法師。333

初壇大典，
清揚居士演講
時，有三千多
人。334 五月六日
起，啟建水陸法
會，超薦歷年陣
亡將士及一江山
先烈。335 八日，

---

331 釋廣慈，〈基隆靈泉寺傳戒特寫〉《人生》卷7第6期，1955.6.10，頁18。
332 范觀瀾，《成一法師傳》，頁44、344。
333 釋本善，〈戰後臺灣佛教傳授三壇大戒之研究（1952-1987）〉，頁69-72。
334 〈佛教要聞〉《人生》卷7第5期，1955.5.10，頁27。
335 〈各地教訊〉《中國佛教》卷1第11期，1955.4，頁20。

舉行進香觀禮活動，清揚居士於法會中發起金馬前線捐獻活動。[336]（如上圖）

戰後臺灣首次舉辦水陸大法會，承襲中國佛教的傳統活動。隆泉法師在傳戒會中發起水陸法會，目的是為了新戒子的七衣、鉢和具。

五、碧雲寺千佛大戒

碧雲寺位於臺南關子嶺枕頭山南麓，臨白河水庫及嘉南平原，風景雅麗極具湖光山色之美。嘉慶元年（1796），李應祥創建碧雲寺，從福建迎來觀音菩薩聖像。四十三年（1954），重建天公廟，蔣中正總統親臨獻香，贈「凌霄寶殿」匾額。[337]

四十四年（1955）十二月，舉辦千佛大戒。[338]

五十五年（1966），增建地藏殿。

五十九年（1970），增建三寶大殿，此殿乃宮殿式的大理石，為現代化建築的寺院。

佛教有拜千佛、拜懺等禮拜活動，懺儀法會有三昧水懺、大悲懺、梁皇寶懺等法會，為信眾消災祈福、超度亡親等而施設。懺儀中有拜佛、念佛，將念佛轉化念佛往生阿彌陀佛的極樂世界；大家在懺儀法會中，接受禮佛、懺悔，乃至念佛往生，有助於發揚淨土宗的思想。[339]

336　〈佛教要聞〉《人生》卷 7 第 5 期，1955.5.10，頁 27。

337　釋慈怡等主編，《佛光大辭典》，頁 7343。

338　釋律航，〈臺北十普寺第二屆千佛戒壇紀要〉《中國佛教》卷 3 第 9、10 期，1959.6.15，頁 5。

339　釋惠空，《臺灣佛教發展脈絡與展望》，頁 139。

六、法雲寺三壇大戒

　　法雲寺位於苗栗大湖鄉，民國初年，由覺力（1881-1933）、妙果兩位法師開山，覺力法師為首任住持，先後舉辦多次的傳戒法會，創設佛學院作育僧才。覺力法師示寂後，妙果法師繼任住持。

　　四十三年（1954）十一月十九日，法雲寺大殿落成，舉行緬甸如來大玉佛開光典禮。[340]

　　五十四年（1965）十月五日至十二月六日，妙然（1908-1996）法師舉行三壇大戒，清揚居士前來受滿分菩薩戒。[341]（如下圖）

　　中國佛教的宗教儀式，特別在寺院搭建一座戒壇，對出家人、在家居士傳授戒法，僧尼受過三壇大戒後，才能成為大乘

---

[340]〈緬甸如來大玉佛〉《菩提樹》第 24 期，1954.11.8，頁 32。
[341]〈苗栗大湖法雲寺傳戒通啟〉《中國佛教》卷 9 第 8 期，1965.4.15，頁 27。

出家人。[342] 三皈依、五戒、八戒、具足戒或菩薩戒，受戒前舉行懺摩儀式，在佛前至誠禮拜，持誦〈懺悔偈〉：「往昔所造諸惡業，皆由無始貪瞋癡，從身語意之所生，一切我今皆懺悔。」懺除無始劫以來所造作過的一切罪業，得到三業清淨的身心。

清揚居士中國佛教會受戒證書（如下圖）：「中佛戒字第969 號，羯磨和尚是南亭法師，得、說戒本和尚是證蓮法師，教授和尚是道安法師。」[343]

---

342 釋本善，〈戰後臺灣佛教傳授三壇大戒之研究（1952-1987）〉（圓光佛學研究所畢業論文，2008 年 6 月），頁 8。
343 中國佛教會受戒證書：中佛戒字第 969 號，1966.4.30。

中國佛教會告受戒在家弟子書，三十六年全國會員代表大會制定傳戒規則：（背面條文）

第一條：在家男眾受戒是為優婆塞戒，中國話為近事男。女眾受戒是為優婆夷戒，中國話為近事女。居家學佛又稱為居士。合言之，即居士應分別親近出家男僧或女尼。此為名義的規定，不可不知。

第二條：教主釋迦牟尼佛，為令諸弟子調伏貪瞋癡，故制定戒條以為對治。受而能守，就可以防身口意三業，不造殺、盜、淫、妄的罪惡，現在為國家良好國民，將來不斷人天之路，就是成佛的勝果，也在此建築了基礎。戒法功德之大，諸位亦不可不知。

第三條：優婆塞戒、優婆夷戒共有五條，一不殺生，二不偷盜，三不邪淫，四不妄語，五不飲酒。此五戒全受則名滿分戒，受四條名多分，受三條名半分，受二條名少分，受一條名一分。雖有五條，受多受少皆隨各人自己願意，既是自己願意，就要受而能守；倘若受而不守，不但本會要根據會章，吊銷戒牒，你自己未來世要墮落惡道，受大苦惱，因為知而犯，罪過更大。

第四條：在家菩薩戒有六條重戒二十八條，希望照著戒師所說授的勉力遵守。

第五條：在家人自願受戒，應以發菩提心服膺佛菩薩的教示，學習救世利人的學問和工作，切不可貪圖酬報，而替人念經拜懺，做販賣佛法的行為，更不可違信鬼神外道邪術，自害慧命，至要！至要！

第六條：根據本會章程第九條第二項第二款；「在家信佛

二眾，曾受三皈以上者，均於所在地分支會入會為會員」。所以你們受戒之後，應當加入所屬佛教會為會員，參加教會的生活與事業，共同維護佛教，宏揚佛法。

以上數點，你們要能知能行，方不負自己受戒的本意，以及戒期中諸戒師為你們的辛苦和本會殷殷的囑望！

大乘佛教受菩薩戒、行菩薩行，上求佛道、下化有情。嚴持攝律儀戒，則無惡不斷；嚴持攝善法戒，則無善不修；嚴持饒益有情戒，則無一眾生不度，所以菩薩戒為佛果正因。

七、依止貢噶老人

四十七年（1958），貢噶老人（1903-1997）在臺北成立「貢噶精舍」。（如下圖）後來遷至中和市，並興建大悲殿、寶塔，供奉金佛及歷代法王舍利，命名為「中華民國噶瑪三乘法輪中心」。

　　五十年（1961）十月二十九日，舉行落成典禮，甘珠活佛為佛像開光。[344]

　　五十二年（1963）六月三十日，清揚居士依止貢噶老人，修學破瓦法。（如下圖）

　　破瓦法（phowa）在西藏極為普遍，主宰自己的神識隨意投胎，像西藏活佛轉世，預言自己往生，運用破瓦法可自由到那裡投生。修為有成就的人，將自己的神識向頭頂上遷出去，往生到諸佛剎土。修行大成就的人，可幫助他人的神識向頭頂上遷出，引導往生淨土佛剎。神識又稱本元風心，由最細的風與心組成，由業力將其與眾生的軀體結合起來；在一期業盡，死亡時身體四大分散後，風與心才能分離，這時候就繼續與轉化後的四大結合，形成新的軀體，繼續輪迴。[345]

344　〈佛教新聞版〉《菩提樹》第 108 期，1961.11.8，頁 42。
345　張雪松，《法雨靈岩-中國佛教現代化歷史進程中的印光法師研究》（臺北：

六十九年五月，貢噶精舍興建三層佛殿落成典禮。[346]

八、小結

戒是戒、定、慧三學的基礎，受戒是成佛的第一步。受戒的過程中，有講戒、請戒、懺摩、正受。每次受戒前，羯磨師引導新戒子進行懺摩儀式，懺摩則是不斷禮佛懺悔、發願，以清淨身心進行宗教儀式納受戒體。[347]

佛教所講的「受戒」，出家人或在家居士在寺廟皈依有修行的法師，由法師為其受三皈（皈依佛、法、僧）、五戒（殺、盜、淫、妄、酒）儀式。受戒後的信徒，才能稱為居士；沒有舉行宗教儀式，即使信仰佛教，也不能稱居士，居士能受在家菩薩戒。受過十戒的出家人，被稱為沙彌（尼），求受三壇大戒後，才能成為佛弟子，即比丘、比丘尼。[348]

三壇大戒的儀式，分為初壇正授沙彌（尼）戒、二壇正授具足戒（即比丘、比丘尼戒）、三壇正授出家菩薩戒的三階段。傳戒時，未受沙彌戒的出家人，先受沙彌十戒，再受比丘二百五十戒，進而受菩薩十重四十八輕戒。在家居士、出家人受菩薩戒，稱三聚淨戒。三聚淨戒是攝律儀戒、攝善法戒、饒益眾生戒，其內容是：

（一）攝律儀戒（梵語 saṃvara-śīla），教弟子斷捨諸惡，為法身之因。佛教制定各種戒律，積善防惡為七眾（比丘、比

法鼓文化，2011 年 6 月），頁 344-346。

346 〈臺北貢噶精舍佛殿興建記成〉《海潮音》卷 61，1980.4.30，頁 28。

347 釋見惟，〈道源法師淨律思想初探〉（玄奘大學宗教與文化學系碩士論文，2019 年 7 月），頁 77。

348 范觀瀾，《成一法師傳》，頁 45。

丘尼、式叉摩那、沙彌、沙彌尼、優婆塞、優婆夷）所受之戒，戒律有五戒、八戒、十戒、具足戒等。

（二）攝善法戒（梵語 kuśala-dharma-saṃgrāhaka-śīla），戒勤修善法，為報身之因。誓願實踐一切善法之戒，又作受善法戒、攝持一切菩提道戒、接善戒。

（三）攝眾生戒（梵語 sattvārtha-kriyā-śīla），即饒益眾生之戒法。《菩薩地持經》舉出十一種，即：

1、眾生所作饒益之事，悉與為伴。

2、眾生已病、未病等諸苦及看病者，悉與為伴。

3、為諸眾生說世間法、出世間法，或以方便令得智慧。

4、知恩報恩。

5、救護眾生種種恐怖，開解諸難，使遠離憂惱。

6、見眾生貧窮困乏，依其所需悉能布施。

7、德行具足，正受依止，如法蓄眾。

8、先語安慰，隨時往返，施給飲食、說世之善語等，使眾生安者皆悉隨順，不安者皆悉遠離。

9、對有實德者，稱揚歡悅之。

10、對犯過行惡者應以慈心予以呵責，使其悔改。

11、以神通力示現惡道，令眾生畏厭眾惡，奉修佛法，歡喜信樂，生希有之心。

第五章 奉獻佛教文化事業

《海潮音》月刊、《人生》月刊、《覺世》旬刊、《菩提樹》等佛教刊物，留下當年佛教活動的即時訊息。清揚居士護持東初、智光、南亭、成一等法師，與李子寬、張少齊、蔡念生等居士響應印《大藏經》，印順法師的書籍在臺灣出版，影響當時的知識份子，對認識、信仰佛教的貢獻是功不可沒。清揚居士是從生活中來實踐佛教的教義，並以她當時的身份，在臺灣傳承太虛大師的遺願，以人間淨土的理念，推行人生佛教，乃至人間佛教於今大放光耀。

第一節 協助佛經流通

一、協助覺世圖書文具社

三十七年（1948）十一月，張少齊到上海玉佛寺，邀約成一法師同行。二十七日，兩人抵達臺灣。成一法師看到臺北的情況：

> 那時，臺北的街頭都是違章建築，沒有路燈，晚上黑漆漆的一片沒什麼人，熱鬧區傳出的是木屐聲、火車汽笛

聲，這是日本時期留下的景象。[1]

後來，參訪幾間寺院，看到《金剛經》及課誦本，以為臺灣人接受日本教育，看不懂中文。臺北有東和寺是屬於曹洞宗，善導寺是淨土宗的道場。

張少齊在臺北中華路頂下文具店，張若虛負責整理資料，清揚居士透過關係，從上海把佛經運到臺灣。「覺世圖書文具社」開張，左右側擺著文具、陳列佛教經典，一邊賣文具，一邊流通佛經。兩個月後，遷至西門町的成都路，招牌從三層的洋樓掛下來，晚上還有路燈吸引路人到店裡。[2]

撤退來臺的人有百萬人，臺北的街頭突然熱鬧起來，剛到臺灣的人，以西門町作為消閒處。[3]

林德林（1890-1934）早年出家，到日本駒澤大學，從學於忽滑谷快天（1867-1951），主編《南瀛佛教》，籌組「臺灣佛教青年會」，後來開創「臺中佛教會館」。[4] 七月，主辦《臺灣佛書刊》的發布會，在臺灣開始出版佛教書籍，介紹名人的著作。其目的：

> 世人唯知佛法深奧，卷帙浩大，以徒望洋之嘆，遂致終年與佛經無緣。又一般僧眾，亦僅徒以早晚念誦，或由先輩得些語句者居多，殊為可惜，如是，皆由在來少有

1　范觀瀾，《成一法師傳》，頁 69-70。
2　陳慧劍，《南亭和尚年譜》，頁 3。
3　范觀瀾，《成一法師傳》，頁 73。
4　釋慈怡等主編，《佛光大辭典》，頁 7547。

通俗（單行本）佛書流通並乏指導者說法。[5]

四十三年（1954）五月，《佛教青年》創刊，蓮航法師為發行人，清揚居士為社董，社董就是出資人。當年的創刊辭：

> 本刊謹以誠摯為教的熱誠，為佛教青年闢一新園地，作為佛教青年四眾同人的精神、道德、學問、事業策進的場所，以期正確而有效的發揚佛陀救世救人的大用。[6]

二、資助建康書局

四十五年（1956）四月，清揚居士支助張少齊、張若虛，在臺北中山北路開設「建康書局」（前身是「益華文具店」），流通佛教典籍，其宗旨是：「是替人群謀心理之建設、保精神之康樂，故居名建康。」發揚中國歷史文化，提倡中國民族道德，編印《佛學叢書》及《國學叢書》。[7] 六月，出版《淨土全書》。[8]

七月，清揚居士曾用黃金設計一桌的素席，祝壽星雲大師三十歲生日，桌上有金碗、金盤、金筷，同時表達資助星雲大師到日本大正大學深造。[9]

星雲大師深知讀書的重要，以從小未進過正規學校為理由，放棄出國的機會，把錢留起來設立「佛教文化處」。其目

5 〈國內佛教消息〉《臺灣佛教》卷 3 第 6、7 期，1949.7.1，頁 17。

6 《佛教青年》創刊號，1954.5.1，頁 3。

7 〈法訊彙報〉《人生》卷 8 第 4 期，1956.4.15，頁 20。

8 〈近代佛教一大貢獻〉《人生》卷 8 第 6 期，1956.6.15，頁 12。

9 釋永芸，〈與孫立人將軍夫人往生前的最後訪談〉《中國軍魂：孫立人將軍永思錄》，頁 442。

的是：「在社會上推廣人間佛教，發起佛教徒購書、讀書運動，以慈悲心接近民眾，使得弟子以歡喜心踏入凡塵。」[10]

四十六年（1957）四月，《今日佛教》在澎湖創刊，社長是煮雲法師，廣慈法師為發行人，清揚居士為顧問。[11] 李春陽（1925-1973）為主編，編輯方針有五點：

（一）圖畫照片多於文字
（二）淺鮮簡明接引初機
（三）剖解現實重視報導
（四）激勵弘法蔚成風氣
（五）走入家庭配合生活[12]

廣慈法師訪談紀錄，說明《今日佛教》是在善導寺編輯：

這一段時間住過善導寺，就是放骨灰的那一間，櫥子擺放著骨灰，那是榻榻米的房間。早上起床後，把棉被收回櫃子，晚上再拖出來用，我就睡在外面。《今日佛教》月刊創辦時，就在善導寺編輯，後來改組、成立正式編輯委員會。那時叫做《佛教畫刊》，半年後，才請李春陽當總編輯。他是一位作家，也住在善導寺，由於入口處很小，我們都要爬進去，才能睡覺。[13]

---

10 符芝瑛，《薪火-佛光山承先啟後的故事》（臺北：天下文化，1997 年 6 月），頁 3。
11 〈佛教新聞〉《今日佛教》卷 1 第 3 期，1957.6.10，頁 2。
12 〈佛教新聞〉《今日佛教》卷 1 第 1 期，1957.4.10，頁 2。
13 釋果見，〈口述歷史之一訪廣慈法師〉，法鼓山，2007 年 9 月 16 日。

三、護持覺世旬刊社

四十六年（1957），覺世旬刊社創刊，採用報紙方式編輯，以十天為一旬發行。報導國內外佛教活動的訊息，發行的區域很廣，得到海內外佛教徒的推崇。[14]

清揚居士為董事，張若虛為發行人，主編是星雲大師。《覺世》對佛教的貢獻：「革除傳統式的書本，採用報紙方式，內容採用簡短宣傳文字，作為有意義的消遣。期許有些人因此對人生有啟悟，對佛法發生信仰。」[15]

智光法師為《覺世》題上「覺人救世之佛教」，說明佛之設化以智覺人。覺故不迷，不迷則乖謬之行為絕，行為絕則苦拔而樂生焉。諸經所論可知，能解決世人生活與安定社會之問題，而臻於美滿康樂之畛域者，唯有佛教。[16]

四十七年（1958）四月，星雲大師說明其重要性：「本刊不屬於那一個宗教，那一個團體，那一個私人的，我們所發表的文章，佛教權威的高論，青年習作的短篇，只問有益於佛教，我們都樂於刊載。」

從新聞版上看出，南到北的佛教道場，海內外佛教的團體，只要有關佛教動態都願刊載，編者無絲毫的偏見，也沒有門戶之見。所以《覺世》不出版雜誌，而以報紙的形態和讀者見面，所以以佛教新聞的方式。[17]

清揚居士以佛教文化的重要性，說明佛教刊物對社會發展

14　《覺世》第 37 號第 5 版，1958.4.1。

15　張若虛，〈從服務說到發行〉《覺世》第 37 號第 2 版，1958.4.1。

16　《覺世》創刊號，1957.4.1，第 1 版。

17　釋摩迦，〈覺世一週年〉《覺世》第 37 號第 5 版，1958.4.1。

的重要：

> 佛教書刊的出版，在臺灣各宗教裡面顯得特別發達。書
> 籍出版，除個人的新著或翻版不計外，書局及團體出版
> 者，臺北市有臺灣省印經處、善導寺佛經流通處、建康
> 書局等四家，經常翻印各種佛書，專供流通。其他臺中
> 市有瑞成書局，臺南市有南一書局，高雄有慶芳書局。
> 統計起來總在百萬冊以上。
>
> 其次，要說到佛教宣傳的刊物，三十七年大陸未撤臺前，
> 那時臺灣只有《臺灣佛教》一個刊物。到三十八年，《海
> 潮音》才由大陸撤來臺灣發行，緊接著由東初法師所主
> 辦的《人生》創刊號出版。《覺生》月刊的前生《覺群》
> 在臺中誕生。《佛教青年》、《今日佛教》、《中國佛
> 教》、《法音》、《波羅密》、《覺世》等等的刊物，
> 都陸續的出版了。[18]

四十八年（1959），翁覺珍在三重埔成立「佛教文化服務
處」，專門出版佛教的書籍、文物。[19] 南亭法師主持開幕儀式，
星雲大師、清揚居士等百餘人參加開幕典禮。[20] 陸續出版《佛
教故事大全》、《聖嚴文集》。[21]

後來發行聖嚴法師《正信佛教》，其目的：「以尚未信佛
的知識分子作為對象，教導佛弟子明白佛教常識，使大家了解

---

18 孫清揚，〈為覺世說幾句話〉《覺世》第 37 號第 6 版，1958.4.1。
19 〈佛教新聞版〉《菩提樹》第 82 期，1959.9.8，頁 43。
20 〈教訊簡報〉《海潮叢書》卷 40，1959.9.15，頁 502。
21 〈佛教新聞〉《人生》卷 13 第 3 期，1961.3.10，頁 27。

佛教的演變以及佛教思想史。」[22]

隔年，佛教經書無法從上海運到臺灣，建康書局宣告停業。流通佛經的工作，轉由覺世旬刊社代為處理。[23]

五十一年（1962）四月，覺世旬刊社從第一百八十期發行權，轉給星雲大師。[24]

五十三年（1964）七月，星雲大師把覺世旬刊社和佛教文化服務處的運作，遷移到高雄，持續發行目的是：「透過佛教經典，認識佛法、了解佛學」。[25] 清揚居士說明佛教文化事業的重要性，其內容是：

> 臺灣是自由的燈塔，在自由制度之下，政治、軍事、經濟、教育、文化等等，固然皆有著輝煌的進步，而宗教心的安定社會秩序，也發揮了驚人的力量。佛教書刊的出版，在臺灣各宗教顯得特別發達。除個人的新著或翻版，書局及團體出版有臺灣印經處、善導寺佛經流通處、建康書局等四家，經常翻印各種佛書，專供流通。其後，臺中有瑞成書局、臺南有南一書局、高雄有慶芳書局，統計起來有百萬冊以上。
>
> 佛教宣傳的刊物，大陸未撤臺前，只有《臺灣佛教》一個刊物。三十八年，《海潮音》來臺發行，《人生》創刊號出版，《覺群》、《覺生》月刊在臺中誕生。《佛教青年》、《今日佛教》、《中國佛教》、《法音》、

---

22 林其賢，《聖嚴法師年譜》，頁 213-214。
23 《覺世》第 38 號第 4 版，1958.4.11。
24 《覺世》第 178 號第 1 版，1962.4.21。
25 〈佛教新聞版〉《菩提樹》第 141 期，1964.8.8，頁 58。

《波羅密》、《覺世》等刊物陸續出版。[26]

覺世旬刊以十天為一期，每期發行逾十萬份，遍及四十二個國家、地區，這是一份免費贈閱的刊物，每年耗資一千萬元以上，成為海內外佛教徒溝通的橋樑。[27]

第二節　資助印經、佛教期刊

一、臺灣印經處

朱鏡宙（1889-1985）來臺，在凌雲寺向榮宗法師借一間寮房，作為棲身之所。當他四處走往時，看見上海木刻版《淨土五經》，定價八萬元（舊臺幣）。朱鏡宙只好忍痛買下，心中想：「一本八萬元，而且只此一部，不獨非一般學佛人所能負擔；而後至者，更有向隅之歎，不覺惘然若失！於是，組織印經處的浮影，盤桓我的腦際，久久不能去。」[28]

朱鏡宙想以金陵刻經處的模式，發起「臺灣刻經處」印行、流通佛經的構想，但人地兩疏，不知從何做起。他曾跟李子寬提出這個構想，大醒法師給予的建議：「臺灣要想如大陸那樣刻經，恐不易辦到。如用活字版排印，何不逕以印經處名？」[29]

十二月，成立「臺灣印經處」，首先擬出十二位董事名單，

26　孫張清揚，〈為覺世說幾句話〉《覺世》旬刊第 37 號第 6 版，1958.4.1。

27　符芝瑛，《傳燈‧星雲大師傳》，頁 120。

28　朱鏡宙，《夢痕記》，頁 631。

29　朱鏡宙，《夢痕記》，頁 632。

選印三十種佛經目錄，只向個人募集經費。[30] 董事都是政府執政的官員，憑藉他們的影響力，所以經濟來源很穩定。[31] 實際上所有的工作，都是朱鏡宙負責，沒有固定的辦公地點。[32]

　　當時印刷業是管制的行業，在省政府的印刷廠，才能印刷書籍。前身是臺灣總督府印製局，出版受到嚴格的控管，佛經是一書難求。《金剛經》和《心經》等六種訂本，作為第一部印刷的經本。[33]

　　清揚居士贊助印刷《地藏經》和《佛法要領》等書籍，提供研究佛學的人閱讀。[34] 陸續印刷《普門品》、《金剛經》、《阿彌陀經》、《大勢至念佛章》、《往生咒》、《大悲咒》、《心經》、《普賢行願品》合訂本八千本。[35]

　　《淨土五經》合訂本三千本；《沙彌律儀學佛行儀》合訂本一千本；《遺教經》、《八大人覺經》、《四十二章經》、《圓覺經》合訂本三千本；《地藏經》單行本六千本；《六祖壇經》單行本三千本。[36]

　　人們誦讀經典時，安頓自己的身心，同時淨化社會環境，間接影響社會的風氣。這時，印經處承擔時代意義，助益佛教文化的發展。當時社會經濟的水平不高，消費者的購買能力低，

---

30 朱鏡宙，〈臺灣印經處之前瞻與後顧〉《海潮音叢刊》卷 34，1953.3.17，頁 570。

31 釋自正，〈臺灣地區佛教印經事業發展歷程之研究（1949-2008）〉，頁 47。

32 朱鏡宙，《詠莪堂文錄正續編》（臺北：朱氏詠莪堂，1978 年），頁 155。

33 朱鏡宙，《夢痕記》，頁 632。

34 朱鏡宙，〈臺灣印經處之前瞻與後顧〉《海潮音叢刊》卷 34，1953.3.17，頁 570。

35 〈佛教要聞〉《人生》卷 2 第 1 期，1950.1.10，頁 12。

36 〈善導寺護法會徵信錄〉《人生》卷 3 第 1 期，1951.2.15，頁 8。

但書籍的費用很高,所以印經處是採用結緣、不付費的出版品,佛寺、書局都有佛經的流通,對弘揚佛法起了很大的作用。[37]

印經處在朱鏡宙的運作,持續十三年,出版一百五十五種經書,印刷四十三萬冊。[38] 五十年(1961),他把印經處的資料和帳本移交給道安法師,佛教經書的再版發行,可在善導寺流通。

五十五年(1966)十月,以二十八個書櫃,道安法師把印經處搬到松山寺,準備恢復發行。[39] 後來,道安法師搜遍中外淨土叢書,獲得古今淨土典籍三百八十餘種,特別選出三百種分類,按照譯者朝代順序編類,編為經論部、註疏部、精要部、著述部、纂集部、詩偈部、行儀部、史傳部等八部。

六十一年(1972)二月,完成《淨土叢書》二十冊,交付印經處發行流通,是一部集淨土經典大成的典籍,閱讀者避免廣搜博覽之勞,達到事半功倍之效。[40]

二、資助《人生》月刊

東初法師在北投旅社聯誼會說明佛學義理,礙於省籍語言的隔閡,翻譯人又不懂佛法,使得聽眾無法了解內容。成一法師看到《臺灣佛教》發行,建議東初法師以佛教雜誌的方式,弘揚佛法。[41]

東初法師發揚太虛大師以人間淨土的理念,提倡人生佛

---

37 釋自正,〈臺灣地區佛教印經事業發展歷程之研究(1949-2008)〉,頁53。
38 陳俏筑,〈民國道安法師教育文化志業之研究(1907-1977)〉,頁65。
39 徐孫銘、文平志、王傳宗,《道安法師法脈傳記》,頁177。
40 陳俏筑,〈民國道安法師教育文化志業之研究(1907-1977)〉,頁67。
41 范觀瀾,《成一法師傳》,頁80。

教，取名為「人生月刊社」。出版的宗旨：「發揚人生所有潛
伏的德能，建設人生佛教。」慈航法師和姚國興等人籌辦五佰
三十萬元，清揚居士個人捐助五十五萬元。[42]

三十八年（1949）五月，《人生》月刊在北投法藏寺創刊
發行，發行的目的：「基於人群社會需要，應如何做人，應如
何完成人生所有善行，保持人生行果不失，人類社會有了完美
人性為基礎，再進修大乘佛教的德行。」[43]

東初法師為主編暨發行人，妙果法師為社長，大醒、圓明、
成一等法師以及張少齊協助校對文稿，交給覺世圖書文具社對
外經銷。[44]

聖嚴法師在重刊序中，說明其重要性：「了解宇宙人生價
值所在，同時必能增加我們做人的方法。基於人群社會需要，
應如何做人，應如何完成人生所有善行，保持人生行果不失。
人類社會有了完美人性為基礎，再進修大乘佛教的德行，研究
做人的方法。」[45]

由於經費的短缺，月刊停了幾期，透過清揚居士等人的資
助，隔年一月，復刊。東初法師說明繼續出版的原因：

> 本刊休刊以來，已三個月，各方讀者不時審予熱情的慰
> 問，表示願意繼續的援助，承孫張晶英、李珠玉、潘迎
> 春、張少齊的盛意。孫張晶英說：「大家都歡喜《人生》
> 月刊，希望繼續出版。」讓本刊能夠繼續，都是贊助人

42 〈特此鳴謝〉《人生》卷1第1期，1949.5.10，頁10。
43 釋東初，〈編後記〉《人生》卷1第1期，1949.5.10，頁10。
44 釋聖嚴，〈重刊序〉《人生》卷1第1期，1949.5.10，頁序3。
45 〈編後記〉《人生》卷1第1期，1949.5.10，頁10。

的功德。[46]

三、出版《婦女學佛應有的態度》一書

三十九年（1949）二月，清揚居士對外發表的文章，結集出版《婦女學佛應有的態度》一書。這是一本佛學小叢書，內容有三寶歌、無常歌，加入太虛、印光大師語錄。序文說明閱讀佛經、佛學的重要性：

> 佛經是萬古不變的真言，是包羅萬有的淵海，是心行並重的寶典，是圓滿無漏的義學。有些人看見佛經中的義理高深玄邃，便說佛經像哲學。又有些人看見佛經中的事物綜錯歷然，便說佛學像科學，乃至將佛學比之社會學、倫理學、宗教學，以及最優美的文學等。[47]

東初法師於序文說明，這是一本婦女學習佛法的指南：「孫夫人是婦女界前進份子，宿植善根，智慧超人，深信三寶，悟解大乘；所發表婦女學佛應有的態度各篇，對於婦女於佛法中之地位，人生因果真理及般若理趣，都有分別扼要簡明之闡述，允為在婦女學習佛法之指南。」[48]

---

46 釋東初，〈編後記〉《人生》卷 2 第 1 期，1950.1.10，頁 12。
47 孫張清揚，《婦女學佛應有的態度》，序文。
48 孫張清揚，《婦女學佛應有的態度》，序文。

　　慈航法師說明清揚居士對佛教文化教育的貢獻：「佛學主辦文化教育，……發起印經會，印出的許多經典，真使臺灣佛教徒沾光不淺！尤其是覺世圖書社，流通佛經，使一般研究佛學的人，有經可請，有經可讀，其功德亦是無量！而孫立人的夫人清揚居士，亦曾印了許多佛學小叢書廣結過良緣。一般因看佛學小叢書而發心學佛的人，當不知是凡幾了。」[49]

　　四十年（1951）一月十五日（佛成道日），東初法師於法藏寺閉關，[50] 成一法師代寫封條，智光法師開示法語、般若要義，清揚居士、周王清蓮、曹胡明圓、劉惟實、黃王圓通等將軍夫人加鎖封關，有二百多人參加。[51]

　　廣慈法師在法藏寺編輯《人生》月刊的情形：「東老比我們先到臺灣，在焦山是我們的副院長。我們到臺灣，應該要先去拜訪他。他在法藏寺的關房，我就替他編輯《人生》雜誌。法藏寺不是有個塔嗎？我就是住在塔的上面。心悟也是住在那裡，後來我把《人生》交給心悟編輯。」[52]

四、《人生》月刊復刊

　　五月，《人生》復刊。東初法師感激清揚居士的護持，其內容是：「本刊這次能和讀者見面，完全承清揚居士、李子寬發心拯救，尤以清揚居士代為徵聘董事，護法熱誠，殊堪欽佩，這是本刊同人萬分感激。」[53]

49 慈氏，〈我對臺灣佛教教育之觀感〉《人生》卷 3 第 1 期，1951.2.15，頁 7。
50 陳慧劍，《南亭和尚年譜》，頁 125。
51 釋壽民，〈東初法師掩關記〉《人生》卷 3 第 2 期，1951.3.15，頁 8。
52 朱浤源、劉晏均，〈廣慈口述訪問記錄稿〉，佛照淨寺，2017 年 5 月 3 日。
53 《人生》卷 3 第 4 期，1951.5.15，頁 12。

十月一日至九日，法藏寺舉行消災延祥法會。[54]

四十二年（1953），煮雲法師說：「我與《人生》認識倒不是來臺灣後見面的，是在遠隔重洋的南海普陀山。」後來，我隨著軍醫院到臺灣，就把《人生》帶到陸軍醫院，分發給傷患看，成為弘法佈教的資料：

> 在陸軍醫院任佈教師時，《人生》很幫了我的忙，覺世書店過去所有的《人生》，都給我帶到軍中，分發給傷患同志看。他們因看《人生》，再聽我講講佛理，有的由不聽而聽，有的由不看而看了。因此由不信仰佛教而信仰佛教，有的由信仰佛教而皈依了三寶。[55]

《解深密經語體釋》一書，得到清揚居士的出資，才能印刷出版。此書是研究唯識重要的參考書，編入《演培法師全集》第七本，自序中「終荷孫張清揚居士」已刪去。演培法師感激清揚居士的護持，其內容：

> 四十一年春，來自由寶島，偶與慈航法師談及《解深密經語體釋》，當蒙出資倡議助印，繼承李子寬、陳慧復二居士贊成，終荷孫張清揚居士全力支持，始寄港付印。四十二年一月十六日，於新竹靈隱寺。[56]

《人生》的內容通俗、報導佛教的新聞，發行到東南亞，

---

54 《人生》卷3第9期，1951.10.25，頁16。
55 釋煮雲，〈談談我與人生〉《人生》卷5第1期，1953.1.10，頁14。
56 釋演培，〈解深密經語體釋自序〉《人生》卷5第2期，1953.2.10，頁7。

乃至北美洲地區。開始時有十二頁，一年後增為二十四頁。[57] 在
香港博得到竺摩法師的稱讚，錢穆公開推崇清揚居士的文章。
原文是：

> 大約冬月間罷？竺摩詩僧偕南國名畫家高劍父先生到我
> 們這兒參觀。他說：「臺灣出版的《人生雜誌》很好，…。」
> 錢穆突然地提到《人生雜誌》，不知在什麼地方看到，
> 他推崇孫張清揚居士寫的那篇〈敬向佛教旅臺諸師友提
> 供幾點意見〉的文章，表示萬分欽佩！[58]

錢穆所稱讚的那一篇文章內容，是清揚居士呼應佛教界人
士辦佛學講座，響應政府推行的政策，文章內容是：

> ……我向各位提供幾點管見所及的意見，作為各位師友
> 們的參考：
> 第一、響應政府法令，實行克難運動。
> 第二、響應政府總動員令，組織佛教救護隊。
> 第三、儲備僧材，作整復大陸佛教的準備。
> 第四、廣設通俗佛學講座，提倡徹底覺悟運動。[59]

四十三年（1954）一月十日，東初法師出關，清揚居士等
三百多人參加。[60]（如下圖）

---

57 范觀瀾，《成一法師傳》，頁 82。

58 釋憨僧，〈留在港澳人心中的人生雜誌〉《人生》卷 5 第 1 期，1953.1.10，
   頁 9-10。

59 孫清揚，〈敬向佛教旅臺諸師友提供幾點意見〉《人生》卷 3 第 2 期，
   1951.3.15，頁 4-5。

60 〈東初法師出關〉《菩提樹》第 15 期，1954.2.8，頁 32。

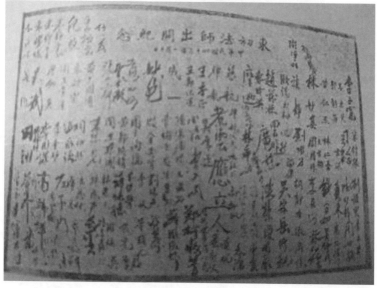

　　閉關期間,東初法師閱讀《大般若經》,參考窺基《心經
幽贊》,以及慧淨和靖邁的《心經疏》、保阪玉泉(1887-1964)
的《佛教概論》,出版《般若心經思想史》一書。[61]

_____

61　釋東初,《般若心經思想史》,頁7。

十一月二十日，在華嚴蓮社慶祝六週年。[62]

四十五年（1956）七月，東初法師感激清揚居士的發心、護持。內容是：「本刊這次能和讀者見面，完全承清揚、李子寬發心拯救，尤以清揚居士代為徵聘董事，護法熱誠，殊堪欽佩，這是本刊同人萬分感激。」[63]

四十九年（1960），聖嚴法師接下主編，[64] 增闢青人之友，探索有關於佛教人生及學術思想等問題。[65] 發行到第十四卷第五期，因聖嚴法師的離開，暫時停刊。[66]

七十一年（1982）八月，聖嚴法師復刊，並發行季刊。[67] 序文中，說明它的任務：

> 《人生》月刊就像一部臺灣近代佛教史的縮影，與臺灣近代佛教發展關係密切的祖師大德，一一在此舞臺上現身，以文字為弘法護法竭盡心力。雜誌中的佛教新聞，為臺灣佛教保存了豐富的文獻史料；詩稿、小說、遊記、散文等文學創作，讀來無不令人驚豔於作者的文采；佛教論文、講經等文稿，則讓我們讚歎其學識淵博及深入經藏的工夫。[68]

---

62 〈各地通訊〉《人生》卷 6 第 11、12 期，1954.12.10，頁 346。

63 《人生》卷 3 第 4 期，1951.5.15，頁 16。

64 〈國內外佛教新聞〉《人生》卷 12 第 1 期，1960.1.10，頁 28。

65 〈佛教新聞〉《人生》卷 12 第 4 期，1960.4.10，頁 28。

66 〈國內外佛教新聞〉《人生》卷 12 第 1 期，1960.1.10，頁 28。

67 林其賢，《聖嚴法師年譜》，頁 433-434。

68 〈重刊序〉《人生》卷 1、2 合訂本，（臺北：法鼓文化，2007 年 12 月），頁序 4。

創刊號的宣言是:「我佛的說法,都是以人生為對象。這份刊物為了要救這樣的世界和人類,才應運生。」主持人道主義,保存臺灣佛教的史料,是一部臺灣近代佛教的發展史。[69]

東初法師說明:「我們唯一的宗旨是發揚人生所有潛伏的德能,建設人生佛教。」又說:「《人生》自然是以發揚人生佛教真義,淨化心心,安定社會,增進人生的幸福,提高人生生活的理想,是故《人生》的旨趣,就是淨化現代人心,建設人生佛教。」[70]

太虛大師將《僧伽制度》於《海潮音》發表,東初法師在臺灣創辦《人生》月刊,這兩份佛教雜誌,側重發揚人生佛教和革新佛教。不僅弘揚佛法的真理,同時感化人們信受佛教,對佛教文化起了很大的貢獻,也為佛教留下保衛人權自由與維護人道主義,寫下珍貴的史頁及文獻。《人生》月刊仍在法鼓山持續發行。

第三節　資助大學生學佛

周宣德(1899-1989)參訪各佛教寺院時,發現佛教徒雖然很多,但老人多於少年,女人多於男人,但對佛法具有正知正見的人,比例極微。臺灣號稱佛教徒有百萬人以上,但通達教理者寥寥無幾,社會風氣日漸衰頹,若不從大眾接引青少年,我國固有的文化無法振興。

---

69 《人生》卷1、2合訂本,頁3-4。
70 法鼓文化編輯部,〈重刊序〉《人生》卷1、2合訂本,頁4。

　　三十八年（1949）九月十五日，民本電台在臺北恢復播音。翌年，二月十五日，白聖法師報導臺灣佛教的動態，內容有寺廟組織、僧伽教育和經典的流通。[71] 十二月十一日起，慈航、道源、南亭法師每週日在電台廣播佛學。[72]

　　四十一年（1952）四月八日，佛教徒第一次在臺北中山堂慶祝佛陀誕辰紀念日。

　　周宣德、鄭崇武等人共同策劃，以廣播電台作為媒介，展開空中弘法。[73] 廣慈法師的說明：

> 利用電台宣傳佛教，…先由臺北市民本電台連續播送，…孫張清揚等六居士，負責經費及廣播事宜，開辦以來，各方一致好評。[74]

　　六月，周淨勤製片宣播佛法，戒德、能果等法師演唱香讚及念佛偈，清揚居士以資金護持各方面的需求。[75] 九月一日，民本電台播放「佛教之聲」。[76]

　　每日清晨播出「佛教之聲」，周宣德以淺顯的口語，說明佛教要義、基本名相，為聽眾解答各種問題，即今日大專院校青年學佛的初期。日後，把講詞文稿彙集出版《佛學廣播詞專

71　釋白聖，〈臺灣佛教的動態〉《人生》卷 2 第 2 期，1950.2.15，頁 4。

72　陳慧劍，《南亭和尚年譜》，頁 118。

73　釋天演，《華嚴蓮社六十週年慶紀念特刊》（臺北：華嚴蓮社，2013 年 3 月），頁 112。

74　釋廣慈，〈六年來的佛教弘法事業〉《人生》卷 6 第 11、12 期，1954.12.10，頁 334-336。

75　〈中國佛教會消息〉《海潮音叢刊》卷 33，1952.6.28，頁 482。

76　〈中國佛教新聞版〉《中國佛教》卷 5 第 12 期，1961.8.15，頁 27。

輯》一書，內容有清揚居士四篇文章。[77]

　　十一月五日，清揚居士、吳經明、楊秀鶴等人被請到板橋接雲寺，向信眾進行演講。[78]（如下圖）

（吳老孫夫人一行蒞臨板橋接雲寺時留照）

　　十八日起，新店廣明巖啟建佛七法會，律航法師主持，清揚居士蒞臨向信眾說法。[79]

　　四十二年（1953）一月，南亭法師、清揚居士合唱爐香讚，以絲竹樂器錄音鑄製銅版，翻印為膠片，定價四十元。[80]

　　二月，周淨勤等人發起空中佛學廣播，後來改名「佛教之聲」。[81] 二月二日，內湖金龍寺佛像開光，常觀法師等人主持，清揚居士於現場進行剪綵，「法輪常輪」的牌匾是孫將軍的親

<hr>

77　釋智光等講述，《佛學廣播詞專輯》，序 1。
78　《覺生》第 31 期，1953.1.1，頁 28。
79　〈各地簡訊〉《菩提樹》第 2 期，1953.1.8，頁 26-27。
80　〈佛教要聞〉《人生》卷 5 第 1 期，1953.1.10，頁 20。
81　周淨勤，〈悼智光上人〉《中國佛教》卷 7 第 8、9 期，1963.5.15，頁 32。

筆字。[82]（如下圖）

　　四月二日至四日，屏東東山寺慶祝觀音菩薩聖誕，天乙法師（1924-1980）舉行三天遊行法會，清揚居士講述觀音菩薩靈感。[83]（如下圖）

82　《覺生》第 33 期，1953.3.1，頁 23。
83　〈苦海慈航〉《菩提樹》第 6 期，1953.5.8，頁 30。

　　四月八日，臺北市佛教會於中山堂擴大舉辦佛陀誕辰紀念日，[84] 清揚居士到場演講。[85] 五月二十日，十普寺、善導寺、華嚴蓮社分別舉行浴佛典禮。[86]

　　八月，周子慎等人發起定時廣播，清揚居士贊助開辦費三千元。[87] 十日，清揚居士參加保安宮禮斗齋醮紀念。（如下圖）

　　九月一日，臺北民本電台以廣播佛學，彰化國聲電台同時轉播，有閩南語翻譯。二十八日，證蓮法師於新店竹林經舍落成，清揚居士是大護法居士。[88] 廣慈法師於〈六年來的佛教弘法事業〉一文，表揚清揚居士：

　　　弘法的工作，凡是佛陀的四眾弟子都有責任，在今天的

84　〈佛教要聞〉《人生》卷 5 第 4 期，1953.4.5，頁 20。
85　〈慶祝佛誕節〉《臺灣佛教》卷 7 第 1 期，1953.4.8，頁 2。
86　〈農曆四月初八日〉《菩提樹》第 7 期，1953.6.8，頁 30。
87　〈佛音消息〉《菩提樹》第 9 期，1953.8.8，頁 31。
88　〈民本電台廣播佛學〉《菩提樹》第 10 期，1953.9.8，頁 31。

> 一般居士，也確實的負起了這個重任，其中最顯著者有
> 清揚居士，以將軍夫人身為法努力，是一位標準居士，
> 恭敬三寶，財法二施，救貧濟富，護法、弘法這兩種工
> 作，她確實的做到了，是女居士中的領導人物。[89]

四十三年（1954）三月，臺北市佛教會聯合臺北縣市、陽明山管理局等籌備慶祝佛誕會議，東和禪寺與龍山寺、祖師廟、十普寺、保安宮成立五個佈教區。

四月五日至七日，電台增加佛誕特別節目。[90] 八日，臺北新公園音樂臺擴大舉行浴佛盛典，讚佛繞佛、散花供養，[91] 清揚居士為弘法組的講師。[92] （如上圖）

89 釋廣慈，〈六年來的佛教弘法事業〉《人生》卷 6 第 11、12 期，1954.12.10，頁 334-336。

90 〈各地教訊〉《中國佛教》卷 1 第 2 期，1954.4.10，頁 10。

91 〈各地教訊〉《中國佛教》卷 1 第 3 期，1954.5.10，頁 12。

92 〈慶祝佛誕節〉《臺灣佛教》卷 8 第 4 期，1954.4.8，頁 3。

　　六月十日，民本、勝利、國聲、鳳鳴四家電台，每日播放佛學講座，佛教深入各大專院校、研究所，參加者有十多萬人，社會上學佛風氣大盛。[93]

　　四十三年（1954）十一月十七日，清揚居士參加信心堂的法會活動。[94]（如下圖）

　　四十四年（1955）四月八日，清揚居士參加臺北新公園慶祝佛誕大會。[95]（如下圖）

　　八月二十九日，空中弘法增加農民、臺聲兩個電台。[96]「佛教之聲」的內容：講解經典、釋迦佛傳、淨土早課、通俗演講、佛教音樂，都有閩南語的翻譯，念佛號聲普及大眾。[97]

93　〈中佛會人事動態〉《中國佛教》卷 1 第 4 期，1954.6.10，頁 5。
94　「孫張清揚紀念館」清揚居士遺物。
95　章嘉，〈慶祝佛誕節〉《中國佛教》卷 1 第 11 期，1955.4.1，頁 1。
96　〈本會廣播組徵稿啟事〉《中國佛教》卷 1 第 13 期，1955.8.29，頁 35。
97　〈佛教之聲〉《人生》卷 8 第 6 期，1956.6.15，頁 20。

四十五年（1956）六月，清揚居士響應五佰元購錄音機設備運動，捐款一佰元，向黃王圓通勸募六千元。程觀心於〈佛教之聲與崇高的捐獻〉一文回憶：

> 快三年了，我每天享有這份最好的時光。……法師們的空中講經說法，妙諦宣流所及，更如一滴滴甘霖，落在貧瘠的識田，乾涸中埋藏的種子，馬上得到了滋潤。……每次錄音，對於錄音機和錄音場合的商借，錄音人員的邀集，太費事了。其主要的重心，則在錄音機，有了錄音機，可以得到許多便利。因此佛教之聲的同仁，遂發起了五佰元一隊的錄音設備募捐運動。募捐隊中的孫張清揚居士，竟勸募得黃王圓通老居士賣掉了小鑽戒一只，得價六千元，悉數捐助給佛教之聲，作錄音設備。[98]

---

98 程觀心，〈佛教之聲與崇高的捐獻〉《人生》卷 8 第 6 期，1956.6.15，頁13。

　　晨起，第一件事是扭開收音機，電台傳來萬道光輝，佈滿清新的世界。李用謀簡短說明，喚起聽眾對佛教的認識，說明清揚居士的喜捨行為，讓人生起隨喜讚歎。弘法方式以勸善的演說，比喻動人的故事來啟發自覺。李用謀的回憶：

> 佛教之聲的歷史已三年多了，在去年已發展至六個電台。……在經濟方面，都是從募化而來。…總之，每天半小時的廣播，在聽眾方面，或許不感覺到有什麼希罕，但要維持這一事業的不斷，確非三五個人的精神灌注，不足以使其永久。[99]

　　四十六年（1957）三月二十九日，新莊善導庵落成週年法會，星雲大師、清揚居士等二十餘人參加。[100]

四月八日，臺北市佛教會主辦臺北新公園佛誕大會。[101]（如圖）

　　十日，拍攝「唐三藏救母」影片開鏡，以表揚忠孝節義為主題，是用閩南語發音，在

99　程觀心，〈佛教之聲與崇高的捐獻〉《人生》卷 8 第 6 期，1956.6.15，頁13。

100　〈新莊善導庵〉《覺世》第 38 號，1958.4.11，第 4 版。

101　章嘉，〈慶祝佛誕節〉《中國佛教》卷 1 第 11 期，1955.4.1，頁 1。

中和圓通寺實景拍攝。悟一、星雲、廣慈、能果等法師指導劇務，包括劇情的修改，籌劃道具與梵音的教唱等。[102]

八月十六日，星雲大師、成一法師，張少齊、清揚居士等人參與拍攝的完成試片。[103]

四十七年（1958）四月八日，臺北新公園音樂臺舉行浴佛典禮，上午九點前往萬華龍山寺迎佛，十點開始浴佛，有二萬多人參加。[104]（如上圖）

十二月，印刷《八大人覺經》，贈送各大專院校學生。[105]

大專青年學佛運動興起，從社會、文化圈進入信仰，提高佛教徒的知識水準，成為佛教發展的極佳動力。道安法師創辦北區大專佛學講座，讓知識青年有機會步入佛教殿堂。[106]

四十八年（1959）三月，臺、港佛教徒籌組聖雄電影公司，善導寺召開第一次各界贊助座談會。[107]

四月八日，臺北新公園音樂臺舉行佛誕慶祝大會，同時支援藏胞抗暴遊行。早上到龍雲寺迎佛，參加者達數萬人。[108] 臺灣大學王尚義發表〈我對佛教的看法〉一文。[109] 十九日，道安法師與大專院校同學，舉行第二次座談會。

五月，中國佛教會擬定有關「人間佛教」五項課題，徵求撰寫講詞。《八大人覺經》心得報告編印成專書，大同工專林

---

102 〈佛教新聞〉《今日佛教》卷 1 第 1 期，1957.4.10，頁 14。
103 《覺世》第 15 號，1957.8.21，第 4 版。
104 〈佛教動態記要〉《中國佛教》卷 2 第 8 期，1958.4.8，頁 26。
105 〈國內外佛教新聞〉《人生》卷 11 第 5 期，1959.5.10，頁 26。
106 徐孫銘等人著，《道安法師法脈傳記》，頁 171。
107 〈國內外佛教新聞〉《人生》卷 11 第 3 期，1959.3.10，頁 27。
108 〈佛教動態記要〉《中國佛教》卷 3 第 8 期，1959.4.15，頁 31。
109 〈國內外佛教新聞〉《人生》卷 11 第 5 期，1959.5.10，頁 26。

挺生（1919-2006）校長，以《人生之解脫與佛教思想》一書贈送同學，鼓勵大專學生研讀佛學。[110]

七月，鼓勵大專生研究佛學，中國佛教會公布研究佛學獎學金的辦法。[111]

四十九年（1960）起，國家的經濟發展快速起飛，高等教育成為發展的重點，周宣德協助臺灣大學成立「晨曦社」，作為佛學的研究。[112] 之後，各大專院校的佛學社團相繼成立。（附錄四）李炳南每週六晚上在臺中慈光圖書館，舉辦大專佛學講座。[113]

四月八日，臺北新公園音樂臺舉行佛誕慶祝大會，早上到龍山寺迎佛，會中頒發大專學生廣播徵文獎品及獎狀，參加者有數萬人。[114]

五月二十九日，臺大晨曦社主辦「大專學佛聯誼」郊遊大會，有一百四十二人參加，分乘五輛車參訪中和圓通寺、新北投中華佛教文化館。[115]

六月三十日，會議中為了鼓勵大專學生學佛，清揚居士以隨身金牌捐給中國佛教會、國際文教獎學基金會。[116] 《今日佛教》以〈佛教新聞〉一文，說明捐款及義賣情形：

110　〈國內外佛教新聞〉《人生》卷 11 第 5 期，1959.5.10，頁 26。

111　〈國內外佛教新聞〉《人生》卷 11 第 7 期，1959.7.10，頁 28。

112　釋自正，〈臺灣地區佛教印經事業發展歷程之研究（1949-2008）〉（南華大學出版與文化事業管理研究所碩士論文，2010 年 6 月），頁 50。

113　釋惠空，《臺灣佛教發展脈絡與展望》，頁 178。

114　〈佛教動態記要〉《中國佛教》卷 4 第 8 期，1960.4.15，頁 27。

115　〈中國佛教新聞版〉《中國佛教》卷 4 第 11 期，1960.7.15，頁 27。

116　〈中國佛教會〉《海潮叢書》卷 41，1960.6.30，頁 156。

清揚居士一向極熱心，必有可觀云。慈善公益事業，尤
於資助廣播弘法，建塔造像及莊嚴寺廟等，均不遺餘力，
故為一般佛教徒所欽敬。近聞中佛會鼓勵大專學生學
佛，消息傳至中部，復感異常振奮，竟解其自幼隨身佩
帶之六字大明咒金牌一枚，獻出義賣，此為隱名居士以
四千七佰五十元請得，該款送交國際文教獎學基金董事
儲備、應用。[117]

七月二十九日，華嚴蓮社召開四十九年度開會的會議，董
事有心悟法師、清揚居士等人參加，特別討論籌措獎學金等建
議，南亭法師、清揚居士、丘漢平（1904-1990）、張伯英等人
各捐一千元。[118]

五十年（1961）三月十六日，慧日講堂舉行大專院校學生
受獎、春季座談會，並發放獎學金。[119] 四月八日，臺北新公園
音樂臺舉行佛誕慶祝大會，同時頒發大專學生獎品。[120]

五月，中廣宜蘭廣播電台開闢「覺世之聲」，內容有佛教
動態、講座、解答、聖歌、家庭、故事、讚偈等。[121]

八月二十二日，成立詹煜齋佛學教育基金會，[122] 清揚居士
捐款一千元，作為基金會的印書款。[123]

九月一日至三日，民本電台廣播「慧質蘭心」，描述一個

117　〈佛教新聞〉《今日佛教》卷第 30 期，1959.10.1，頁 56。
118　〈佛教新聞版〉《菩提樹》第 93 期，1960.8.8，頁 44。
119　〈佛教新聞〉《人生》卷 13 第 4 期，1961.4.10，頁 27。
120　〈中國佛教新聞版〉《中國佛教》卷 5 第 8 期，1961.4.15，頁 30。
121　〈佛教新聞〉《今日佛教》第 49 期，1961.5.1，頁 36。
122　〈中國佛教新聞版〉《中國佛教》卷 6 第 1 期，1961.9.15，頁 27。
123　〈中國佛教會〉《海潮叢書》卷 42，1961.8.30，頁 498。

腐敗家庭，為信仰佛法的媳婦所感化，使得全家和好如初。[124]

　　五十一年（1962）四月八日，臺北新公園音樂臺舉行佛誕慶祝大會，早上到龍山寺迎佛，會中有反共義士劉承司的報告，並頒發大專生論文競賽獎金、獎旗，參加者達數萬人。[125]

　　九月十三日，臺中慎齋堂張月珠（1903-1968）與弟子等人落髮圓頂，法號德熙，清揚居士等百餘人觀禮。[126]　（如下圖）

　　佛誕慶祝大會，在白聖、淨心法師的推動，各縣市佛教會舉辦浴佛法會，有花車遊行等大型的活動。浴佛節持續至今，仍為佛教界的大事，各地舉辦慶祝活動，寺院舉行浴佛節。佛光山、法鼓山、慈濟都在臺北舉行大型浴佛法會，浴佛節成為節慶化的活動。[127]

124　〈中國佛教新聞版〉《中國佛教》卷 5 第 12 期，1961.8.15，頁 27。

125　〈自由中國佛教徒熱烈舉行浴佛典〉《中國佛教》卷 6 第 8 期，1962.4.15，頁 25。

126　〈佛教新聞版〉《菩提樹》第 119 期，1962.10.8，頁 49。

127　釋惠空，《臺灣佛教發展脈絡與展望》，頁 23。

第四節 發起、印售《大正藏》

《大藏經》是佛寺的鎮山之寶，寺廟不一定擁有藏經，因此有藏經的寺院，其地位是崇高的，足見《大藏經》的價值是多麼的大。歷史上聖賢明君對《大藏經》莫不傾其全力推展。宋元明清以來，《大藏經》的印行，都是國家傾全力負責，也是國家一大盛事。

宋朝開始有《大藏經》，清朝雍正年間有《龍藏》而集其大成。北京柏林寺的板藏，於民國時期移到內政部；上海頻伽精舍仿日本宏教書院版復印；商務印書館曾重印日本《續藏》。

日本大正年間，高楠順次郎、渡邊海旭組織「大正《一切經》刊行會」，重編《大正新脩大藏經》，彙集中國、日本、韓國的《大藏經》，加入敦煌石窟出現的佛經以及有關經書，前後長達十年全部完成。

全書分線裝、洋裝兩種，線裝一部當洋裝一冊，總共有一百冊。《正藏》五十五冊是中國人著作，《續藏》三十冊是日本人著作，圖像十二冊都是日本所藏，偏於密宗方面，目錄有三冊名為《昭和法寶總目》。[128]

一、中華佛教文化館

當時臺灣經濟落後，民間生計艱難，同時舉辦社會救濟工作，清揚居士從檀香山華僑界募得寒衣，向富有的信徒，募得

---

128 蔡念生，〈致藝文印書館請影印佛教大藏函〉《海潮音叢刊》卷36，1955.6.15，頁434。

錢米，從事冬令救濟，受惠貧民為數極多。[129]

　　《覺生》第九期，蔡念生（1901-1992）提出編印《大藏經》計劃。慈航法師發表編印附議，但是後來就沒有消息。

　　四十三（1954）一月，蔡念生再提出編印方案和建議：「中華民族歷代每個皇帝都要印藏經，但到了民國却沒人印，很令人傷痛，佛教傳統文化就這樣沒落了……。董正之向我說，臺灣發大心的人，隨處皆是，你看各地名藍精刹，彈指而成，佛寶法寶，理應並重，你再作一個計劃，或者有人響應。」[130]

　　四月，透過清揚居士的協助，幫東初法師在北投公園附近租下光明路，開墾山坡地啟建平房形式的道場，籌建中華佛教文化館。[131] 廣慈法師在訪談時，說明負責監督的經過：

> 四十年一月，東老閉關的時候，開始籌建中華佛教文化會館。他在關房裡面，不方便處理這些事務，外面的事都是我在做。挖山的時候，是我去監督的。開玩笑說：「我才是文化館真正的開山」。當時在北投的山裡，天氣是很熱，每天要從文化館到法藏寺，又從法藏寺走下來監督。那時候沒有車，都是步行。每天就是這麼上啊、下呀！監督工人把那塊山坡地整平。[132]

　　四十四年（1955），「藝文印書館」採用原書影印四部古籍，定價是原來的一半，可節省時間、金錢。蔡念生進一步提

129　于凌波，《現代佛教人物辭典》，頁 643。

130　蔡念生，〈編印藏經的再建議〉《人生》卷 6 第 1 期，1954.1.10，頁 11-12。

131　林其賢，《聖嚴法師年譜》，頁 96。

132　朱浤源、劉晏均，〈廣慈口述訪問記錄稿〉，佛照淨寺，2017 年 5 月 3 日。

出建議：

> 我對於刊印《大藏經》的事，曾數度寫稿提倡，並在佛
> 教雜誌發表。雖然也曾得到一些反響，但因時節因緣，
> 尚未成熟，距離實況甚遠。現在我又想出一個辦法，這
> 個計劃的動機，是由臺灣藝文印書館影印四部古籍引
> 起，首先實行預約，分十二個月零付者。
>
> 今日若原書影印，雖然紙張裝訂較差，而定價也不及當
> 日半數。在不景氣的時候，原書影印，已可稍慰佛教學
> 者的知識饑渴，至於怎樣修訂增補，那是將來和平時代
> 的事。以上是我個人的意見，希望各方長老居士，賜予
> 教正。[133]

張少齊請清揚居士出面，發起倡印《大藏經》，[134] 因此清
揚居士回應蔡念生：「清揚未能深大藏經，但護教之心，不敢
後人，亦願附驥尾，貢獻棉力，使這一大業能如期實現。」這
是佛教界的盛事，在臺灣倡導中國文化遺產，[135]

初期估算影印的費用是二十萬元。清揚居士支付後，立即
與張少齊、東初法師策劃。後來發現計算錯誤，廠商提出的條
件也談不攏，只好另外想其他的方法。[136]

---

133 蔡念生，〈影印大藏經的新建議〉《中國佛教》卷 1 第 12 期，1955.6.1，
　　頁 4。

134 釋永芸，〈與孫立人將軍夫人往生前的最後訪談〉《中國軍魂：孫立人將
　　軍永思錄》，頁 446。

135 孫清揚，〈響應影印大藏經的新建議〉《人生》卷 7 第 7 期，1955.7.10，
　　頁 3。

136 釋含虛，〈中華佛教文化館影印大藏經緣起〉《人生》卷 7 第 7 期，1955.7.10，

　　六月一日，再度到華嚴蓮社討論影印《大藏經》事宜，有東初法師，和張少齊、朱鏡宙、閻錫山、李子寬等人參與。[137] 清揚居士對外發起、邀約佛教名流一起籌議：

> 過去雖幾度發表關於刊印《大正藏》的文章，但沒有能引起我的注意，都是漠不關心佛教，一縷煙的過去了。這並不是我不關心佛教，而是我對這事看得過於重大，認為這一曠代的大事，如無政府參加主辦，絕非今日臺灣的幾個少數佛教徒所能肩任得起來。所謂倡議，也不過是空言罷了。[138]

　　東初法師以「中華佛教文化館」作為推展佛教文化的基地，以宣揚佛教文化為職志，發起影印《大藏經》、發行《人生》月刊。[139]

　　《大藏經》是佛教的法寶，人們最高智慧的寶庫，也是道德生活的指南，清揚居士出面倡導、宣傳藏經，推展這項艱難的業務。[140] 清揚居士說明《大藏經》對佛教文化的重要性：

　　（一）繼續佛陀的智慧生命
　　（二）為解脫世界人類的苦惱

頁 5。

137　于凌波，〈湖南省孫張清揚居士傳（1913-1992）〉《民國佛教居士傳》下冊，（臺中：慈光圖書館，2004 年），頁 243。

138　孫清揚，〈響應影印大藏經的新建議-致念生居士函〉《人生》卷 7 第 7 期，1955.7.10，頁 3。

139　〈中華佛教文化館編中華佛教美術〉《中國佛教》卷 1 第 1 期，1957.6.30，頁 28。

140　范觀瀾，《成一法師傳》，頁 85。

（三）為保存中國文化

（四）為維持人類社會的道德觀念

綜觀上面幾項理由，我們這一次影印大藏，其意義的深切，是可想而知的。今日自由中國的朝野人士，正加強宗教的宣傳；整理舊文化和舊道德，以及人民皆能享受宗教信仰自由。故此次重印大藏，不是一個宗教，或個人事件，意義至偉。[141]

八月二十一日，成立影印佛教大藏經委員會（印藏委員會），常務委員有南亭法師和李子寬、張少齊、錢召如，與清揚居士、林競（1894-1962）、陳志賡等七位為監察委員。[142]

清揚居士得到副總統陳誠首肯，再函文中國佛教會。中華佛教文化館致函外交部葉公超（1904-1981）部長：「以日本《大正新脩大藏經》正編，萃我國之遺文成釋門之巨著，轉函駐歐美各使領館向當地學術團體廣為介紹。」[143] 廣慈法師說明影印《大藏經》的過程：

> 東初是留在文化館坐鎮，我們到外面宣傳的成績，拿回來以後，就交給他來處理，書印好了，他要負責分發寄出去。當時參與的政要也蠻多的，其中信佛的人也不少，大家都有出錢、出力。我們請他們參與，一方面是向他們募化，另一方面是希望他們也能訂一套。國大代表有很多信佛的，有于右任、劉中一、吳仲行、黃一鳴等人，

---

141 孫清揚，〈為什麼要影印大藏經〉《人生》卷 7 第 8 期，1958.8.10，頁 21。

142 《人生》卷 7 第 9 期，1955.9.10，頁 27。

143 《人生》卷 7 第 10 期，1955.10.10，頁 19。

　　整個合起來才有幾百部，沒有幾百部就出不了，因為印
　　刷費太貴了。[144]

　　九月十四日，成立《大藏經》環島宣傳團。[145] 南亭法師組
團宣傳，煮雲法師負責聯絡，星雲大師帶領宜蘭念佛會的八位
蓮友，開始在臺灣環島宣傳。[146] 十七日，宣傳團二十多人從臺
北出發，準備在臺灣繞行一周。[147]
　　十月二十七日，宣傳團回到臺北，清揚居士等人在華嚴蓮
社舉行歡迎會。[148]（如下圖）東初法師致歡迎詞，各法師報告
沿途的經過，智光法師和清揚居士、林競、蔡念生等人分別慰
勞致詞。[149]

144 釋果見，〈口述歷史之一訪廣慈法師〉，法鼓山，2007 年 9 月 16 日。
145 〈教訊彙編〉《海潮叢書》卷 36，1954.10.15，頁 532。
146 釋永芸，〈與孫立人將軍夫人往生前的最後訪談〉《中國軍魂：孫立人將
　　軍永思錄》，頁 446。
147 〈佛教新聞版〉《菩提樹》第 35 期，1955.10.8，頁 33。
148 〈教訊彙編〉《海潮叢書》卷 36，1954.11.15，頁 556。
149 〈佛教要聞〉《人生》卷 7 第 11、12 期，1955.12.1，頁 31。

廣慈法師在訪談紀錄，說明環島宣傳的過程：

> 我們將澎湖佛教和宜蘭佛教的歌詠隊合併起來，開始環島佈教，我們用車子作宣傳，當時隊長是南亭，煮雲是副隊長，星雲是總務，我是財務長，隊裡還有居士，每到一個地方，他們就找地點搭台子。歌詠隊的人，拿著喇叭到外面做宣傳。到某某寺廟的門口，在裡面或外邊搭建一個台子，在上面唱歌、跳舞。那個年頭沒電視、也沒什麼設備，晚上大家都沒事，聽到什麼地方有人在唱歌，人都會來。當時唱歌都會有人聽，人就來了很多，由於聚集的力量，人就多了。

> 開始宣傳佛法，接著講經說法，講到最後，我們就講《大藏經》，怎麼好、要怎麼預約、怎麼付款……，最後就叫大家訂《大藏經》。我們就是用這種方法，到臺灣全島去宣傳，花了很長的時間。

> 一路上，我們開始找寺廟，畢竟找寺廟，錢就可少花一點。當然也有很多寺廟，是主動請我們去宣傳。最熱心的是屏東東山寺的圓融長老尼，她是天機的師父。當時有很多的臺灣人排斥大陸法師。但是圓融很開明，對大陸的法師並不排斥。另外也有一些情況，很多寺廟只有一個人。希望我們能夠把他的寺廟，提升上來，讓人家知道，來的人就多了。也有人覺得，這是屬於佛教事業，是在替佛教做事，大家應該出一點力。由於這樣子的呼應，產生了很大的效果。

> 大家都窮，老百姓也窮，大家都沒有錢，所以非常非常

的可憐。我們希望大家能多訂一點，到了每個地方，至
少都要訂個三部、五部的，看看寺廟是否能訂一部。遇
到大信徒，也勸他訂一部。那個時候，想要推廣是相當
的困難。訂戶要他一次交清，可能沒有辦法，所以可以
分期付款。我們走了幾個月，臺灣的大鄉、小鎮都走過
了。[150]

此時，清揚居士從日本請購《大正新脩大藏經》一百冊，
委託軍方以軍用飛機，將《大正藏》載運到臺灣，年底，《阿
含部》上冊印竣發行。[151]

十二月二十九日，召開第四次常務會議。[152] 成立藝文公司
做起印刷事業，後來整個廠送給新文豐出版社。廣慈法師在訪
談紀錄，說明印刷公司經營困難的原因：

我們在萬華租了一個地方，成立印刷公司，星雲、煮雲
及我，還有張少齊、孫夫人，就去買機器回來印刷。沒
有多久就停頓下來，因為經費不夠。停下來該怎麼辦呢？
這個廠不能停，所以整個廠送給現在新文豐出版社。
高本釗接收後，以做生意的方法，設法經營出版的工作，
採用印刷的機器來印刷，把舊有的書，先拿來照相製版，
再把它印出來，開始販賣書籍。因為排字太貴，那時就
用照相製版，今天的新文豐才會賺那麼多的錢。[153]

---

150 朱浤源、劉晏均，〈廣慈口述訪問記錄稿〉，佛照淨寺，2017 年 5 月 3 日。
151 〈教訊集錦〉《海潮音叢刊》卷 37，1956.1.15，頁 24。
152 〈佛教要聞〉《人生》卷 7 第 11、12 期，1955.12.1，頁 31。
153 朱浤源、劉晏均，〈廣慈口述訪問記錄稿〉，佛照淨寺，2017 年 5 月 3 日。

　　高本釗（1933-），江蘇豐縣人，熱心護持佛教，經常捐贈
經典給相關單位。後來，他把新文豐出版社經營得相當好，曾
影印《大正藏》、《高麗藏》、《卍續藏》等，在佛教、印刷
界也多有貢獻。

　　四十五年（1956）四月二日，中華佛教文化館落成（如下
圖），智光法師主持開光，清揚居士揭幕開始使用。[154] 舉行藥
師如來佛七，清揚居士獨唱戒定真香讚偈。[155]

　　四月十五日，章嘉活佛等人發起修定《中華大藏經》籌備
會[156]，清揚居士為發起人。[157] 七月，出版《中國佛教史論集》。
[158] 十二月，設立閱覽部，[159] 每月初一、十五念佛共修，印藏

---

154 〈中華佛教文化館〉《人生》卷 8 第 4 期，1956.4.15，頁 19。

155 〈法訊彙報〉《人生》卷 8 第 3 期，1956.3.10，頁 21。

156 〈修定中華大藏經籌備會〉《人生》卷 8 第 4 期，1956.4.15，頁 9。

157 〈修定中華大藏經會發起人題名錄〉《人生》卷 8 第 5 期，1956.5.15，頁
22。

158 《人生》卷 8 第 7 期，1956.7.10，頁 16。

委員會以《大正藏》為總統祝禱。[160]

四十六年（1957），開始發放冬令賑米。[161] 三月，影印《教乘法數》預約啟事。[162] 五月，編印《中華佛教美術》，第一次集會座談，以莊嚴院長為主任委員，搜集資料分四輯出版。[163]

四十七年（1958）四月，完成影印正編五十五冊，印藏委員會召開會議建議影印續藏四十五冊。[164] 六月，煮雲法師成立環島訪問團，成一、廣慈等法師宣傳影印《續藏》事宜。十六日，訪問團從臺北出發。七月二十一日，返回臺北。[165]

十一月，《中華佛教美術繪畫部》第一集出版，內容有唐、宋、元、明、清等名家所繪佛、菩薩聖像及敦煌壁畫。[166]

四十八年（1959）一月十六日，發放賑米。[167] 十二月三十日起，舉行佛七。[168]

二、印藏紀念堂

四十九年（1960）七月，編印《中華佛教叢書》。[169]

八月，出版星雲大師編輯《八大人覺經講義》。[170] 二十日，

---

159 〈中華佛教文化館〉《人生》卷 8 第 11、12 期，1956.12.10，頁 16。

160 〈佛教新聞〉《人生》卷 8 第 11、12 期，頁 25-26。

161 〈國內外佛教新聞〉《人生》卷 12 第 1 期，1960.1.10，頁 28。

162 〈章嘉大師舍利示現之意義〉《人生》卷 9 第 4 期，1957.4.10，頁 3。

163 〈中華佛教美術觀編輯概略〉《人生》卷 9 第 7 期，1957.7.10，頁 25。

164 〈佛教新聞〉《今日佛教》卷 2 第 1 期，1958.5.1，頁 59。

165 釋成一，〈環島日記〉《今日佛教》卷 2 第 3 期，1958.7.1，頁 54。

166 〈佛教新聞〉《今日佛教》卷 2 第 7 期，1958.11.1，頁 60。

167 〈國內外佛教新聞〉《人生》卷 11 第 2 期，1959.2.10，頁 27。

168 林其賢，《聖嚴法師年譜》，頁 130。

169 〈佛教新聞〉《人生》卷 12 第 7 期，1960.7.10，頁 27。

170 〈佛教新聞〉《人生》卷 12 第 8 期，1960.8.10，頁 28。

清揚居士參與發起蓋建「印藏紀念堂」，提供大家閱讀《大正藏》，培植佛教人才的場所。二十二日起，啟建地藏法會一個月。[171] 三十一日，召開影印《大正藏》結束會議，清揚居士以監察委員身份提議撥出壹萬元，作為大專學生的獎學金。[172]

十二月一日，印藏紀念堂破土典禮，同時成立培育佛教人才研究處。[173]

民國以來，以四佰萬元宣傳佛教文化事業，由民間完成影印《大正藏》正、續藏共一萬三千餘卷。[174] 清揚居士以〈以略記印藏因緣始末〉，說明過程：

> 東初法師幾年來為此事的勞心焦思，道俗讚嘆。張若虛經辦收發、包紮、交郵掛號、催款等等繁瑣的雜務，一直是無間風雨。後來又繼續為印續藏而從事同樣工作，時間先後經過五年的漫長歲月。
>
> 張少齊除了近三年來獨立出刊《覺世》旬刊，以一身兼任編校之勞外，也傾注全力於此一大事的贊助與維護。至於我個人，不要說是婦女之身，障深慧淺，擔當不起什麼大責重任，然而能夠參與到此一大事因緣的完成，私心却只願做一個無名小卒，完滿了這一件願心，精神上實在感到無上的快慰和喜悅。[175]

---

171 〈佛教新聞〉《人生》卷 12 第 9 期，1960.9.10，頁 27-28。

172 〈中國佛教新聞版〉《中國佛教》卷 5 第 1 期，1960.9.15，頁 27。

173 《人生》卷 12 第 11、12 期，1960.12.1，頁 36。

174 〈佛教新聞〉《人生》卷 12 第 8 期，1960.8.10，頁 28。

175 張清揚，〈略記印藏因緣始末〉《人生》卷 12 第 11、12 期，1960.12.1，頁 14。

三、聖嚴法師重新出家

四十九年（1960）一月六日，聖嚴法師重新出家。[176] 東初法師以祖師語說明：「當好自己個人的家，便能當一個寺院的家，能當好一個寺院的家，就可當天下眾人的家。」[177]

十二月二十五日，永和祇園精舍舉行大悲法會，蓮航法師主持法會，清揚居士等百餘人參加。[178]

五十年（1961）一月二十四日，發放冬令賑米。[179] 三月十日，影印《禪學大成》。[180] 四月三十日，印藏紀念堂落成，智光法師主持懸額大禮。[181]

五十二年（1963）九月，聖嚴法師到高雄美濃大雄朝元寺掩關，明常法師說法，南亭、星雲大師加封上鎖。[182]

五十四年（1965）三月十七日，法藏寺大殿重修落成。[183]

七月十五日，東初法師創辦《佛教文化》季刊，對外的宣言是：「世界上每個民族的摶成，每個國家的創建，都是基於一種文化因素而合成的，所以民族與國家，皆是人類文化的產物，所有一切民族與國家的形形色色，也都是代表了它背後的文化之形形色色。」[184]

---

176 〈國內外佛教新聞〉《人生》卷 12 第 1 期，1960.1.10，頁 27。
177 林其賢，《聖嚴法師年譜》，頁 132。
178 《覺世》第 131 號第 4 版，1961.1.1。
179 〈佛教新聞〉《人生》卷 13 第 1 期，1961.1.10，頁 28。
180 《人生》卷 13 第 3 期，1961.3.10，頁 24。
181 〈佛教新聞〉《人生》卷 13 第 5 期，1961.5.10，頁 28。
182 〈卍新聞〉《中國佛教》卷 8 第 2 期，1963.10.15，頁 26。
183 〈佛教新聞版〉《菩提樹》第 149 期，1965.4.8，頁 52。
184 《佛教文化》卷 1 第 1 期，1965.7.15，頁 2。

　　五十五年（1966）八月七日，聖嚴法師出關。隔年六月十日，二度閉關，由能淨（1887-？）法師封關。[185]

　　五十七年（1968）二月，聖嚴法師出關、聘為善導寺佛教文化講座，[186] 為信眾講述〈佛教的行為主義〉、〈佛教救世的精神-觀世音菩薩之事蹟〉、《八識規矩頌》。[187]

　　五十八年（1969）三月十四日，聖嚴法師赴日就讀。[188]

　　六十年（1971），《佛教文化》季刊發行到第十四期停刊。

　　六十四年（1975）三月，聖嚴法師取得立正大學博士學位，駐日代表馬樹禮（1909-2006）邀請，回國參加海外學人國家建設研究會。[189]

　　六十六年（1977）十二月十五日，東初法師圓寂，留下三封遺囑。[190]

　　十二月二十一日，荼毘大典，由樂觀法師封龕、舉火，舍利供奉於中華佛教文化館。翌年的二月，編輯《東初老和尚永懷集》，蒐集追悼輓聯幛軸、悼念文。

　　隔年三月十四日，東初法師圓寂百日，聖嚴法師晉山典禮。

　　三月二十六日，中華佛教文化館成立董事會，聖嚴法師任董事長並兼任館長，同時成立慈善放生會、觀音消災會。

　　四月，美國佛教會駐臺譯經院遷至農禪寺，由聖嚴法師兼

185 林其賢，《聖嚴法師年譜》，頁 220、226。

186 〈佛教新聞版〉《菩提樹》第 184 期，1968.3.8，頁 52。

187 釋星雲口述，何智霖等編輯，《百年佛緣》第 2 本，頁 3。

188 陳慧劍，《南亭和尚年譜》，頁 340。

189 林其賢，《聖嚴法師年譜》，頁 308-312。

190 釋東初，《般若心經思想史》，頁 12。

任院長。[191]

　　六十八年（1979）十月，成立「三學研究院」。[192] 隔年五月，方甯書協助成立「東初出版社」。[193]

　　七十年（1981）八月三日至四日，「中華學術院」佛學研究所開始招生，成為培養高級佛學人才的學府，聖嚴法師、成一法師為負責人。[194]

　　七十四年（1985）八月，創辦「中華佛學研究所」。

　　七十五年（1986）四月十九日，中華佛教文化館大樓落成，煮雲法師剪綵，成一法師開光，鑑心法師為新任住持。[195]

第五節　護持智光、南亭法師

一、臺北十普寺

　　三十七年（1948）十二月，白聖法師來臺，買下十普寺，整修為中國式的道場。[196] 寺名原名是了覺寺，光復後，政府收回後，改名十普寺。上海接近戰火的邊緣，成一、妙然法師商量後，寫信催促智光、南亭法師來臺。

　　三十八年（1949）五月一日，智光、南亭法師在沉香閣幾

---

191 林其賢，《聖嚴法師年譜》，頁 361-370。
192 〈教界消息與通訊〉《中國佛教》卷 24 第 1 期，1979.10.30，頁 54。
193 林其賢，《聖嚴法師年譜》，頁 398。
194 〈教訊〉《海潮音》卷 62，1981.9.30，頁 37。
195 林其賢，《聖嚴法師年譜》，頁 462、500-562。
196 《中國佛教》卷 29 第 7 期，1985.7.31，封面。

經波折，與束凱東才搭上飛機。[197]

　　成一與智光法師來到臺灣，被安排在十普寺掛褡。他看到
寺廟有和尚，雖有剃頭也會念經，但都沒有受俱足戒，不能算
是出家人。在大殿時，身上披海青上班，下午就回家，所以寺
廟都是不住人。這時，從中國大陸來臺的僧人，都沒有地方可
以掛單。[198]

　　隔天，清揚居士等人趕到十普寺，向兩位長老禮座，見面
後場面氣氛親和。[199] 智光法師是清揚居士的皈依師父，教、內
外都非常的尊重他。白聖法師坐船到臺北，他鄉遇故人大家都
格外的高興。[200]

右起李子寬、白聖法師、左為孫張清揚／
十普寺

197 釋天演，《華嚴蓮社六十週年慶紀念特刊》，頁44。
198 范觀瀾，《成一法師傳》，頁69-71。
199 陳慧劍，《南亭和尚年譜》，頁103。
200 范觀瀾，《成一法師傳》，頁93。

　　七月，成立星期佛學講習會，白聖法師講經、教信徒念佛。智光、南亭、道源法師分別主講《釋迦如來成道記》、《怡山了然禪師發願文》、《八大人覺經》，舉行念佛淨七。清揚居士出資、印刷一千份，把經書贈閱佛友。《婦女學佛應有的態度》說明印經緣起：

> 世界之亂，人心之惡，演至今日已臻沸點，余以宿緣篤信佛法，深覺欲挽劫運與啟導人心，捨廣弘揚佛法莫為功。[201]

　　八月，南亭法師講述《心經》義理，讓念佛人了解意義。[202]後來把內容編輯為《般若波羅密多心經句解》，李增祥油印給大家閱讀。[203] 白聖法師在書中說明：

> 清揚居士以將軍夫人之身份，獨排眾議，謝世俗之紛華，樂佛乘之靜寂，凡有善舉，無役不從。比見《心經》講義，讀而悅之。居士倡於前，諸大善信和於後，集資付印，以謀普及。灑清涼水於火宅之中，放寶光明於幽暗之世，正信發心，猶有人在，故樂而為之叙。[204]

　　清揚居士閱讀《心經》講義，為講義寫序文，其內容：

> 說明佛法重要性，導正世人對佛法偏差。學佛條件有四：

---

201 孫張清揚，《婦女學佛應有的態度》，頁37。
202 釋南亭，〈般若波羅密多心經句解〉《人生》卷1第4期，1949.9.1，頁5-7。
203 孫張清揚，〈心經講義叙〉《人生》卷2第1期，1950.1.10，頁12。
204 釋白聖，〈心經講義叙〉《人生》卷2第1期，1950.1.10，頁10。

「眾生無邊誓願度,煩惱無盡誓願斷,法門無量誓願學,
佛道無上誓願成」。凡曾涉獵佛經者,皆知其說之謬蓋
其所談之空,乃為宇宙萬有之原理。

宇宙萬有之形成,莫不假借各自需要之眾多條件,為組
合之原素,而後有形形色色諸事物之產生。此之條件在
佛經則名之曰因緣,一切事物既皆假托因緣而生,則無
一成不變之個性,故曰緣生性空。世界果有實性,則染
者不可以轉淨;人生果有個體,則苦者安能變樂。以其
緣生,故可以轉,以其無性,故可以變。

是故知佛教之空者,而後可以為民上,以知佛教之空者,
乃能不私其身家,致全力以民眾之福利。[205]

　　臺灣開始舉辦佛七法會,清揚居士發起觀音息災法會,除
捐獻三十兩黃金,邀約佛友幫忙,負擔法會的開支。政府官員
的太太、將軍夫人等都請來,十普寺成為當時的佛教中心。[206]

　　佛七是從禪七而來,修行者經過七天的修行,增進對淨土
的好樂,對淨土宗產生信心。短期修行以七日為一期,稱為打
七、結七。七日之中,專修念佛法門稱打佛七,略稱佛七;專
修禪宗法門稱打禪七,略稱禪七。[207] 另一說:八識田中,第七
識末那識,以八識執著為我,打掉第七識才不執著,而有七的
概念。

　　十一月三日至九日,智光法師主持佛七法會,同聲稱念觀

205 孫張清揚,〈心經講義叙〉《人生》卷2第1期,1950.1.10,頁12。
206 陳慧劍,《南亭和尚年譜》,頁4。
207 釋惠空,《臺灣佛教發展脈絡與展望》,頁137。

音聖號、設放律儀蒙山。早年皈依智光法師的弟子，葛執中、葉楚滄、朱佛定（1889-1981）等人都來參加法會。

祈求弭劫消災，超薦陣亡將士，同生淨土。法會收進七千餘元，在當時可買黃金三根大條，但智光法師沒有得到任何的實惠。[208]

妙然法師紀錄觀音佛七息災法會，活動內容：法會之發起，固為消弭災劫，同時亦可啟發吾人之信心，劫運之來，共業所感，個人榮枯，別業所招。陳誠、周彭賞、周至柔、林蔚、蔣鼎文、郭懺等夫人均來拈香。吳經明、李子寬、朱鏡宙等百人參加。皈依者有周王青蓮、周趙曉梅等十餘人。

善信集資七佰餘元，舉行放生。中國佛教會駐臺辦事處募款一千元，購買物品，由孫張清揚、周趙曉梅、東初、白聖分別送至北投、臺北兩醫院，慰勞榮軍。智光法師於法會中說明：「孫張清揚以將軍夫人之身份，能精向道，深受感動，特製七

208 張清揚，〈悼智光上人〉《智光大師法彙》，頁451。

古一章以頌揚之，茲特照錄於後，以廣法喜。」[209]

　　隔年春天，妙然法師租借北投居士林，請智光、南亭法師同住一段時間。居士林座落於北投，是一座日式木屋，採用紙門隔間，言談起坐都能互相影響，但環境優美、山水兼備，適合修行的地方。平時於林中散步，南亭法師澆花鋤草，培育素心蘭草，將外邊的走廊命名為味蘭軒。[210]

二、華嚴蓮社

　　四十一年（1952）五月，智光法師研究《華嚴經》，南亭法師受教慈舟（1877-1957）法師，弘揚華嚴學為職志，在新生南路創辦華嚴蓮社。（如下圖）

1952 年 5 月 9 日，於臺北市新生南路創立華嚴蓮社。

　　五月十六日，南亭法師借用清揚居士的車，把智光法師接到華嚴蓮社。十八日，參謀總長周至柔（1899-1986）夫人周王青蓮、立委錢劍秋、劉譜人（?-1982）都到華嚴蓮社，國大代表

---

209 釋妙然，〈十普寺觀音佛七息災法會記盛〉《人生》卷 2 第 1 期，1950.1.10，頁 8。
210 范觀瀾，《成一法師傳》，頁 94。

吳月珍人送來十二張坐椅。[211]

　　南亭法師的弟子，很多是官夫人，所以在華嚴蓮社開會、討論佛教的活動。廣慈法師看到當時情形：

> 南亭老法師的弟子都是官夫人、政府大官夫人，清揚居士也是官夫人，所以她經常在華嚴蓮舍，現在臺北市濟南路的華嚴專宗。我們都是清揚居士的關係，才能到臺灣，後來她就住到永和寓所，我們就比較少來往。[212]

　　翌年四月二日，誦經、上供，南亭法師開示〈觀音度生之方便〉。十二至二十日，開講《法華經》。成一法師協助南老回華嚴蓮社。[213]

　　五月，華嚴蓮社遷址到濟南路上，原本是一幢花園住宅，曾改建、翻蓋。（如下圖）至今仍在原址弘揚《華嚴經》。

1953 年 5 月 28 日，華嚴蓮社由新生南路遷至濟南路二段現址。

---

211 陳慧劍，《南亭和尚年譜》，頁 9、140。
212 朱浤源、劉晏均，〈廣慈口述訪問記錄稿〉，佛照淨寺，2017 年 5 月 3 日。
213 陳慧劍，《南亭和尚年譜》，頁 151-153。

四十三年（1954）十月十七日，臺中寶覺寺舉行住持晉山以及大悲講堂落成、佛學院開學典禮。清揚居士為講堂主持剪綵，致詞的內容是：「以弘揚佛法為俾世界臻安寧，培育僧才永替人間續佛慧命。以自身信佛因緣，作為演講，說到菩薩慈悲救事，大眾湧起念佛之聲。」皆稱菩薩示現。[214]（如下左圖）

四十四年（1955）三月六日至十二日，臺中靈山寺舉行念佛法會，中間休息時，清揚居士特別對大眾講述淨土的殊勝。[215]（如上右圖）

六月十九日，華嚴蓮社首次舉行華嚴佛七。[216]

七月二十四日，妙然法師於新北投居士林閉關（華嚴關），智光法師說法，清揚居士等人參加。[217]

---

214 《覺生》第 53、54 期，1954.12.1，頁 23-34。
215 〈靈山淨土道場〉《菩提樹》第 29 期，1955.4.8，頁 35。
216 〈佛教要聞〉《人生》卷 7 第 7 期，1955.7.10，頁 28。
217 〈佛教簡訊〉《人生》卷 7 第 8 期，1958.8.10，頁 28。

三年後，由智光法師說法、開關。[218]　（如下圖）

妙然法師掩關來賓合影

十二月十七日，臺中佛教會館舉行秋季法會三天，南亭法師講〈大乘理趣六波羅密多經皈依三寶品〉，清揚居士演講信佛的因緣。[219]

四十五年（1955）一月八日，南亭法師在華嚴蓮社傳五戒，受戒有二十四人，一人受菩薩戒。

四十六年（1956）三月，華嚴蓮社集合信眾誦《八十華嚴經》前四十卷，至今每年春、秋二季，各誦四十卷，臺灣第一次舉辦《華嚴經》法會。[220]

十二月三十一日，清揚等居士護持能果法師，於新北投成立佛教覺苑。[221]

218　〈佛教簡訊〉《人生》卷 10 第 8 期，1958.8.10，頁 28。
219　鄭公僑，〈聽經側寫〉《菩提樹》第 38 期，1956.1.8，頁 35。
220　陳慧劍，《南亭和尚年譜》，頁 178、192。
221　〈新北投鎮添新道場〉《覺世》第 28 號第 4 版，1958.1.1。

五十年（1961）七月三十日，席開二十桌，南亭法師講〈觀世音菩薩成道紀念日源流〉。[222] 八月二十三日起，舉行孟蘭盆法會，南亭法師講《盂蘭盆經》。[223] 十一月二十四日，啟建彌陀誕辰紀念法會，講〈淨土要義〉。[224]

五十一年（1962）二月，南亭法師從泰國購買一百五十部《華嚴經》，成立華嚴誦經月會。十月十四日，舉行華嚴三聖安座、灑淨、誦經。十一月十日，佛殿新修落成。[225]

五十二年（1963）三月十四日，智光法師圓寂。[226] 翌日，證蓮法師主持入龕，參與念佛有三百多人。十九日，舉行封龕法會。[227] 二十七日，中華佛教文化館舉行智光法師祈願追思法會，成立智光大師永久紀念會。[228]

四月十七日，第一次為入塔高僧舉行傳供大典，參與祭禮者眾多。[229] 二十三日，大眾誦《法華經》，證蓮法師說法、稱誦聖號，數十車輛護送靈龕，安塔於臺北縣觀音山，有千餘人參加。[230]

七月二十六日，南亭法師、張伯英發起「智光大師獎學基金會」，清揚居士為董事。[231]

---

222 陳慧劍，《南亭和尚年譜》，頁 240。

223 《覺世》第 155 號第 4 版，1961.9.1。

224 陳慧劍，《南亭和尚年譜》，頁 243。

225 陳慧劍，《南亭和尚年譜》，頁 252-258。

226 于凌波，〈智光大師傳〉《中國佛教》卷 7 第 11 期，1963.7.15，頁 15。

227 陳慧劍，《南亭和尚年譜》，頁 265。

228 〈新聞版〉《中國佛教》卷 7 第 8、9 期，1963.2.15，頁 37。

229 陳慧劍，《南亭和尚年譜》，頁 265。

230 《覺世》第 215 期第 1 版，1963.5.1。

231 《覺世》第 241 期第 4 版，1964.1.21。

　　九月十九日，觀音殿、地藏殿、藥師殿舉行開光法會。[232] 清揚居士說：「我未能全力服膺智光法師，而南亭法師對異姓師父如此的任勞任怨，至堪敬佩！」死是無常示現，凡夫弟子迷惑於世間不知反省，期望智老乘願再來度眾生。她寫下與智光法師的緣份：

> 十餘年，我很慚愧，沒能盡到多大護法的責任。這些年來，老人所以能安心於道，而不旁務者，皆是南亭法師孝敬二字的工夫做得好啊！這在一般社會人的眼光，是悲痛的，可是在明了佛理的人，却不如此。從老人圓寂前後的瑞象來說，死，不過是老人一種無常的示現。也可以說，這是對凡夫弟子們的一種警策而已。這和佛陀在雙林示寂的意義，並無二致。
>
> 老人是涅槃了，但我這個苦惱的弟子，仍然沉迷未醒，苦海茫茫，何時能了？唯願老人在常寂光中，賜我一個加被，俾我能早點反迷歸覺；同也期望老人不捨塵勞，倒駕慈航，再來把那些沒有度盡的弟子，一齊解脫罷！[233]

　　九月二十五日，明常、曉雲（1913-2004）法師四人從香港來臺。[234] 南亭法師設齋招待，席間有清揚居士、梁寒操（1899-1975）教授和夫人。[235] 十月八日，明常法師到北海岸風景區，與多位法師，還有清揚居士、張少齊、張若虛、孫義貞等人隨

---

232 陳慧劍，《南亭和尚年譜》，頁 269。
233 張清揚，〈悼智光上人〉《智光大師法彙》，頁 448-452。
234 《覺世》第 230 期第 1 版，1963.10.1。
235 釋曉雲，〈逝我良師〉《華嚴蓮社第二代住持南亭和尚紀念集》，頁 172。

行。[236]　（如下圖）

　　十九年（1930），若舜法師到香港弘法，在荃灣石圍角蓋建鹿野苑，門額以「棲霞明墅」為名。三十六年（1947），明常法師到香港接下住持，鹿野苑成為棲霞寺的下院。[237]

三、智光商工

　　五十三年（1964）三月二十九日，成一法師主持華嚴共修月會。四月一日，四百多人參加華嚴懺。四日，舉行江蘇泰州光孝寺傳法，南亭法師傳法給成一、妙然、守成等法師，有三百多人參加。

　　十月四日，星雲、悟一法師到華嚴蓮社討論佛教中學一事，並以太虛為校名。十二月，商議成立「太虛中學」等事項，後來易名為「智光中學」。到善導寺開董事會，會議中各董事傳

閱建校草約，校名為「智光商業職業學校」。十一日，南亭法師撰寫〈為大湖達道法師，臺北孫張清揚、吳俞夢珠、俞淨純等人設上堂齋法語〉。[238]

五十四年（1965）一月十七日，善導寺召開智光商職籌備會議，推選南亭法師為董事長，張若虛為出納組長，協助籌辦學校。[239] 四月二十八日，在永和舉行智光商職破土典禮，有二十多人參加。[240] 五月二十三日，聘請葛建時（1896-1981）教授為首任校長。

八月十六日，善導寺招待新聞記者會，南亭法師為智光商職招生。九月六日，智光商職正式開學，學生有一百七十多人，編成四班上課。[241] 三年後在善導寺舉辦第一屆畢業典禮。[242]

智光商職以大乘佛教入世的精神，興辦社會教育、服務社會大眾為宗旨。秉承智光法師一生興辦佛教僧教育與獎勵青少年就學之遺志，而辦學設校。成立之初，清揚居士和周至柔夫人襄助甚多，成一法師在善導寺舉辦水陸法會，明常法師出錢又出力，帶著信徒籌措資金。[243]

五十八年（1969）三月二十四日，新建禮堂破土。[244] 八月十八日，校名改為「智光商工職業學校」。[245] 隔年四月二十一日，成立智光老和尚紀念堂。六月十三日，綜合大樓落成，梁

---

238 陳慧劍，《南亭和尚年譜》，頁 276-289。
239 陳慧劍，《南亭和尚年譜》，頁 294。
240 〈佛教動態〉《中國佛教》卷 9 第 10 期，1965.6.15，頁 23。
241 陳慧劍，《南亭和尚年譜》，頁 297-299。
242 〈一般教訊〉《中國佛教》卷 12 第 11 期，1968.7.15，頁 29。
243 范觀瀾，《成一法師傳》，頁 138。
244 陳慧劍，《南亭和尚年譜》，頁 340。
245 《中國佛教》卷 14 第 2 期，1969.10.15，頁 30。

寒操教授剪綵、谷鳳翔（1906-1989）監委啟鑰。[246]

六十一年（1972）三月一日，成一法師接任華嚴蓮社住持。四月十四日，重建華嚴蓮社。[247] 八月十五日，悟一、明常兩位法師，錄製佛教唱誦及念佛唱片。[248]

四、華嚴專宗學院

六十四年（1975）六月十八日，智光商工在臺北市中山堂舉行首屆畢業典禮，董事有清揚居士、成一和妙然法師等人參加。[249] 八月，南亭法師創辦華嚴專宗學院，成一法師為院長。[250] 九月，華嚴蓮社召開董事會，新增董事有董正之、沈佛生和曉雲法師。[251]

十一月十六日，學院開學。[252] 佛學院成立，名為華嚴專宗學院，採四年學年制，符合高等教育的學制。南亭法師開辦佛學院的目的：

（一）提升僧伽教育水準，培育現代弘法人才，以應時代潮流。

（二）紀念華嚴蓮社開山住持智光和尚，因其學行都專宗於華嚴。[253]

246 陳慧劍，《南亭和尚年譜》，頁 347-348。

247 陳慧劍，《南亭和尚年譜》，頁 347-348。

248 〈一般教訊〉《中國佛教》卷 15 第 12 期，1971.8.15，頁 29。

249 陳慧劍，《南亭和尚年譜》，頁 404。

250 釋天演，《華嚴蓮社六十週年慶紀念特刊》，頁 5。

251 陳慧劍，《南亭和尚年譜》，頁 411。

252 〈佛教新聞版〉《菩提樹》第 275 期，1975.10.8，頁 49。

253 范觀瀾，《成一法師傳》，頁 112。

華嚴專宗設立教務、訓導兩處，一到三樓是學僧活動的空間，三樓是上課教室，二樓是佛殿，一樓是齋堂即飯廳。第四層則是宿舍，後來又增建兩層，五樓前座是成一圖書館，後座增設一間教室。華嚴專宗三十週年紀念，聖嚴法師的祝賀內容：

> 今天的佛教如果不辦教育，明天的佛教便沒有生存的空間，這已是今日全世界佛教徒的共識。可是近百年來，漢傳佛教的事業，並不是非常順利，往往由於政局的動盪、寺院經濟的不穩，尤其是辦學師資的嚴重不足，以致有許多佛學院辦辦停停、此起彼落。不論是中國大陸，或是寶島臺灣，一家佛學院或佛學研究所，能夠維持十年以上的實在不多。臺北市的華嚴專宗學院，開辦以來，竟然已有三十週年了，真是一椿稀有難得的大事，也是令人振奮的喜事。[254]

六十五年（1976）二月二十四日，華嚴蓮社大殿落成、聖像開光，六百多人參加。[255] 六月十五日，智光商工在中山堂舉行畢業典禮，南亭、佛生、雲霞等法師和周邦道（1898-1991）、清揚居士、莫淡雲（1916-2012）、沈佛生等人參加，會後放映地藏王菩薩影片。[256]

六十七年（1978）五月，學院開辦研究所。[257]

---

254 范觀瀾，《成一法師傳》，頁 115。

255 〈佛教新聞版〉《菩提樹》第 281 期，1976.4.8，頁 49。

256 陳慧劍，《南亭和尚年譜》，頁 434。

257 釋天演，《華嚴蓮社六十週年慶紀念特刊》，頁 74。

隔年七月一日，成一法師於最吉祥殿主持第一屆畢業典禮。[258]（如右圖，現今之最吉祥殿）

九月二十一日，智光大師紀念堂落成，南亭法師、妙然法師和清揚居士等人參加。[259]

今天在臺北的華嚴蓮社（如下圖）

七十年（1981）九月三日，南亭法師示寂。[260] 十月三十日，善導寺舉行南亭法師圓寂傳供奉安典禮。[261] 十一月，準備把智

---

258 〈教界消息與通訊〉《中國佛教》卷 23 第 11 期，1979.8.30，頁 52。

259 《海潮叢書》卷 60，1979.10.31，頁 876。

260 釋天演，《華嚴蓮社六十週年慶紀念特刊》，頁 74。

261 〈教界消息與通訊〉《中國佛教》卷 26 第 11 期，1982.2.31，頁 48。

光商工的禮堂，擴建為南亭和尚紀念堂。

　　七十二年（1983）四月八日，智光商工創校十八週年紀念，成一法師由副校長妙然法師陪同進入會場，參加紀念典禮。[262]三十日，南亭和尚紀念堂竣工。召開第五屆第一次董事會議，出席董事有董正之、莫淡雲、周邦道、苗素芳、靈根法師、佛聲法師、清揚居士、曉雲法師、吳居徹、沈佛生、吳福祥、吳長華等十三名，成一法師當選董事長。[263]

　　五月七日，在南亭和尚紀念堂辦理慶祝母親節晚會，有千餘人參加。[264] 六月十二日，南亭和尚紀念堂正式落成典禮。[265]

　　清揚居士為智光法師的皈依弟子，不僅出錢出力護持華嚴蓮社，同時是智光大師獎學基金會的董事，也是智光商工建校董事。智光商工在善導寺的協助、擴充各項教育設備，替社會培育商業人才，並為佛教延續慧命。

262　〈教訊〉《海潮音》卷 64，1983.4.30，頁 37-38。
263　〈教訊〉《海潮音》卷 64，1983.5.31，頁 37。
264　〈教訊〉《海潮音》卷 64，1983.4.30，頁 38。
265　〈教訊〉《海潮音》卷 64，1983.6.30，頁 34。

第六章　臺灣現代佛教

　　孫立人被英軍和美軍暱稱為「東方隆美爾」，也被打敗
的日軍在緬甸戰後史料上，尊稱他為「中國軍神」。孫立人
是現代軍人的典範，他一生矢志精忠報國，推行軍隊國家化、
現代化；他為官不要錢，打仗不怕死，勇於作戰且善於指揮，
常以寡擊眾，在緬戰中所締造的「仁安羌大捷」，迄今仍為
美國陸軍參謀學校作為戰史教材。

　　清揚居士潛行修佛，一生護法衛僧不遺餘力，堪為現代
在家居士的楷模。在佛光山、慈濟還沒發跡前，她仍以一己
的力量，維護星雲法師，擁護證嚴法師的醫院大業、建校的
大願。平時從言行實踐佛教的教義，傳承太虛大師的佛教文
化事業，佛教的歷史上欠缺這段的陳述，應該將她的史實，
列入居士佛教。

第一節　孫立人伉儷晚年平反

一、不自由生活

　　四十四年（1955）十月，孫將軍因「兵變案」被判處長期
拘禁，對被免職的孫立人，蔣總統採取「不殺、不審、不問、

不判、不抓、不關」，但也「不放」的七不政策，在臺中市向
上路一段 18 號居所，開始了三十三年漫長的軟禁生涯。

　　星雲大師在《百年佛緣》一書，談及這件事說：「我曾多
次到臺中孫府進出、聚談，看到有好幾名衛兵，監視所有的行
動。」[1]（如下圖，臺中孫府的大門）

　　孫府是一座日式木造房，屋頂加蓋水泥瓦，庭宅的前後、
左右都是水溝，總面積約四百九十五坪。後來，清揚居士為了
永久居留的問題，曾向彰化縣農會提出承購庭宅地上的建築
物，分別向中興大學、省政府提出想要購買土地的所有權，但
都因故被打回票，沒有任何的下文。[2]

　　房屋的圍牆均戒備森嚴，軍方特別把向上路的兩頭堵死。[3]

1　釋星雲，〈孫立人與孫張清揚〉《百年佛緣》生活篇③，頁 170。
2　〈家屬盼成立紀念館〉《中國軍魂：孫立人將軍永思錄》，頁 30。
3　沈克勤，《孫立人傳》，頁 913。

軍情局還在圍牆外加蓋一棟三層樓的指揮中心，居高臨下監視孫家所有的行動。電話中的談話，全部都被軍方監聽，孫將軍幾乎沒有個人的隱私空間，言行、自由雖然被禁止，但孫府的生活一切照常。孫將軍參與外面的任何活動，須通過保衛人員向上請示，凡是軍方認為不方便的事，均不得擅自作主活動。[4]

據說大門左前方的對面，還有一幢房屋全天監視著孫將軍的行動。[5] 房舍的四週均被有關單位派員就近監視，孫家與附近的鄰居，因一道無形的壓力而被阻隔往來。附近鄰居有一位吳先生表示，從小知道隔壁有一位將軍被軟禁，大門有警衛森嚴的崗哨，還會看到便衣人員巡查，孫府頗具神秘感，讓他感到猶如禁地一般。[6]

國防部派副官常年駐紮孫府，把守，門衛、司機、清潔工等等都是國家派來的情治人員。六位便衣保衛人員，日夜監視孫府的活動，外人都不得進入，因此孫將軍和家人不能隨便外出。孫將軍外出時，國防部派一部黑色轎車，駕駛員都是軍情局的人，同時還加派一部吉普車跟在後面尾隨監督。

國防部對孫府的看管極嚴，而在這幽居的日子裡，長達三十三年之久，只有家人給孫將軍最大的安慰！孫將軍在庭院種了一株雙色茉莉花，春夏之間花絮綿綿不絕，花香盈滿庭院。每一朵花初開時，顏色紫豔，數日後變為純白色，同一株樹有紫花與白花相互輝映，真是蔚為奇觀。[7]（如下圖）「孫立人將

---

4 蘇嫻雅等，〈孫立人的一生：幾度春風幾度霜〉《中國軍魂：孫立人將軍永思錄》，頁 25。
5 朱浤源主持，《孫立人紀念館導覽內容報告》，頁 186-187。
6 〈孫宅鄰居莫不寄予惋嘆之情〉《中國軍魂：孫立人將軍永思錄》，頁 31。
7 揭鈞，《小兵之父》（臺北：躍昇文化，1991 年 2 月），頁 47。

軍回顧特展」開幕茶會，2017.5.6 翻拍。

　　五十八年(1969)，清揚居士罹患乳癌至中心診所醫治。[8] 七十二年（1983）十月十七日，清揚居士又因病情嚴重，加上身體狀況也不好，讓所有的人都非常地緊張，她需要住院準備開刀動手術。孫將軍向國防部特別申請，想要到臺北探視清揚居士，竟然未得到獲准。[9]

　　六十三年（1974）六月，長女孫中平於清華大學畢業，孫將軍特別提出請求，前往參加女兒的畢業典禮，都未能獲得軍方的允許。

　　六十六年（1977）十一月，袁子琳安排孫將軍的慶生活動，特別籌劃、避開軍方人員。他讓所有人都到永和寓所，由清揚居士撥打電話到臺中的孫府，然後把話機改以擴音的方式，大家齊唱生日快樂歌給長官聽，齊聲祝福孫將軍生日快樂。這一

8 釋覺幻，〈孫張清揚往生記事〉《普門》第 156 期，1992.9.10，頁 102-103。
9 揭鈞，《小兵之父》，頁 476。

天，孫將軍很高興在遠端的電話中，對大家說：「我十分感謝，要大家保重身體。」[10]

　　孫將軍的一切行動，都被國防部軍情局嚴格的監察，他個人的自由也都被限制，讓孫府所有人覺得很不方便，造成孫將軍個人很大的困擾。外界的所有人，根本無法看到被軟禁的長官，部下只能以這種的方式，來安排各種的活動。（如下圖，臺中孫府的擺設）

　　六十八年（1979）新春初一，臺中孫府安奉祖宗神主牌位。清揚居士請來李炳南老居士，在大廳上誦經、點主、舉行安座典禮，孫將軍完成此生最大心願。[11] （如下圖）

---

10 沈克勤，《孫立人傳》，頁859。
11 沈克勤，《孫立人傳》，頁1004。

　　孫敬婉（如下圖、右一）在訪談紀錄中，說明孫府過年的
情形：「記得每年的農曆過年，孫立人領著我們給祖先磕頭，
愛讀曾文正公家書，守舊禮節，雖然他接受西式教育，却是一
個傳統、舊式的人，這一點是受他父親的影響。」[12]

　　六月，長子孫安平是清華大學
物理碩士，幼女孫太平畢業於清華
大學，孫將軍獲許前往參加典禮，
但不准和別人講話與他人會客。

　　六十九年（1980），孫將軍向
國防部正式提出辦理退役一事。[13]
長女孫中平在美國麻省理工學院
與劉力行先生結婚，孫將軍不能出
國主持婚禮，由義子揭鈞（1939-）
挽著中平的手走進入教堂。[14]

12　孫敬婉〈孫敬婉女士訪問紀錄〉《女青年大隊訪問紀錄》，頁125。
13　朱浤源等合編，〈孫立人將軍年表〉《中國軍魂：孫立人將軍永思錄》，
　　頁423-425。
14　揭鈞，《小兵之父》，頁475。

　　夏天，孫將軍托人、打聽在大陸家人的消息。當訊息傳回來的時候，得知妻子龔夕濤因弟弟，在新四軍擔任要職，所以未遭受到迫害。弟弟孫衡人則改名換姓，逃到蚌埠躲起來，找不到人了。没多久，傳來龔夕濤往生的消息，讓孫將軍的內心甚感愧疚，然後他對家人說：「我一生没有做過虧心事，只是虧待了前妻。」在善導寺舉辦三天超度法會，特別請出家法師為龔夕濤誦經、念佛。[15]

二、永和寓所

　　逢年、過節或孫將軍的生日，清揚居士才會到臺中孫府與家人團聚。孫將軍的四個兒女，都很聽話、孝順，平時操持閩南話，但大媽媽（清揚居士）來了，用國語稱呼：「媽媽」。[16]

　　清揚居士平時居住在永和寓所，義子、義女對她很孝順，過著很平靜的日子，但國防部情治單位也派人到永和寓所監督清揚居士，平時進出的人都要一一地查問，連垃圾都要抽查。泳思法師曾拜訪清揚居士，她看到永和寓所的環境：

> 這是一座日式花園庭院，靠近大馬路的路邊，門扉緊閉頗得鬧中取靜，客廳的陳設雅潔樸素，映襯出主人恬淡清逸的性格。[17]

　　義女孫義貞是日本人，抗戰勝利後，孫將軍把她留下陪伴

---

15 沈克勤，《孫立人傳》，頁 1005。
16 沈克勤，《孫立人傳》，頁 938。
17 釋泳思，〈情緣‧法緣‧孫夫人張晶英女士的一生傳奇〉《慈濟》第 289 期，1990.12.25，頁 74。

清揚居士。她是一位很貼心、懂事，又燒得一手好吃的素菜。豆子只要她的妙手調味，都成了十香五味的名菜，南亭法師稱讚並取名「干絲皇后」。[18]

義子張若虛的原籍是江蘇，寄籍湖南，經常參與寺院的法會。抗戰末期時，他的學業初成，乃投筆從戎，他的為人機警且受到孫將軍的賞識，調入官邸為參謀。[19]

來臺後，協助清揚居士、張少齊流通佛教經典；影印《大藏經》時，負責收發、交郵掛號、催款等雜務。[20] 華嚴專宗舉辦各種法會時，負責收善款、做一些雜事等等，成為南亭法師的好幫手，曾擔任智光商工出納一職達十一年。[21]

四十七年（1958）九月，從〈清揚居士為首精進，誦經施食普濟幽冥〉一文，了解清揚居士的生活狀況：

> 清揚居士自信佛教後，發願依照佛陀的指示去實行，她的言行具備信願行的三要件。每日早晨五點鐘起床，到夜晚十點鐘，除道友間必要的應酬外，不是禮佛，就是持念，決不肯輕易浪費時間。每日必修的恆課，加念《地藏經》，晚課並放蒙山施食、普濟幽冥的法事。[22]

四十九年（1960），清揚居士在永和寓所舉辦宴會，義子洗著碗筷，張少齊正在揀菜，義女在廚房調配菜料。寒兵對清

---

18 《覺世》第 126 號，1960.11.11，第 2 版。

19 〈悼念張若虛居士〉《海潮音》卷 63，1982.10.31，頁 19。

20 〈社論〉《海潮音》卷 63，1982.10.31，頁 3。

21 陳慧劍，《南亭和尚年譜》，頁 441。

22 孫張清揚，〈清揚居士為首精進，誦經施食普濟幽冥〉《覺世》第 52 號第 4 版，1958.9.1。

揚居士說：「最幸福的家庭，一定有個燒好菜的太太」。這時，一杯清香撲鼻的烏龍茶，讓生活不一樣了。[23]

這一天的宴會，採取自助式的方式，就在永和寓所的花園裡舉行，餐桌的兩邊都是草坪，席間羅漢（出家人）多於白衣（在家居士），所以宴會取名為「觀音供羅漢」。當清揚居士連聲稱敬軍，諸位法師以借花獻佛的方式，大大地向情治人員勞軍，餐桌上的各種佳餚都飛入「丘八」的盤中。[24]

臺灣把軍人叫阿兵哥，在大陸會把兵拆開來念，是有瞧不起的意思。永和寓所也有軍人派駐、監管，讓清揚居士想為佛教界做事，形成一大的阻礙，所有行動都被軍方看管監視。

星雲大師享有吃大王之稱，一直都沒有離開餐桌，諸法師都稱他為衝鋒隊隊長。張劍芬（1910-1979）為佳餚所迷惑，讓椅子懸空，竟忘了欲倒的危險。清揚居士嫌棄湯匙喝起湯不過癮，她捧起餐碗來飲之。這個宴會的菜色，因干絲皇后做的可口又好吃，讓大家都吃個碗碗光、盤盤都不留菜。當時的出家人都說：「這個佛堂真是一座的地下叢林！」[25]

三、揭露當年實情

七十二年（1983），郭廷亮獲釋後，發現與當時所說的事實不合，於是馬上提出陳情書，向蔣經國總統說明並揭露內容是：「他是受國防部情報局前故局長毛人鳳上將，當面許諾不影響前途，才答應在上級草擬的自白書上簽字。」[26]

---

23 《覺世》第 126 號，1960.11.11，第 2 版。
24 《覺世》第 126 號，1960.11.11，第 2 版。
25 釋星雲，〈孫立人與孫張清揚〉《百年佛緣》生活篇③，頁 170。
26 蘇嫻雅等，〈孫立人的一生：幾度春風幾度霜〉《中國軍魂：孫立人將軍

　　然而這份遲來的自白書，也無法改變孫將軍被幽禁一事，讓他虛度人生歲月的事實。這件震動海內外的「兵變案」，不但是一代名將孫立人心中永遠的痛，成為歷史洪流中一樁備受爭議的公案。

　　陶百川（1903-2002）監委在《回憶錄》中，肯定孫將軍的操守，他在〈孫立人案一段插曲〉一文說明：

> 《傳記文學》第四十三卷第二期，浦薛鳳先生臺省府四任秘書長文中提到孫立人將軍案，道及美國政府中有人頗擬利用孫將軍，邀請他參加美國佔領軍的新政權，不聽蔣總統的指揮，以致釀造糾紛，亦非不可想像。但依我們調查該案所發現，事實遠較嚴重，可是早已澄清，即此也可見孫對領袖和國家的忠誠。[27]

　　七十七年（1988）一月十三日，蔣經國總統逝世，是國家歸還孫將軍清白、恢復孫將軍榮譽的時刻。李登輝繼任總統後，臺灣的政治氣氛丕變，過去所受的冤屈都可以攄出申訴。

　　二月十七日（農曆除夕），清揚居士、堂妹孫璧人、孫安平、揭鈞夫婦等人在臺中孫府（如下圖），大家密謀要為孫將軍爭取自由。大家為了迴避副官，怕他聽到內容，所有人在屋內比手劃腳且相互地商量，同時避免竊聽器把聲音傳出去。[28]

永思錄》，頁25。

27 陶百川，〈孫立人案一段插曲〉《困勉強狷八十年》（臺北：東大圖書，1984年8月），頁279。

28 沈克勤，《孫立人傳》，頁954。

新年初一，堂妹孫璧人聯絡《自立晚報》臺中分社李文邦。李文邦、林森鴻就在當天，以拜年為理由，兩人踏入孫府這座大宅院。清揚居士擔心政治的因素，心中想：「算了」。最後，他們和孫將軍見了面，同時也談了很久。[29]

二月二十五日，《自立晚報》以「專訪孫立人將軍」作為大標題，讓全世界知道孫將軍還健在，引起朝野人士的關注。

二月二十九日，《新新聞》以〈孫立人打破三十三年的沉默〉一文向全世界說明。此時，「孫案」成為全國的焦點，全臺的報章、雜誌，都開始報導孫將軍的事蹟。[30]

孫將軍被軟禁三十三年後，「孫案」翻案的壓力頓減，媒體關於孫將軍的聲音漸起，所有人在立法院和監察院要求重新調查「孫案」。前外交部長葉公超對外發表：「平淡生活已過慣，不願變成新聞人物的孫立人，開始接受媒體的訪問，其幽

---

29 沈克勤，《孫立人傳》，頁 954。
30 朱浤源等合編，〈孫立人將軍年表〉《中國軍魂：孫立人將軍永思錄》，頁 426。

居生活的內容,始為一般民眾所認識。」[31]

過年後,揭鈞寫信要求政府當局,應該還孫將軍的自由與清白。孫將軍為了自己的清白,特別強調說明:「我一生為國家犧牲奉獻,在槍林彈雨中差點喪命,清白與榮譽對我來講太重要了。今天我的生命可以不要,但我要的是清白與榮譽。」

這時,全球各界發起要求翻案的聲音,北美多方的聯絡與商議,組成「孫立人案美洲後援會」,要求請邱進益(1936-)副秘書長攜帶信函回臺,向上轉呈李登輝總統。[32]

四、孫將軍恢復自由

三月,中央研究院近代史研究所長張玉法(1935-)、朱浤源(1950-)教授至臺中。[33] 當他們進入孫府看到孫將軍,朱浤源教授感受到周圍的氣氛:

> 孫府是一幢圍牆兩公尺高,外人看不見裡頭的日式房舍。孫上將被軟禁的三十三年來,非常神秘,因為它不但被日夜平面、守護的國防部副官群所監視;而且左前方及右後方,又有保密局(後來的軍情局、警總)幹員,補以自高樓俯視的立體監看,織成阻止閒雜人等入內的網路。[34]

---

31 蘇嫻雅等,〈孫立人的一生:幾度春風幾度霜〉《中國軍魂:孫立人將軍永思錄》,頁26。

32 沈克勤,《孫立人傳》,頁955。

33 朱浤源等合編,〈孫立人將軍年表〉《中國軍魂:孫立人將軍永思錄》,頁426。

34 許逖,《百戰軍魂-孫立人將軍》下集,頁203。

　　三月十四日，揭鈞分函監察院、立法院與行政院請願、陳情，說明孫將軍不自由的情形。[35]

　　三月二十日，國防部部長鄭為元部長偕同榮民總醫院副院長、以及主治醫生和護士等人，來到臺中孫府，鄭部長向孫將軍宣布：「即日起，孫立人怖復一切行動、言論的自由。」說明：「今後你可以到任何想去的地方，見任何想見的人。」當即下令要警衛人員，以後一切聽從孫先生的命令行事。

　　這個突如其來的喜訊，曾使時年八十九的孫將軍震驚不已，他在毫無心理準備的情況下，表示需要靜下心來想想。孫將軍在沒有任何的準備下，人身就自由了，他的情緒上受到很大的衝擊。[36]

　　當天，李廣淮（1944-2015）以頭條新聞於《中時晚報》發佈：「孫立人將軍恢復自由！」這份獨家新聞報導造成全臺的大震撼。經過長久的幽居生活，孫將軍早已失去以往的健康，體力也不如當年，但人們沒有忘記這位忠誠愛國的老人。這時，舊日的袍澤和親友，都從海內外各地寄來衷誠的祝福。[37]

　　三月二十七日，鄭為元部長第二次到臺中孫府，給予孫將軍關懷與慰問等等。

　　四月八日，國防部警衛人員撤離孫府，從各方面的考量，需要保護孫將軍的安全，換上保全人員接替警衛的工作。[38]

---

35 朱浤源等合編，〈孫立人將軍年表〉《中國軍魂：孫立人將軍永思錄》，頁 426。

36 沈克勤，《孫立人傳》，頁 959-961。

37 許逖，《百戰軍魂-孫立人將軍》下集（臺北：懋聯出版社，1989 年 10 月），頁 203。

38 朱浤源等合編，〈孫立人將軍年表〉《中國軍魂：孫立人將軍永思錄》，

四月十七日，朱浤源教授到臺中孫府，對孫將軍進行訪談、搶救歷史資料。[39]

五月二十日，大溪檔案室研究員許逖先生邀約詹西玉，到臺中的孫府。他們看到屋內擺設（如上圖）的情形：

> 孫府是日本式房舍，收拾得很整潔、佈置雅致。木牆上，懸掛著一些字畫條幅，書櫃裏，重疊著成套線裝書，有《楚辭通釋》、《老子衍》、《莊子解》、《曾文正公全集》、《杜詩鏡銓》等。將軍府上另有香枝、水果供著的兩幅畫，是光緒六年庚辰冬月，蘇城寶光寺竹禪先生繪的阿彌陀佛和觀世音菩薩的聖像，以素墨勾出簡單的輪廓，筆力遒勁，線條勻暢自如，造形渾厚古樸。雖

頁 426。
39　朱浤源，《孫立人上將專案追蹤訪談錄》，序頁 2。

> 是聖者之像，但流露於眉目之間的神情，溫藹可親，不
> 似一般工筆繪出的佛像，法相太莊嚴，有高高在上，唯
> 我獨尊的冷穆嚴肅。[40]

　　九月二十二日，監察院通過孫將軍的請求，為了還給的清白、恢復名譽成立專案。隔天，監察委員羅文富趨謁孫將軍，說明結案理由：「孫立人將軍並未失去自由！」長達三十三年的軟禁生活，孫將軍聞言後，只能苦笑。[41]

　　「孫案」是一件大冤獄，孫將軍夫婦是時代的悲劇英雄，監察院應該正式還給他們的榮譽與清白。故舊、部屬有三千多位發出、齊呼擁戴的口號聲，讓孫將軍感動得熱淚盈眶，但孫將軍心中的期望：「政府應正式行文給我，並對國內外公布我是無辜的，然後還給我應得的榮譽。」[42]

五、慶祝將軍九十大壽

　　十一月二十七日，孫將軍的舊屬、鄉親、朋友和社會知名人士有六千多人，從世界各地到臺中，羣聚於中正國民小學大禮堂，所有人為孫將軍舉行九十大壽。[43]（如下圖）

　　邱創煥（1925-2020）主席等政要親臨會場，舒城旅臺同鄉會理事長鍾鼎文（1914-2012）致贈壽屏一堂，設宴慶祝孫將軍九十大壽。女青年大隊有一百二十多人參加，十位代表上台朗

---

40 詹西玉，〈孫府將軍夫人〉《中國軍魂：孫立人將軍永思錄》，頁 241-242。

41 沈克勤，《孫立人傳》，頁 966。

42 蘇嫻雅等，〈孫立人的一生：幾度春風幾度霜〉《中國軍魂：孫立人將軍永思錄》，頁 26。

43 揭鈞，《小兵之父》，頁 392。

誦祝壽詩，齊聲為孫將軍九秩嵩壽而歌誦祝賀。[44]

　　清揚居士代表孫將軍上臺致詞，開口說：「諸位同甘共苦的弟兄們……。」會場中，一片熱烈的掌聲，持續許久。詹西玉第一次看到清揚居士：「聽說她已近八十高齡的她，却一點不見老態，語音清亮，面容光潤，慈祥和藹，有廓然大公的篤定，歡愉的神情。」[45] 詹西玉於〈孫府將軍夫人〉一文說明：

> 好像那漫天劫火，烽煙四起，羣倫失怙的苦難的時代，
> 那身為戰地將領的夫人與丈夫長日遠隔的孤冷淒清，那
> 對戰場上命繫於一髮之間的丈夫的憂心掛懷，那撤退時
> 拂護袍澤眷屬的契契苦心，乃至以後人理危促，蒙冤受
> 拘的長年苦悶。凡此種種，雖然對她的生命做了一連串
> 忍苦的歷鍊與考驗，似乎並未在她的臉容神態上留下任

---

44 王珂，〈孫將軍與女青年隊〉《中國軍魂：孫立人將軍永思錄》，頁279。
45 詹西玉，〈孫府將軍夫人〉《中國軍魂：孫立人將軍永思錄》，頁242。

何痕跡。[46]

　　三千多位的故舊部屬齊呼擁戴口號，使孫將軍感動得熱淚盈眶，讓所有人感受到動容的氣氛。孫將軍如雷悲喜交加的情緒，凝結於壽堂上，傳來道賀的掌聲，向這位忠誠愛國的老人，表現了熱情的敬愛。祝壽會帶給社會強烈的啟示：公道自在人心，具有深刻的歷史意義，不容青史盡成灰。[47]

　　這一天燦爛光輝的場面，是孫將軍夫婦最光輝的時刻！

　　臺中市長林柏榕（1936-）說：「他為選舉需深入基層，拜訪過無數市民，在孫將軍九十大壽生日，才得以見到本人，更是唯一的一次。」孫將軍長期過著與外界隔絕的生活，孫宅的庭院，被外人視為神秘又傳奇，平時門禁森嚴。臺中孫府雖處市區一隅，却無法與人往來，國防部宣佈解禁後，恢復了他的

46 詹西玉，〈孫府將軍夫人〉《中國軍魂：孫立人將軍永思錄》，頁 242。
47 蕭文艷〈哀悼義母張晶英女士〉《立新》第 2 版，1992.8.10。

行動自由，仍然也是如此。[48]

六、孫立人將軍辭世

七十九年（1990）十一月十九日，孫將軍在家中平靜地離開人世。臺中慎齋堂普暉等三位法師，口誦「南無阿彌陀佛」，於床前助念、超度。張梅英與四位子女跪侍床側，祝禱孫將軍靈魂升天，陪伴度過晚年的張梅英，哀傷不已。[49]

人在永和寓所的清揚居士，因身體不適入院住院療養，此時她顧不上自己的病痛，急迫著出院。隔天即趕回臺中孫府，見孫將軍最後的一面。

十二月八日，臺中孫府舉行家祭，家屬、舊部屬有百餘人參加。之後，公祭長達四小時。最後，由憲兵抬起靈柩將銅棺放進靈車，發引前往大坑「東山墓園」。鄭為元資政率領全員對孫立人將軍行最後敬禮，然後於山谷中鳴嚮槍禮，一代名將暫時安息於此。[50]（如下圖）

臨終時，孫將軍曾留下遺言：「不回大陸，棺不入土。」我們看到棺槨並未埋入地下，而是放置在地面上。沈克勤先生於《孫立人傳》說：「棺木只埋一半，孫立人將軍將來要搬到

---

48 〈孫宅大門深鎖，長留一頁傳奇〉《中國軍魂：孫立人將軍永思錄》，頁21。
49 〈孫立人將軍病逝臺中寓所〉《中國軍魂：孫立人將軍永思錄》，頁12。
50 沈克勤，《孫立人傳》，頁1015、1021。

廣州白雲機場。」[51]

　　新一軍陣亡將士公墓在廣州的白雲山，孫將軍要和那些死難的官兵在一起。如今棺槨停放三十多年，孫將軍的次子受邀赴北京，曾提出：「計劃將父親之墓遷回大陸」。

　　我們期待孫立人將軍早日能魂歸故里，入土為安！

七、孫立人將軍紀念館

　　孫將軍傳誦於世的戰功，分別為兩次入緬、四平街戰役、古寧頭戰役，指揮新三十八師，協同盟軍以迂迴打點等戰法，抗擊日軍。三十九年至四十三年（1950-1954）之間，擔任陸軍總司令，他所訓練的軍隊很穩定。

　　初抵臺灣政局的迅速穩定，讓臺灣社會在經濟、教育和工業各方面能在穩定中逐步成長。但後半生，「孫立人事件」是

51　沈克勤，《孫立人傳》，頁 1015、1021。

時代特殊結構下的悲劇，對他與國家都造成難以彌補的損失。[52]
孫將軍處世的精神：

> 孫立人將軍傳畧將軍治兵處世，崇實尚拙，常以說真話，
> 做實事勉誡部屬，並倡導良心會，提倡好人出頭，激發
> 官兵良心血性。其建軍理想：主張發揚中華民族刻苦耐
> 勞與不怕犧牲之優良特性，並擷取德日軍隊之精確切實
> 與夫英美軍隊活潑自動之優點，而熔之於一爐，使中國
> 軍隊成為世界上最優秀之軍隊。
> 練兵時，孫將軍輓雞鳴而起，深夜不息，僕僕於操場野
> 外，細心改正錯誤，一如老練之班排長。作戰時則經常
> 在第一線檢視工事，撫慰士兵戰事愈緊張而將軍愈能鎮
> 定，常能於兵力懸殊之絕對劣勢下，從容制勝，古人謂
> 寧靜致遠，將軍深得之云。[53]

八十九年（2000）一月十九日，監察院終於公佈四十四年
（1955），監察院五人小組對「孫立人事件」完整版調查報告，
並且審查通過了中研院對「孫案」重新蒐證和訪談的結論：「確
定孫立人將軍並未謀叛，其部屬郭廷亮也不是匪諜。」當年因
為不當審判，被捕下獄的孫立人部屬，一一獲得賠償。

孫將軍是一位愛國將軍，應該將他列入中國歷史上的名
將，星雲大師於《百年佛緣》一書，說明孫將軍的貢獻：

> 孫將軍能文能武，能獲得各國頒發勳章，是中國第一人，

---

52 朱浤源主持，《孫立人紀念館導覽內容報告》，頁43。
53 中央研究院近代歷史研究所，館藏號：105-01-11-001。

　　而且他忠貞愛國，全中國人都應該感謝他。但他遭人嫉
　　妒、被陷害，際遇如同關雲長、岳飛、文天祥、史可法
　　一樣。[54]

　　孫善治先生也說：「孫將軍一生可謂戰功彪炳，但是際遇
也相當坎坷。」獲贈中外勛章以及歷史紀念的文物，在中國現
代史上留下永恆的紀念。蒐集整理所有的文稿、照片以及遺物
等等，孫家的眷屬與昔日部屬等人著手計畫，在臺中孫府準備
籌設為「孫立人將軍紀念館」。[55] 此時，朱浤源教授接受紀念
館的委託，整理史料以及中英文導覽內容，出版《孫立人紀念
館導覽內容報告》一書，同時訓練導覽志工。

　　一〇〇年（2011）一月二十二日，馬英九（1950-）總統揭
起「孫立人將軍紀念館」匾額，紀念館留存孫將軍的文物、及
其過去的足跡，除補足臺灣近代歷史的缺頁，透過相關的研究
以及文物展示，彰顯孫將軍對臺灣歷史的重要地位，以及時代
的意義與價值性。[56]

　　一〇四年（2015），是抗戰勝利暨臺灣光復七十週年。十
一月二十八日，佛光山臺北道場主辦「孫立人將軍一一五歲誕
辰紀念暨新一軍歷史定位論壇會」，由心保（1964-）法師誦《心
經》揭開大會活動。

---

54 釋星雲，〈孫立人與孫張清揚〉《百年佛緣》生活篇③，頁169、174。
55 〈家屬盼成立紀念館〉《中國軍魂：孫立人將軍永思錄》，頁30。
56 臺中市文化資產處，網址
　　https://www.tchac.taichung.gov.tw/historybuilding?uid=83&pid=218、
　　https://www.tchac.taichung.gov.tw/attractioninfo?uid=69&pid=1，檢索時間
　　2021.5.23。

　　星雲大師談起與孫立人將軍夫婦的結識：「我在十二歲，到南京棲霞山出家，清揚居士皈依棲霞山卓塵長老，長老與志開是師兄弟。孫立人也曾擔任宗仰中學的董事，十五、六歲的我，與他見過面；隨著僧侶救護隊到臺灣，志開法師特地請孫立人將軍照顧我。」（如上圖）

第二節　往生極樂世界

　　清揚居士的言行，對於臺灣的宗教、倫理和社會三方面的關係，尤為深切。她闡揚佛教經典與中華倫理觀念，尤其是女性修行的原則，她是以行動來幫助中國佛教界以及社會一般信眾的。佛教在臺灣能有今日蓬勃的發展，星雲大師說：「當年貧窮落魄的時候，她的隆情厚誼固然讓我銘感於心，但是最讓我感動的，是她為佛教所作的一切貢獻。」因此贏得星雲大師「教母」的讚譽，佛光山、法鼓山、慈濟等的領導人，當年都

受到她的提拔以及護持。

一、永芸法師兩度訪談

八十年（1991）二月，清揚居士於醫院開刀手術，剛從醫院回來修養，又逢喪夫之痛。永芸法師製作《走過臺灣佛教四十年》，第一次來到永和寓所正式訪談。清揚居士仍以佛教徒的身份，捐款贊助《普門》佛教的文化事業。訪談內容透露當時的心情是：

> 孫立人往生後，清揚居士了悟人生的苦、空、無常，惟求自在了脫，精進修行。每天早上誦一部《地藏經》，拜一百零八拜。說這是最好的運動，動中有靜，在一起一拜之間，內心了了分明，腦眼都在運轉，不會患老人痴呆症。[57]

清揚居士從小受到母親的影響，參加寺院的各種法會，長期的薰陶而皈依佛教，母女兩人成為佛教的大護法，一生護持佛教文化事業。佛教是清揚居士一生的信仰，佛法為生命的指導方針，讓她不畏懼大風大浪，且為生命做了最好的安排。

這一年春天，計畫在孫子張成勳的陪同，準備返回湖南家鄉省親、祭祖。後來，因為身體不適宜遠行，因此未能成行。張成勳仍然按照原定的行程，回到家鄉湖南，並修建曾祖母的靈塔。

姪兒張成昶從天津寄來一封信，其內容：「今年春季欣聞

---

57 釋永芸，〈與孫立人將軍夫人往生前的最後訪談〉《中國軍魂：孫立人將軍永思錄》，頁 442-446。

您老，將由勳哥伴隨回來祭祖、省親，吾輩們聞訊不勝歡心，具都引頸以待，惜福體欠安未能成行，尚祈您老寬心靜養，臺灣醫療條件優越，定能著手回春。大前年承蒙您老關切，吾輩們都得厚賜，不勝感激。」[58]

八月，永芸法師帶著編輯人員，第二次到永和寓所進行口述歷史的訪談。永和故居的佛堂（如上圖）當天的情形：

> 當天張少齊也在場，清揚居士侃侃而談，追懷四十年的往事，論古述今為佛教護法衛僧。當時一再叮嚀託付，她往生後，一定要星雲親自主法，並將骨灰安放在佛光山。永芸環視佛堂，看到最大財富（法財），就是兩大書櫥上的《大藏經》。《大藏經》和佛教的經書，能流傳至今，清揚居士和張少齊是功不可沒的推手。當大陸淪陷撤退來臺時，許多佛書都是用專機運送到臺灣。[59]

---

58 「孫張清揚紀念館」，清揚居士遺物。
59 釋永芸，〈與孫立人將軍夫人往生前的最後訪談〉《中國軍魂：孫立人將

　　鄭錦玉於《一代戰神書》說明：「孫夫人很健談，給我她在臺北永和市中正路之住址，偶爾上臺北，我會去拜訪她。有一次，我到臺北拜訪孫夫人，承夫人引領我上二樓參觀佛堂，並留我吃晚飯，言談間知悉夫人佛法精深，對立身處世自有一番大道理。」[60]

　　九月二十八日，清揚居士接到南港留守業務署的通知，收到孫立人將軍戰士授田補償金五萬元。

　　十二月八日，姪兒張成昶從天津寄來祝壽信、祝壽卡。其內容是：「大人壽誕，因遠隔海峽，郵遞艱難，無以為賀，特製賀卡一份，聊表寸心，尚祈展玩。」十一日，義子揭鈞也來信祝壽，其內容是：[61]

　　　　我在臺大念書時，常去永和，我把您當真媽媽。您也一向對我很好，而且張伯伯、張哥哥、義貞姊姊都對我很好，那種溫暖，我是永不會忘的。回想往事，知您如今身體不好，生日時又無法回去陪您，心中很難過。

二、預知時日

　　清揚居士寫給孫將軍的輓聯是：「立人 夫君靈鑒 不為私言 及身早定千秋業 應無久別 老我今將八秩人 張晶英泣輓」或許是巧合，清揚居士能預知時至，八十歲往生。

　　八十一年（1992）六月，清揚居士以病情嚴重通知星雲大

　　軍永思錄》，頁 443-446。
60 鄭錦玉，《一代戰神-孫立人》，頁 323。
61 「孫張清揚紀念館」，清揚居士遺物。

師，人還在洛杉磯的星雲大師匆忙回臺。六月十四日，星雲大師來到永和寓所探望清揚居士。星雲大師特別對清揚居士開示，憶念起學佛的功德，以願力往生極樂世界。其內容是：「自從她臥病以來，我凡是到臺北必定造訪探望，因為我心中念念不忘人家所施於我的恩德，只要我能力所及一定肝腦塗地回饋以謝。」

從這樣的互動關係，證實星雲大師與清揚居士有很深厚的佛緣：「清揚居士躺在病榻上，靠著氧氣筒呼吸，氣若游絲，以極其微弱的聲響，將後事一一託付星雲。星雲入耳鼻酸，不得不抑制傷感，軟言慰語，勸她安心養病。望著她清癯慈和的面容，往事如排山倒海般，一幕幕浮現眼前，清揚居士與我因緣深厚。」[62]

從種種的事跡來看，清揚居士在意識很清楚，安排人世間所有的事務，提前預立遺囑，並把自己身後的事，託付給佛光山處理。永和寓所占地有一百七十餘坪，以當時市價來計算可達上億元的價值，清揚居士為了弘揚佛教文化，親自留下遺言：「將我的住所交給星雲大師建立道場，作為佛光山弘法教育基金之用。」[63]

星雲大師的日記中，給予清揚居士崇高的肯定，交待準備一些事物，日後成立一座紀念館。泳芸法師的訪談紀錄：

> 從種種事實看來，清揚居士的確成為佛教奉獻服務的三

62　釋永芸，〈與孫立人將軍夫人往生前的最後訪談〉《中國軍魂：孫立人將軍永思錄》，頁442。

63　釋星雲，〈孫立人與孫張清揚〉《百年佛緣》生活篇③，頁175。

寶弟子，不但堪為現代在家居士之典範楷模，其宗教熱
忱也為吾輩出家僧侶所感佩敬重。清揚居士一生的護
法，卻對自己非常的節儉。我建議她，將穿舊的衣服、
鞋襪和用過的茶杯、碗筷，用箱子裝好，將來建一座紀
念館，陳列給信眾參觀，以發揚其節儉美德典型的佛教
徒風範。[64]

三、佛號聲往生

七月二十二日早上十時，星雲大師特驅車探病。清揚居士
雖然病得奄奄一息，無力開口回應，但是鼓勵她：「人只要一息
尚存，就懷有無限希望，希望是生命最美好的特質，能心懷希
望的往生，也是願力的顯現。」[65]

星雲大師動員佛光山的僧侶，到永和寓所為清揚居士作臨
終助念，同時與孫義貞、天麟、淑芳等人討論，以淨土方式將
靈堂布置起來。覺幻法師寫下當時的情形：

> 星雲、慈莊、慈容、吳寶琴以及普門寺多位法師至永和
> 寓所助念，星雲與張少齊共商靈堂佈置等事項，普門寺
> 法師當即設置供桌、香花燈燭、黃布帳幕……。將莊嚴
> 肅穆的靈堂，佈置完畢後，即帶領大眾齊聲稱念阿彌陀
> 佛，迎接清揚居士回家。八點，孫義貞幫義母換上祺袍、

---

64 釋永芸，〈與孫立人將軍夫人往生前的最後訪談〉《中國軍魂：孫立人將
　軍永思錄》，頁442。

65 朱浤源、高嘉蔚，〈百年來臺佛教的轉捩點（1949-1961）：從孫張清揚居
　士看起〉《建國一百年宗教回顧與展望》，頁152。

> 黃布僧鞋，蓋上陀羅尼經被。於綿綿不斷的佛聲，八點
> 五十分慢慢地闔上眼睛，安詳自然地捨報往生。[66]

淨土宗教的儀式，親人及佛光山助念的佛號聲中，安祥捨報。念佛往生是：「真為生死，發菩提心，以深信願，持佛名號。」前三句是生起持名念佛的動力。念佛是求往生西方的方法，唯有生、佛相應，才能蒙佛攝受，達到心佛合一。[67]

《觀無量壽經》講到三福淨業，即世福、戒福、行福。此三福淨業：

（一）孝養父母，奉侍師長，慈心不殺，修十善業。

（二）受持三歸，具足眾戒，不犯威儀。

（三）發菩提心，深信因果，讀誦大乘，勸進行者。

此三福淨業為往生之正因，亦為菩薩之淨業，佛國土之無漏修因。清揚居士一生信守五戒十善，平日重在實踐上，每日皆做早晚功課，重在持戒的基礎上。所謂信願行的實踐，正行持名、深化往生的目標。[68]

慈莊法師（1931-）領眾帶大眾念佛助念，孫義貞將遺囑交給星雲大師，遺囑是以琉璃經房用箋寫道，其內容是：

> （一）病重時不要送醫院急救打針，保持原狀，不要摸
> 我、動我。

---

66 釋覺幻，〈孫張清揚往生記事〉《普門》第156期，頁102-103。

67 王鳳珠，〈印光法師念佛法門研究〉（臺灣師範大學國文研究所碩士論文，1993年6月），頁122-131。

68 朱浤源、高嘉蔚，〈百年來臺佛教的轉捩點（1949-1961）：從孫張清揚居士看起〉《建國一百年宗教回顧與展望》，頁151。

（二）不要哭喊，不要講話，大家稱念南無阿彌陀佛。

（三）通知臺北普門寺、高雄佛光山的師父來助念。

（四）停放遺體時，請女兒義貞替我洗澡，穿著普通潔衣，預先做好的黃布僧鞋。

（五）最後蓋上陀羅尼經被，可在我佛袋內找尋。

（六）七日後火化一定要將骨灰檢盡裝好。

（七）頭七日念佛、停班，逢七放三時繫念。[69]

全臺所有的親戚好友，陸續趕到永和寓所，讓佛號聲是晝夜不斷。法師以兩小時為一班輪流助念，到深夜十二點，帶領家屬繞佛。永和禪淨中心的永策，每天都送來便當，在十二天內，每天二十四小時晝夜佛聲不斷。（佈置如上圖）

覺幻法師在〈孫張清揚往生記事〉一文說明：星雲大師派遣佛光山數十位法師，有普門寺和北海道場的法師。佛光山協會的會員都趕來助念，一批又一批的人潮，將客廳、飯廳都填滿。前往隨喜助念的信徒很多，凌晨一、兩點都有人趕來，通宵達旦地不停念佛。

清揚居士留下遺書，說明不要發訃文、不要登報，但親友認為不在報上登刊訊息，社會人士可能會不諒解。請星雲大師

---

69 釋覺幻，〈孫張清揚往生記事〉《普門》第 156 期，1992.9.10，頁 102-103。

撰寫訃文給《中央日報》、《青年日報》發布消息。七月二十
七日及八月一日，敬告所有的親朋好友，其內容：

> 敬告故孫立人將軍之夫人孫張清揚女士之親友：
>
> 　　在五年前，清揚居士將其後事，委由星雲代為處理，
> 今清揚居士已於八十一年七月二十二日下午九時捨報往
> 生。謹遵其遺囑，由佛光山僧眾，於七天內，每日佛聲
> 不斷，以助其上升佛國。現訂於八十一年八月二日下午
> 二時，假第二殯儀館景仰廳舉行殯葬奠禮，特此敬告孫
> 夫人之各位至親好友。
>
> 　　　　　　佛光山星雲暨孫天平、孫安平、張孫義貞、
> 　　　　　　張天麟、張成勳等孝眷　敬啟[70]

　　《海潮音》發布訊息：「故孫立人將軍之夫人張清揚居士
於七月二十二日逝世於永和寓所，其後事委由佛光山辦理，故
於八月一日在《中央日報》頭版以敬告代替訃聞。」[71]

　　第二天，義女王珂趕到永和寓所，看見義母安祥地躺在冰
櫃中，平靜祥和像睡著一樣的表情。[72] 竹林寺佛聲（1913-1998）
法師、農禪寺聖嚴法師都來到靈前拈香；華嚴專宗賢度（1958-）
法師到靈前誦念《地藏經》迴向清揚居士；守成法師聞訊趕來
拈香。

　　第三天，佛光山法師誦念《地藏經》；放生寺蓮航、法雲
（1923-1999）法師；妙法寺戒德法師也都趕到永和寓所向清揚

---

70 釋覺幻，〈孫張清揚往生記事〉《普門》第 156 期，1992.9.10，頁 102-103。

71 〈教訊〉《海潮音》卷 73，1992.8，頁 32。

72 王珂，〈哀悼義母孫夫人晶英女士之喪〉《立新》，1992.8.10，第 2 版。

居士拈香。[73]

星雲大師請教張少齊,再與家眷、朋友們一起討論治喪事宜,以慈莊法師、吳寶琴、孫義貞為代表,由孫天平成立治喪小組。八月二日,下午舉行告別儀式,靈骨再由車子護送至佛光山。星雲大師向清揚居士開示法語,其內容:

> 一代美人,也是虔誠的佛門信女,從燦爛的名華,歸於平靜的生活。一生皈依佛法,護持佛法,弘揚佛法,最後從佛號聲中含笑而去,希望乘願再來人間。[74]

七月二十六日,永芸法師趕到永和寓所,看到清揚居士的靈前,陣陣檀香裊繞,聽到綿綿不斷的念佛聲,隔著一層玻璃看清揚居士最後一眼。孫義貞隨侍義母大半生,拿著一張一張的相片,彷彿看到清揚居士如夢如幻、多采多姿的一生。[75]

七月二十八日,普門寺十二樓佛堂舉辦頭七法會,放瑜伽焰口佛事乙堂,由慧明法師主法。孫天平、孫太平分別由美國回臺,行政院郝柏村(1919-2020)院長輓聯寫著「駕返佛國」。三十日,孫中平、劉力行(女婿)由美國返臺。[76]

八月一日,星雲大師拈香慰問,巡查明日奠禮籌備內容。親自寫下輓聯:「八十歲月心中有佛,千萬人入道爾乃有因緣」,

73 釋覺幻,〈孫張清揚往生記事〉《普門》第 156 期,1992.9.10,頁 102-103。
74 朱浤源、高嘉蔚,〈百年來臺佛教的轉捩點(1949-1961):從孫張清揚居士看起〉《建國一百年宗教回顧與展望》,頁 153-154。
75 釋永芸,〈與孫立人將軍夫人往生前的最後訪談〉《中國軍魂:孫立人將軍永思錄》,頁 447。
76 釋覺幻,〈孫張清揚往生記事〉《普門》第 156 期,1992.9.10,頁 102-103。

排於靈前左右。[77] 孫義貞為盡子女的心意，委託大師書寫一對輓聯：「養我教我愛我知我恩深是我母，慈心悲心喜心捨心聖德有心人」。[78]（如下圖）資料來源：《立新》報紙。

　　二日，下午二點在第二殯儀館景仰廳，舉行告別式。佛光山八十名僧眾在現場護持，靈堂的擺設很莊嚴，近千人瞻仰清揚居士遺容。星雲大師率領僧俗二眾誦經、祝禱，前來致祭的親友、故舊大約有五百餘人，同道佛友有五百人以上。[79]

　　覺幻法師在〈孫張清揚往生記事〉，說明告別式的情形：

> 星雲、紐約東禪寺住持浩霖、佛光山住持心平、慈悲基
> 金會慧龍及北海道場慧軍，共同主持。星雲於告別式中，

---

77 釋覺幻，〈孫張清揚往生記事〉《普門》第 156 期，1992.9.10，頁 102-103。

78 朱浤源，〈追尋菩薩道：清揚居士修身思想與我國婦女角色重構〉（臺北：東亞佛教思想文化國際學術研討會，2013 年 11 月），頁 24。

79 朱浤源等合編，〈孫立人將軍年表〉《中國軍魂：孫立人將軍永思錄》，頁 439。

敍述並讚嘆清揚居士一生為佛教所作之貢獻，接著便說
法道：「清揚居士西方去，要在佛國長安居，九品蓮花
伴彌陀，望作人間再來人。」在場有佛聲、戒德、慧明、
大智、慈莊、慈惠、慈容等法師暨多位長老大德，親友、
遺眷等近千人到來瞻仰遺容。[80]

四、靈骨永厝萬壽園

八月三日，大清早撿骨
時，發現清揚居士靈骨，全呈
純白色，上面附有翠綠色的舍
利花，證明學佛修行有證，大
家對此均非常讚嘆。兩部遊覽
車護送靈骨到高雄佛光山，安
奉於萬壽園。[81]　（如下圖）

八月十日，《立新》第一版刊登〈將軍夫人逝世，靈骨永
厝佛光山〉、上生佛國圖片，第二版刊登〈音容永在懿德千秋，
哀悼義母孫夫人晶英女士之喪〉、〈祭文〉。[82] 王珂在〈將軍
夫人逝世，靈骨永厝佛光山〉一文，表達對義母的感懷：

> 義母為人慷慨，充滿愛心，留給親友的是她的智慧、愛
> 心、謙虛、容忍等卓然的風範，以及早已式微的傳統女
> 性的高尚德行，這種無形、無價的遺產，將和她的音容，

---

80 釋覺幻，〈孫張清揚往生記事〉《普門》第 156 期，1992.9.10，頁 102-103。
81 釋覺幻，〈孫張清揚往生記事〉《普門》第 156 期，1992.9.10，頁 102-103。
82 〈將軍夫人逝世，靈骨永厝佛光山〉《立新》第 1、2 版，1992.8.10。

永遠活在親友記憶中。[83]

　　清揚居士獨居於永和寓所，政治事變後，嚐盡人間的冷暖，
默默地承受各界的批評。其內容：

> 前半生過著會少離多，終日掛念義父安危榮辱的軍眷生
> 活；後半年受盡屈辱，過著與世隔絕的靈修生活。………
> 事變後，一夕之間，舊識都不見了，有人誤信官方說法，
> 居然出言指責他們，使他們嚐盡人間冷暖，未曾為此怨

83　〈將軍夫人逝世，靈骨永厝佛光山〉《立新》第 1、2 版，1992.8.10。

恨過別人。在家庭裏，義母獨居永和，成全義父順利完
成傳宗接代的使命。縱然受到冷落與不平，她也無怨無
悔，從沒在我面前批評過別人。[84]

泳思法師在〈孫夫人張晶英女士的一生傳奇〉一文，寫下
清揚居士的傳奇。其內容：

年輕時，英雄美人共成眷屬，不知羨煞多少人；一生則
一心向佛，全力護持佛教。從絢爛歸於平淡，這一路行
來，是那麼灑脫、自在，正是學佛帶給她的堅固信念。[85]

九月十四日，鄭振煌（1945-）在《慧炬通訊》，以〈孫張
清揚老居士捨報往生〉一文，報導清揚居士的一生：

張居士生於二年，原籍湖南，自幼受到母親的影響而信
奉佛教，二十七年在太虛大師座下皈依。三十七年追隨
政府到達臺灣，便聯合了國民大會代表李子寬老居士買
下臺北市善導寺，發願把這座名剎用作安僧辦道的道
場，先後禮請過印順、演培、道安等法師擔任住持。
又當時因為時局動盪，謠言四起，不少出家眾遭遇牢獄
之災，張老居士和李子寬老居士於是四出奔走營救，使
許多僧眾得免於難。因為我國自開國以來，還沒有印過
《大藏經》，張老居士覺得這是一大缺憾，於是在四十
四年以私蓄向日本請來全套《大正大藏經》，交給中華

---

84 〈將軍夫人逝世，靈骨永厝佛光山〉《立新》第 1、2 版，1992.8.10。
85 釋泳思，〈情緣‧法緣-孫夫人張晶英女士的一生傳奇〉《慈濟》第 289 期，
　　1990.12.25，頁 80。

佛教文化館影印流通。

數十年來，張老居士普遍護持臺灣各處道場，充分表現了菩薩精神和佛弟子盡形壽護持三寶的本色。[86]

五、孫張清揚紀念館

八十一年（1992）八月十四日，星雲大師與張少齊一起討論，準備將永和寓所興建為佛教大樓等事宜，囑咐孫義貞把清揚居士的日常用品及文物，準備大樓改建後，在「永和學舍」落成時，成立「孫張清揚紀念館」，把這些照片掛在牆上，文物可擺放在櫃子裡，提供開放給信眾參觀。[87]

永和學舍的樓頂，成立「孫張清揚紀念館」（如上圖），從《百年佛緣》一書，星雲大師的說明：

永和學舍翻建為大樓，就是當年孫夫人修行的佛堂，大

86 鄭振煌,〈孫張清揚老居士捨報往生〉《慧炬通訊》第 122、123 合刊，1992.9.14。
87 朱浤源、高嘉蔚，〈百年來臺佛教的轉振點（1949-1961）：從孫張清揚居士看起〉《建國一百年宗教回顧與展望》，頁 155。

> 樓頂樓有個小型紀念堂,可以看到清揚居士的照片,牆
> 上掛著她與孫立人將軍合影相片,還有幾張重要相片。
> 從擺設看出她對佛光山的貢獻,她尊敬三寶,禮敬出家
> 人,歡喜讚嘆年輕有成就的出家人。[88]

　　一般信眾都稱呼清揚居士為孫奶奶,「孫張清揚紀念館」
的環境是很好的。牆上掛著幾張相片,有孫立人將軍夫婦的合
照、清揚居士與師父的相片,還有幾張當年的相片。從透明的
玻璃裡,看到阿彌陀佛的衣物、受菩薩戒的證明以及《婦女學
佛應有的態度》一書。當我打開下面的櫃子,看到兩只漂亮的
箱子,把箱子打開後,有一只未用完的口紅、泛黃的相片以及
當年信件等等。(如下圖)

　　八十二年(1993)三月十八日,星雲大師在佛光山宗務委
員會上,說明永和寓所的產權轉捐給佛光山。五月,計劃蓋建

---

88 釋星雲,〈孫立人與孫張清揚〉《百年佛緣》生活篇③,頁176。

一棟佛教大樓，除了有佛堂大殿，另外增設各種文教服務的設備，作為信眾提升人文藝術的涵養，同時拓展民眾的人生視野。

　　八十六年（1997），佛光山永和學舍落成，秉持星雲大師人間佛教的理念。一樓設立滴水書坊，為一般人提供各類佛教典籍、有聲書籍、錄影帶等。滴水坊取其「滴水之恩，湧泉以報」之意，提供一處舒適休憩身心的環境。九樓有禪堂、會議室等，十樓是齋堂、教室，十一樓是大殿，作為弘揚佛教的新道場。[89]（如下圖）

　　一〇七年（2018）七月二十二日，在十一樓的大殿，法師、信眾舉行「清揚居士逝世二十七週年紀念法會」。（如下圖）

---

89 佛光山永和學舍，網址
　　http://dharma.fgs.org.tw/shrine/yeong/in/about/about_index.html#a，檢索時間
　　2020.04.05。

清揚居士禮敬佛、法、僧三寶，在臺灣傳承太虛大師遺願，其一生對佛教文化事業貢獻極大。佛光山「永和學舍」的信眾，都知道這裡有一位孫奶奶，她一生的事蹟很偉大。過去是政治的因素，可能是時間久遠了，現在的人都不了解這段歷史，可能不清楚其全貌。

第三節 視星雲大師若佛兒子

抗戰勝利後，星雲大師回到棲霞寺探望師長，看見清揚居士與母親兩人虔誠地禮佛、誦經，雖然未曾和她們說過話，但彼此的緣份深厚。孫將軍以「僧伽救護隊」的名義，星雲大師等二十多位出家人搭上登陸艇，才能到達基隆港口。

清揚居士要把善導寺住持交託星雲大師，由於年紀太輕而且師承不同，未能說服當時的耆老。她曾以金碗、金盤、金筷

作為賀禮，慶祝大師的三十歲的生日，資助大師到日本深造。

一、清揚居士到宜蘭弘法

宜蘭是蘭陽溪出海口的三角沖積扇盆地，它面向太平洋，背靠大雪山，與西北部平原的交通不易，形成它的環境較閉塞，當地的民風質樸固執，是一個保守的小鎮，因此對外來的人、事、物常有敏感的反應。[90]

李決和（1903-1979）、林松年向外邀請，講經的法師到雷音寺駐錫，當年宜蘭對外的交通很不方便，加上經濟條件也不好，所以出家人都不願意留下來。[91]

四十一年（1952）十一月八日，林松年請朱斐、清揚居士到雷音寺，為信眾宣講念佛法門的奧妙與殊勝。（如下圖）

90　符芝瑛，《傳燈-星雲大師傳》，頁 65-66。
91　符芝瑛，《傳燈-星雲大師傳》，頁 89。

　　十一月十日，藍懷生請白聖法師、清揚居士到宜蘭天后宮，談談自身的經歷，楊秀鶴翻譯（閩南語），聽眾千餘人，但以軍人、軍眷居多。（如下圖）

　　雷音寺原是啓昌堂，清道光年間蓋建的三合院，寺院位於宜蘭北門，由於地處邊陲，所以對外交通很不方便。雷音寺是宜蘭最大的寺廟，蓋建一百多坪的土地上，原屬於龍華派的寺廟，但被三家軍眷所占住，拜墊被拿去當枕頭，只能在大殿的旁邊，在角落邊隔出一個空間，作為外地人的容身之處。[92]

　　後來，星雲大師來到宜蘭弘法、主持念佛會時，清揚居士說服在臺北的朋友，到宜蘭參加共修法會。星雲大師公開對外說明：「清揚居士的口才很好，她到宜蘭的岳飛廟對外演講佛法，播下了美好的種子。」

---

92 符芝瑛，《傳燈-星雲大師傳》，頁 65-66。

二、星雲大師到雷音寺

　　大醒法師往生後，臺灣佛教講習會因而隨之結束，這時星雲大師只能回到臺北。廣慈法師的訪談紀錄，說明星雲大師也藉此機會，到宜蘭地區弘法、主持念佛會。內容：

> 佛教學院後來解散了，星雲就跑回中國佛教會找我，他沒有第二個人可找，我們從小就穿一條褲子，像兄弟一樣。這時候宜蘭有兩個居士，李決和、林松年經常到中國佛教會，希望我介紹一個法師到宜蘭去領導他們。我說：「這是一個機會」，可是星雲他不去。那時宜蘭是邊疆之地、不毛之地，大家不敢去。我說：「你不去，也得去。」我就買了兩張車票，把他押到宜蘭。星雲去宜蘭演講《觀世音菩薩普門品》，活動持續二十天，使用俗講佛教故事，每天講一段《玉琳國師》，吸引民眾參與佛經講座。[93]

　　四十二年（1953）一月，星雲大師初到雷音寺時，看到妙專法師正在為人誦經消災。三月起，星雲大師以〈普門品〉和佛教的故事弘揚佛法，當地的信徒反應很好。[94]

　　五月二十日，星雲大師主持浴佛節，讓信眾開始認識佛教，共修念佛。[95] 當時，文盲的比例相當高，念佛是接引信眾最方便的法門。廣慈法師在訪談紀錄說明：

93　朱浤源、劉晏均，〈廣慈口述訪問記錄稿〉，佛照淨寺，2017 年 5 月 3 日。
94　〈佛教春秋〉《人生》卷 5 第 3 期，1953.3.10，頁 20。
95　〈佛教要聞〉《人生》卷 5 第 6 期，1953.6.10，頁 28。

　　蘭陽民眾對星雲的護持，促成他留駐宜蘭雷音寺，主持
週六念佛會。成立佛教青年歌詠隊，激發青年學佛的熱
忱。他在宜蘭為什麼會發展起來？他遇到一位女眾，叫
慈惠，幫他翻譯。星雲講了半天的話，她用臺灣話翻譯，
每一句都不會漏掉。

　　星雲有這個機會，才慢慢紅起來。那時沒有這樣的翻譯，
臺灣人是無法記下，因為聽不懂。第一是他有福報，沒
有福報，也不能紅起來。這是假不了的，佛光山有四大
金剛：慈嘉、慈容、慈莊、慈惠。能有今天，這四位女
眾，是幫了很大的忙。[96]

　　翌年三月，星雲大師在宜蘭成立念佛會，林松年採用幻燈
片向信眾解說佛法。[97] 四月八日，舉辦慶祝佛誕法會，晚會中，
佛教歌詠隊合唱三寶歌。[98] 當時，星雲大師掌握年輕人的愛好
唱歌，特別以青年會的力量，成立「佛教歌詠隊」。[99] 雷音寺
的走廊、庭院、佛殿都當作教室，同時組織青年會、歌詠隊、
弘法隊、文藝班，於佛教界引起一片的譁然。

　　六月，煮雲、星雲、廣慈等法師帶著鳳山佛教蓮社的弟子，
環島佈教。十月十七日，佛教歌詠隊一行有十六人，到臺北的
佛教之聲錄音。[100]

　　四十四年（1955），星雲大師為宜蘭新建的講堂舉行佛七

---

96 朱浤源、劉晏均，〈廣慈口述訪問記錄稿〉，佛照淨寺，2017 年 5 月 3 日。
97 〈各地教訊〉《中國佛教》卷 1 第 1 期，1954.3.1，頁 8。
98 〈各地教訊〉《中國佛教》卷 1 第 4 期，1954.6.10，頁 4。
99 〈佛教歌詠隊動態〉《菩提樹》第 21 期，1954.8.8，頁 34。
100 〈宜蘭佛教歌詠隊〉《菩提樹》第 24 期，1954.11.8，頁 32。

法會，有六、七百人參加念佛。[101] 十一月，南下到高雄佛教堂講《般若心經》，廣慈法師以梵音教信徒唱頌「贊偈」。[102]

四十五年（1956）四月二十九日，宜蘭新建講堂舉行落成法會，由章嘉活佛主持，清揚居士揭幕。[103] 新建的講堂，大殿上供奉阿彌陀佛，這座的佛像是雕塑家楊英風（1926-1997）早期的作品，佛法的菩提種子，播撒於蘭陽地區。[104]

五月十二日，高雄佛教堂蓋建完成，請月基（1914-1987）法師主持、慶祝佛誕法會。[105] 八月五日，道宣法師主持高雄佛教蓮社第二層上樑法會。[106] 十二月十六日，星雲大師在新北投成立普門精舍。[107]

四十九年（1960）九月十二日，臺灣遇到波密拉颱風，宜蘭靈巖寺被颱風摧毀，住持是真華（1922-2012）法師，[108] 清揚居士對外發起藥師法會，及重建靈巖寺啟事。[109] 十一月五日起，在臺北大龍峒的平光寺啟建藥師法會，所有的功德金作為靈巖寺的重建經費。[110]

五十一年（1962）八月五日，歐珀颱風橫掃宜蘭整個地區，雷音寺、宜蘭念佛會全被強風豪雨所摧拆，一夕間全部倒塌、

101 〈佛教新聞版〉《菩提樹》第 38 期，1956.1.8，頁 40。
102 〈法教簡訊〉《人生》卷 8 第 1 期，1956.1.10，頁 19。
103 〈法訊彙報〉《人生》卷 8 第 4 期，1956.4.15，頁 20-21。
104 符芝瑛，《雲水日月-星雲大師傳》，頁 92-93。
105 〈新興的道場-高雄佛教堂〉《今日佛教》卷 1 第 3 期，1957.6.10，頁 16。
106 〈高雄佛教蓮社〉《今日佛教》卷 1 第 6 期，1957.9.10，頁 15。
107 〈佛教動態記要〉《中國佛教》卷 2 第 5、6 期，1958.1.15，頁 30。
108 〈佛教新聞版〉《菩提樹》第 108 期，1961.11.8，頁 42。
109 〈為重建靈巖寺啓建藥師法會啓事〉《海潮叢書》卷 42，1961.10.30，頁 544。
110 〈佛教新聞版〉《菩提樹》第 108 期，1961.11.8，頁 42。

毀損。[111] 九月，星雲大師收到信徒捐助八千餘元，其中清揚居士捐款五佰元。[112] 翌年，與地方人士討論如何籌募、重建。[113]

六十七年（1978），重建的雷音寺落成，它是一棟四層樓高的建築物落成，在大雄寶殿供奉毘盧遮那佛，全身是古銅金彩，高約三尺。[114]

三、高雄佛光山

五十年（1961）六月，星雲大師得到高雄當地人的支持，在壽山公園籌建壽山寺，以流通佛經、法物。[115] 自此，星雲大師開始往返宜蘭、高雄兩地。[116] 宜蘭雖然是一個好地方，但想要發展佛教有點困難，因此另外選擇腹地更大、資源更雄厚的地方，於是他把注意力轉向高雄地區。[117]

五十三年（1964）十一月，「壽山寺」竣工。[118] 壽山寺位於壽山公園，是一棟新建的五層大樓，建地百餘坪，樓高七十二尺。星雲大師從印度請回佛陀舍利，將它放在最高的萬壽塔。[119] 翌年二月，星雲大師於寺中創辦「壽山佛學院」，仿照叢林的規模、體制，他在南部創設一座兼具教育、文化、弘法的現代化道場。[120]

---

111 《覺世》第 189 期第 4 版，1962.8.11。
112 《覺世》第 191 期第 1 版，1962.9.1。
113 《覺世》第 214 期第 4 版，1963.4.21。
114 符芝瑛，《雲水日月-星雲大師傳》，頁 93。
115 《覺世》第 184 號第 1 版，1962.6.21。
116 符芝瑛，《傳燈-星雲大師傳》，頁 103。
117 釋星雲，〈自序〉《百年佛緣》生活篇①，頁 33。
118 張慈惠，〈壽山佛學院概況簡介〉《菩提樹》第 152 期，1965.7.8，頁 31。
119 〈佛教簡訊〉《海潮叢書》卷 45，1964.11.30，頁 264。
120 〈一般教訊〉《中國佛教》卷 12 第 4 期，1967.12.15，頁 27。

　　五十六年（1967）六月，佛光山舉行開山典禮。[121] 佛光山位於高雄縣大樹鄉麻竹園，有四十甲的山坡地。星雲大師說：「當初開闢這個地方，只有幾甲地，每甲地幾萬元，楮居士是以半賣半送的方式。」[122]

　　六十年（1971）四月十一日，萬佛大悲殿開光典禮。這是臺灣第一座，採用中國宮殿式的建築，內部仿敦煌石窟造像，六十尺高的白衣大士，萬尊觀音讓人猶如置身佛國。[123]

　　六十四年（1975），大雄寶殿奠基。基石得自印度「佛陀說法處」金剛座下的五穀磚，表示佛陀教法一脈相承。殿前成佛之道，可容納三萬人以上，四周迴廊環繞、富麗莊嚴。殿高三十公尺，大殿供奉釋迦牟尼佛、阿彌陀佛、藥師佛，四周有一萬四千八百尊釋迦牟尼佛像。殿內有兩座全世界最高的寶塔，安置於佛座兩邊，表示佛法的光明可遍照人寰，以智慧之燈照破無明黑暗，為全世界帶來和平的展望。[124]

121 釋樂觀，〈遊佛光山雜感〉《海潮叢書》卷 50，1969.12.1，頁 774。
122 〈一般教訊〉《中國佛教》卷 12 第 4 期，1967.12.15，頁 27。
123 于凌波，《現代佛教人物辭典》，頁 1939。
124 符芝瑛，《雲水日月-星雲大師傳》，頁 160。

十一月十四日，「接引大佛」開光典禮，舉行三天萬緣法會。[125] 星雲大師撰寫開光偈語：「採高屏之砂石，取西來之泉水，集全臺之人力，建最高之大佛。」

大佛面向東山日出，右手上舉表示大放光明，如大海的燈塔，為黑暗的娑婆世界作引導；左手低垂，猶如慈母接引化導眾生。[126] 接引大佛為臺灣首座立佛，高有一百二十尺（三十六公尺），當時東南亞最高佛像。四周有四百八十尊接引佛環繞，寓意一佛出世，萬佛護持。順著接引大佛左手望去，陽光映照著高屏溪，粼粼水光日夜不息地向西逝去。[127] （如右圖）

六十八年（1979），孫將軍夫婦特別前往佛光山禮佛，曾在「朝山會館」的光明一號小住半個月。[128]

「朝山會館」是一棟外貌揉合中國及印度式樣的建築物，

125 〈教界消息〉《中國佛教》卷 20 第 1 期，1975.10.15，頁 24。
126 于凌波，《現代佛教人物辭典》，頁 1944。
127 符芝瑛，《雲水日月-星雲大師傳》，頁 159。
128 釋星雲，〈孫立人與孫張清揚〉《百年佛緣》生活篇③，頁 174。

內部有容納千人的餐廳，會館裡還有兩間的會議廳，樓上還有百餘間的套房，以及供給百人住宿的團體房間。[129]

七十年（1981）二月五日，星雲大師依《阿彌陀經》極樂世界興建淨土洞窟落成典禮。[130]

「淨土洞窟」分三大部分，東面是佛陀於祇園精舍為弟子宣說《阿彌陀經》盛況，會中千二百五十人，有文殊、彌勒等大菩薩；亦有舍利弗、目犍連等十六位大阿羅漢。「九品往生洞」位於中間橫道，壁上浮雕為佛陀為頻婆娑羅王及王后講《觀無量壽經》的故事，修行念佛依福德因緣，而有九品階位。西面為極樂世界，以雕塑、描繪勾畫出莊嚴的極樂世界，有西方三聖、四色蓮花、七重行樹、眾鳥說法、善人俱會等等。[131]

四月三十日，三峽佛教淨業林專修淨土法門，道源、懺雲（1915-2009）法師主持西方三聖開光，清揚居士前去致賀。[132]

十一月十八日，孫將軍夫婦再度到佛光山參觀，[133] 孫將軍自嘆說：「二十七年後首次回高雄，感觸良多。」[134]

十二月十五日，佛光山的大雄寶殿落成典禮。[135]

四、八品功德主

七十六年（1987）四月八日，佛光山開山二十週年紀念，

---

129 符芝瑛，《雲水日月-星雲大師傳》，頁 161。
130 于凌波，《現代佛教人物辭典》，頁 1951。
131 符芝瑛，《雲水日月-星雲大師傳》，頁 163。
132 〈教訊〉《海潮音》卷 62，1981.5.31，頁 37。
133 朱浤源等合編，〈孫立人將軍年表〉《中國軍魂：孫立人將軍永思錄》，頁 425。
134 揭鈞，《小兵之父》，頁 475。
135 〈佛教新聞版〉《菩提樹》第 350 期，1982.1.8，頁 48。

一百零八位出家眾舉行長途托缽行腳。[136] 清揚居士和張少齊南
下到佛光山，向星雲大師提出，要將永和寓所捐給佛光山作為
弘揚佛法的教育基金。此時，永芸法師第一次看見清揚居士。[137]

　　七十七年（1988）三月十七日，全省有一百多輛的專車到
高雄，大家提著行李踏入佛光山的山門，師兄、師姐以微笑親
切的問候，人人都安祥合掌，一句句的阿彌陀佛。

　　清揚居士於前一天先到佛光山（如上圖），在朝山會館前
留下倩影。晚上，星雲大師以「容納異己、慈悲和諧、福慧雙
修、愛語好話」向大家開示。

　　隔天，佛光山玉佛樓舉行破土典禮，星雲大師寫下偈頌：
「金佛玉佛兩座樓，法堂戒壇藏經樓，四眾弟子齊破土，佛光
普照寰宇宙」。十點，於活動中心舉行功德主表揚大會，清揚

136　〈國內外佛教新聞版〉《菩提樹》第 414 期，1987.5.8，頁 44。
137　釋永芸，〈與孫立人將軍夫人往生前的最後訪談〉《中國軍魂：孫立人將
　　軍永思錄》，頁 443。

居士、張少齊上台，接受星雲大師的頒獎、表揚，最後全體唱頌佛光山之歌，圓滿的閉幕。[138]

77.3.21

本山功德主芳名

本山秉承佛陀之意旨，推展人生佛教，從事於各種弘法利生的事業，仰承三寶的加被，及我佛光山門下七眾弟子共同努力護持，專誠不二，接引信眾發心贊助。及芳獻智者，經本山推選為功德主，以資獎勵。謹誌歷年功德主、增品功德主，與七十七年新增功德主芳名如下：

八品功德主：孫張清揚、張少齊。

七品功德主：潘孝銳、張添永、張姚宏影、曹仲植、楊何英美、陳榮霖、陳蘇富美。

六品功德主：吳修齊、王林文彥、黃杏中、康萬和、陳雲溪、陳信智。

五品功德主：曾昭美、吳大海、張友良、林心正、陳滿麗。

四品功德主：范耀彬、王美莉、吳金枝、蔡滄洲、吳美智、林西松、陳金鳳、馬廖雪月、陳自英桃、陳創城、陳詒綸、蘇月桂、鄭　錄。

- 55 -

138　佛光山談十日，〈七十七年度信徒會員大會記盛〉，頁1。

佛光山接引信眾的發心贊助、勞獻智者，八品功德主有清揚居士、張少齊等人。星雲大師秉承佛陀意旨，於人間淨土推展人生佛教，七眾弟子共同護持佛教。《七十八年度功德主名錄》記載：

> 孫立人將軍的夫人清揚居士是太虛大師的弟子，平素護教、護僧，貢獻至大。不但是維摩詰化現亦是須達長者再世。今日我們有《大藏經》可看，乃是當時她願心所致，不但在各寺院布施並以夫人居士身到處弘法度眾，真是一位福慧雙運的長者。[139]

星雲大師最後對清揚居士的法語：「清揚居士西方去，要在佛國常安居；八功德水九品蓮，望作人間再來人。」清揚居士一生護教、護僧、發起、印售《大藏經》，她對佛教的功勳，讓所有人敬仰不已！

清揚居士在臺灣傳承太虛大師，以人間淨土的理念，依人乘而趣菩薩行者的人生佛教。星雲大師繼承太虛大師未竟事業，從而發起提倡人間佛教，在全球完成大師的遺業。同時主張四眾共有、僧信平等，倡導與信眾共弘佛法，準備給予「檀講師」的資格。[140]

139〈佛光山本功德主芳名〉，《七十八年度功德主名錄》，頁55。
140 釋星雲口述，何智霖等編輯，《百年佛緣》第1本，頁27。

八十年（1991），國際佛光會成立，星雲大師認為弘揚佛法人人有責，讓在家信眾成為佛法傳教師，因此他在組織章程，明訂「佈教師制度」，即所謂「檀講師」、「檀教師」制度。

佛教的「檀」是在家眾的意思，以前的出家人以「齋主」、「施主」稱呼，在印度稱為「檀那」，現在則稱護法、信徒。依照星雲大師的說法，清揚居士生前，佛光山未有檀講師的設置，我們稱許清揚居士是檀講師的先驅前輩。[141]

在佛教界，一般在家信眾修學佛法數十年，儘管他的學問、道德各方面，都可為人師表，但只能稱為三寶弟子，不可以老師身份自居。在傳統的佛教，竟以白衣說法是末法的現象，使得佛教的傳播與發展受限。佛在世時，維摩居士常為王宮貴族、販夫走卒說法；勝鬘夫人偕同夫婿友稱王，共同以佛法教化人民；妙慧童女七歲就登壇說法，助佛宣揚佛法。[142]

中國近代佛教也有許多在家居士，為了佛教興隆到處宣揚佛法，楊仁山（1837-1911）創建中國第一所佛學教育機構-祇洹精舍；歐陽漸（1871-1943）建立支那內學院、復興法相唯識；孫立人將軍夫人-孫張清揚倡印佛經、四處講經說法；呂碧城（1886-1946）足跡遍布歐美、宣揚護生；趙樸初（1907-2000）護持寺院、興辦佛學院，推動佛教各項文化事業等人，都是檀講師、檀教師的先驅。[143]

---

141 《人間福報》人間佛教學院藝文綜合版，2024.03.24。
142 《人間福報》人間佛教學院藝文綜合版，2024.03.24。
143 《人間福報》人間佛教學院藝文綜合版，2024.03.24。

第四節 擁護慈濟證嚴上人

一、捐出套房

七十二年十月，《海潮音》發布一則訊息，其內容是：「十一月六日，佛教慈濟綜合醫院建院的基金，除募款尚有名流人士捐出自己所收藏的古玩、字畫、珠寶或金飾等，證嚴上人準備舉辦第一次義賣活動。」[144]

清揚居士從報上看到：「籌建慈濟綜合醫院的義賣」的訊息。當即和慈濟臺北分會連繫，捐出北投溫泉路大廈的套房，

---

144 〈教訊〉《海潮音》卷 64，1983.10.31，頁 38。

響應證嚴上人蓋建醫院的大業。[145]　（如上圖）

　　證嚴上人（1937-）為了籌募「慈濟醫院」的建院基金，她將信徒捐出的書畫、珠寶……等，準備在臺北「空軍官兵活動中心」予以義賣。清揚居士率先揮手向社會大眾說明，她要擁護蓋建「慈濟醫院」，護持佛教不僅為自己積福，同時迴向義子張若虛，同時為世人示現所謂的布施功德。這間套房大約十五坪多，是張若虛送給她的生日禮物，後來以 374,575 元出售。（如右圖）

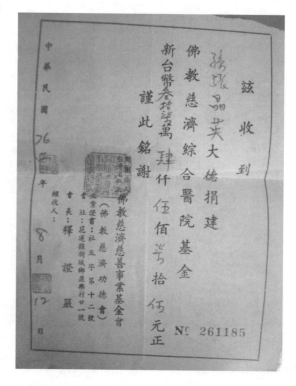

145 釋泳思，〈情緣・法緣-孫夫人張晶英女士的一生傳奇〉《慈濟》第 289
　　期，1990.12.25，頁 74。

　　七十三年（1984）二月三日，在臺北「空軍活動中心」舉
辦第一次的義賣活動。[146] 四月二十四日，內政部長林洋港、印
順法師主持「佛教慈濟綜合醫院」開工典禮。[147]

二、捐出全部金飾

　　清揚居士看到第二次義賣活動的訊息，她又從銀行保險箱
提出全部金飾，再度響應證嚴上人建院的大業。其中，有一對
八兩重的小金象，是孫將軍於抗戰時，由中國遠征軍官兵集資，
呈獻慶功的紀念品。經過孫將軍的首肯，將這份很珍貴的紀念
品捐出義賣。

　　後來，「空軍軍官活動中心」義賣的現場，由林櫻洲以一
佰六十萬元，買下這對小金象的金飾。[148] 清揚居士另外捐出的
黃金，還有三十三只的黃金戒子、一只金手鐲、淨舌金片一只、
三塊的五兩黃金、一個元寶以及一枚有紀念性的金幣，合計約
有三十五兩五錢三分重的黃金。[149]

　　十二月二十三日，第二次的義賣活動，謝東閔（1908-2001）
副總統親臨現場。（如下圖）隔天，中央日報報導了這兩次的
義賣活動，金額達一千三佰多萬元。[150]

---

146 〈教界消息與通訊〉《中國佛教》卷 28 第 12 期，1984.12.31，頁 55。

147 〈教界消息與通訊〉《中國佛教》卷 30 第 7 期，1986.7.31，頁 44。

148 〈籌建慈濟醫院基義賣〉《中央日報》，1984.12.24，「孫張清揚紀念館」
　　清揚居士遺物。

149 釋泳思，〈情緣・法緣-孫夫人張晶英女士的一生傳奇〉《慈濟》第 289
　　期，1990.12.25，頁 74。

150 〈籌建慈濟醫院基義賣〉《中央日報》，1984.12.24，「孫張清揚紀念館」
　　清揚居士遺物。

　　清揚居士振臂呼應建院的義賣活動，證嚴上人得到社會人士的支持，醫院的建地確定後，舉行動土典禮。策畫義賣活動的目的：「義賣有兩個目的，其一是為了把善心人士捐贈的物品變現；其二是讓社會人士知道慈濟建院的新地點以及醫院開始要動工。」[151]

三、與證嚴上人見面

　　七十四年（1985）一月五日，《慈濟》以「孫立人將軍夫人，捐全部金飾義賣，善行義舉使人萬人分感動」為大標題，向大家說明：

> 曾於第二次世界大戰末期，率我國遠征軍赴印緬作戰的
> 孫立人將軍，其夫人孫張晶英居士乃學佛數十年虔誠三
> 寶弟子，精進、嚴謹，於抗戰流亡時間，每日朝暮以心
> 念拈香，心香供佛，日日修持從未間斷。………

---

151 蔡芬煖，〈花蓮佛教慈濟綜合醫院發展之研究（1972-2003）〉（中央大學歷史研究所在職專碩士論文，2011 年 7 月），頁 52-53。

　　清揚居士鼓勵慈濟人為慈濟大業、精進勿懈，其為佛門事業之熱心積極，令人感懷。基金會員及全體慈濟工作人員，向這位佛門護法龍象致崇高敬意，並願佛恩垂愍孫張晶英居士福慧雙修，淨因增長，功德圓滿。[152]

　　清揚居士在慈濟吉林路分會與證嚴上人見面（如下圖），她向眾人說明：「我願減少我的壽數給證嚴上人，祝福她長命百歲，永遠領導我們為慈濟大業而努力！」。[153]

　　一月二十三日，清揚居士又捐款十萬元。慈開法師說出這一段感人的故事：

　　記得三、四十年以前，孫夫人剛來臺灣的時候，遇到一位比丘尼，這位比丘尼法號慈開，由於身無分文，而致

152 《慈濟》第 219 期，1985.1.5，頁 31。

153 釋泳思，〈情緣‧法緣-孫夫人張晶英女士的一生傳奇〉《慈濟》第 289 期，1990.12.25，頁 74-75。

流落街頭。孫夫人…於是發心每月周濟三佰元善資供養
她，前後達二十年之久。

當時的三佰元是一筆很大的數目，慈開法師的生活得到
安頓……全是孫夫人旳慈悲賜與……。重逢的場面是感
人的，……孫夫人只得依言收下，並將此款轉作慈濟建
院用途，功德則廻向慈開法師福慧雙修，道業精進。[154]

四、證嚴上人到永和寓所

四月，證嚴上人與慈濟師姐等人，第一次到永和寓所看望
清揚居士。（如上圖）證嚴上人北上前，特別以電話要臺北的
工作人員，代表慈濟向清揚居士當面致謝。[155]（合照如下圖）

---

154 《慈濟》第 220 期，1985.3.5，頁 27-28。

155 釋泳思，〈情緣‧法緣-孫夫人張晶英女士的一生傳奇〉《慈濟》第 289
期，1990.12.25，頁 74。

七十七年（1988）十一月，孫將軍九十壽誕過後，許逖和詹西玉來到永和寓所探望清揚居士。詹西玉在〈孫府將軍夫人〉一文：「她雖是與生俱來的慧根靈性的呈現，更是後來俗情世界，為現實生活的種種磨礪，與怨情淚海中忍苦掙扎的智慧結晶。」[156]

七十八年（1989）九月四日，清揚居士以母親張詹願華的名義，再捐款四十萬元，響應證嚴上人籌建慈濟醫院的大業，功德迴向亡母的教養恩惠。[157]

五、證嚴上人再度到永和寓所

七十九年（1990）十一月十九日，孫將軍離世。舊友、部屬弔唁者眾，除臺中孫府，清揚居士收到奠儀十萬三千五百元，

156 詹西玉，〈孫府將軍夫人〉《中國軍魂：孫立人將軍永思錄》，頁 242。
157 釋泳思，〈情緣・法緣-孫夫人張晶英女士的一生傳奇〉《慈濟》第 289 期，1990.12.25，頁 74。

全部捐出給慈濟基金會，為孫將軍增植冥福功德，也為親戚、朋友植下菩提種子。[158]

　　十二月三日，證嚴上人第二次來到永和寓所，慰問清揚居士喪夫之慟。（如下圖）清揚居士擁護證嚴上人的熱忱，仍然表露出熾烈的態度：「證嚴上人廣度眾生、救苦救難。她的形象，經常盤旋在我的腦海裏。只願她天長地久、健康長壽，那麼就有好多人得救了。」[159]

　　觀音菩薩又名施無畏菩薩，三十二應身、隨類應化，急難恐怖中稱念觀世音菩薩即得解脫。四十多年來，清揚居士與觀音菩薩有殊勝因緣，朝夕念誦觀音菩薩。平時，虔誠供奉一尊絳赭色的銅鑄觀音像，委託陳滿師姊轉到靜思精舍供養。[160]

---

158 釋泳思，〈情緣‧法緣-孫夫人張晶英女士的一生傳奇〉《慈濟》第 289
　　期，1990.12.25，頁 74。
159 釋泳思，〈情緣‧法緣-孫夫人張晶英女士的一生傳奇〉《慈濟》第 289
　　期，1990.12.25，頁 74。
160 孫張清揚，《婦女學佛應有的態度》，頁 15。

　　《慈濟》第 289 期，泳思法師說明清揚居士布施的精神：
「清揚居士深居簡出，一心向佛，外界對她所知無多。然而她
對慈濟始終殷勤護持，為法忘身，布施所有財寶積蓄。依然那
麼灑脫、自在，這份智慧和胸襟，令我們仰止景行。她的一生
傳奇，由其口中娓娓道來，更見震撼，請讀者幸勿錯過。」[161]

　　清揚居士是從佛教報恩的角度來思考，且善用孫將軍夫人
的身份，而不是為了在社會上取得好名聲。四重恩是師長恩、
父母恩、國王恩、三寶恩，眾生都是恩，這是佛教的一種實踐
方法。

　　佛教經典其義理的觀念：「願以此功德，莊嚴佛淨土；上
報四重恩，下濟三途苦。若有見聞者，悉發菩提心；盡報此一
身，同生極樂國。」依《大乘本生心地觀經》卷二解說：

　　　（一）父母恩：指父有慈恩，母有悲恩。
　　　（二）眾生恩：係因一切眾生無始以來轉經百千劫，而
　　　於多生之中互為父母，故亦有恩。
　　　（三）國王恩：指國王統領山河大地，若失正治，則人
　　　無所依，若施以正化，則八大恐怖不入其國。
　　　（四）三寶恩：即佛、法、僧三寶不思議之恩。

六、小結

　　八十一年（1992）三月二十八日，佛教慈濟醫學院舉行開

---

161 釋泳思，〈情緣・法緣-孫夫人張晶英女士的一生傳奇〉《慈濟》第 289
　　期，1990.12.25，頁 74-76。

工典禮。[162] 四月二十五日，清揚居士以金錢來布施，對慈濟功德會又捐款一筆金額是二佰萬元，護持證嚴上人醫學院建學的大願力。[163]

《慈濟》第 289 期，泳思以〈情緣‧法緣〉一文，說明清揚居士一生護衛佛教，捐款項目有：

> 抗日名將孫立人將軍的元配夫人張晶英居士，一生護衛佛教，善行縷縷不能盡述。……前後惠捐予本會的財物，包括：北投溫泉路吉星大廈一間約十五坪大的套房（售出得款三十七萬元）；另有三十五臺兩的金飾（其中包括一對八兩重的小金象，是紀念孫將軍於仁安羌之役」之彪炳戰功；並有善款五十一萬元，其中十萬元是慈開法師為報答她四十年前虔心供養的恩德，使法師母為生活所累，得以安辦道，精進修持；另四十萬元則是迴向亡母詹願華女士的教養之恩。[164]

金錢雖是資生之本，那個不愛、那個不貪，我們不瘋又不呆，難道不知道自己來享用。每筆善款都是清揚居士多年辛苦積攢之所得，背後皆有一段感人的因緣。若是一般凡夫，怎捨得所愛？而清揚居士悉能喜捨奉獻出來，其眾人皆稱譽她是「教界首席大護法」。

---

162 于凌波，《現代佛教人物辭典》，頁 1967。
163 「孫張清揚紀念館」清揚居士遺物。
164 釋泳思，〈情緣‧法緣-孫夫人張晶英女士的一生傳奇〉《慈濟》第 289 期，1990.12.25，頁 74。

第七章 「居士佛教」蔚然成風

　　清末民初，中國處於西潮衝擊的時代，佛教的發展也是關鍵的年代，佛教寺院不僅作為學習的道場，又能給予人心安定的力量。欲振興佛教，佛教就必須走入民間，佛教的五戒、十善就像儒家的禮義廉恥、四維八德、孝道之類的教材。

　　楊仁山延續歷史、開啟中國佛教文化復興，將近代以來艱難曲折的中國佛教文化復興運動，成為繼隋唐以來的第二個高峰。太虛大師提倡佛法適應於現代人心，使人類發生向上、向究竟的正思維，從正思維而起正行，以達覺化人海潮的目標。佛教文化的目的，是傳達覺音於現代人心，引導人類進向真平等、真自由，充滿無限光明的前途。因此弘揚佛教不限於僧人，使得在家居士的責任更為重要。[1]

第一節 居士護持佛教活動

一、居士佛教

　　明代以前，僧人採取試經度僧的制度，出家人透過考試才

---

1 〈海潮音之意義及其旨趣〉《海潮音叢刊》卷 34，1953.3.17，頁 534。

能取得僧籍。乾隆三十九年（1774），廢除一千多年的度牒制度，僧團少了必要的素質，出家人多有不懂經教義理者，導致漢傳佛教的萎靡。僧眾忙於積財爭業，經懺、超度成為主業，佛教因此變成死人的宗教，使得漢傳佛教的發展每況愈下。印光（1862-1940）法師對此提出批評：

> 廢除度牒導致了佛法的式微，從乾隆之後，賢哲漸少，加上戰禍燮，一些低素質的人混入佛門，自己尚不知佛法，更遑論傳教弟子修行。自此一代不如一代，當下的僧人雖然不少，識字的不到十分之一，怎麼能冀望由這些人來擔當弘法重任、普度眾生呢？[2]

佛教遭到太平天國的打擊，使得東南一帶幾成絕響。但是，佛教衰敗的同時，也促使佛教活動、佛學義理再度興起。楊仁山描述當時佛教的情況：

> 蓋自試經之例停，傳戒之禁弛，以致釋氏之徒，無論賢愚，概得度牒。於經、律、論毫無所知，居然作方丈開期傳戒。與之談論，庸俗不堪，士大夫從而鄙之。西來的旨，無處問津矣。[3]

彭紹升（1740-1796）成立居士林、並作《善女人傳》輯錄古來婦女皈依三寶的事蹟。其後楊仁山刻印佛經、開辦佛學院，延續居士佛教的命脈。[4] 佛教部份主導權，由僧團轉移到在家居

2　王望峰，《白衣的智慧》（河南：中州古籍出版社，2015 年 3 月），頁 18。
3　王望峰，《白衣的智慧》，頁 18。
4　王望峰，《白衣的智慧》，頁 116。

士,組織居士林和佛學會,弘法上與傳統寺院分道發展。楊仁山舉家移居南京的延齡巷,創辦「金陵刻經處」,從事佛教的教育,被譽為「佛教復興之父」。[5]

楊仁山在杭州西湖邊看到《大乘起信論》,感於人生的無常,投身佛教活動而成為振興佛教的大居士。他以居士身份開辦「祇洹精舍」。培育佛學思想家有智光、仁山、開悟、惠敏等法師,居士有梅光羲(1880-1947)、歐陽漸、邱晞明(1887-1941)等人,太虛大師也來共學。[6]

曾隨曾紀澤(1839-1890)大使出訪英法兩國,楊仁山於倫敦結識南條文雄(1849-1927),他從日本找回中國失傳的經疏有二百八十三部千餘冊。[7] 除了親自閱讀、校勘經文,還刻印魏默深(1794-1857)彙輯《淨土四經》,即《無量壽經》、《十六觀經》、《阿彌陀經》及《妙法蓮華經・普賢行願品》合刊本。

宣統三年(1911),楊仁山刻版經典有二千餘卷,流通經書達百萬多卷,佛像有十餘萬幀之多。[8] 門下傑出的人士有:

> 譚嗣同善華嚴、桂白華善密宗、黎端甫善三論、而唯識法相之學有章太炎、孫少侯、梅擷雲、李證剛、蒯若本、歐陽漸等,亦云伙矣。[9]

---

5 鄧家宙,《二十世紀之香港佛教》,頁 21。
6 釋印順,《太虛大師年譜》,頁 37。
7 于凌波,《現代佛教人物辭典》,頁 1823。
8 于凌波,《現代佛教人物辭典》,頁 1311。
9 王望峰,《白衣的智慧》,頁 29-30。

　　歐陽漸受桂伯華（1861-1915）的影響而信佛，專攻法相唯識學，後來他繼承楊仁山的遺志。

　　七年（1918），歐陽漸刻印《瑜伽師地論》五十卷，撰寫《長敍》十萬餘字，成為唯識的重要論典。[10] 謝無量（1884-1964）專精佛學，出版《佛學大綱》為近代最早的佛學著作。[11]

　　王一亭（1867-1938）在上海成立「佛教居士林」，借用海寧路錫金公所。[12] 後來遷到愛文義路自建林址有演法堂、圖書流通部等房舍，同時成立蓮社、放生會、布教團、慈善布施團等組織。[13]

　　十一年（1922）八月，佛教居士林分為二：關絅之、沈輝等人在愛義路成立「上海佛教居士林」；王與楫與李經緯、朱石僧、曾友生等人另行成立「世界佛教居士林」，遷回海寧路錫金公所。[14]

　　十五年（1926），世界佛教居士林新址落成，分講經部、皈戒部、育才部、宣傳部、圖書部等。[15] 劉仁宣請熊希齡（1870-1937）、章太炎（1868-1936）、王一亭等人，發起全亞佛化教育社，後來改名「中華佛化教育社」。胡子笏（1876-1943）等人於萬壽寺，設立「世界佛教聯合會北京辦事處」，籌資辦理「寰球佛教圖書館」。[16]

---

10 王望峰，《白衣的智慧》，頁 48。
11 于凌波，《現代佛教人物辭典》，頁 1829。
12 釋印順，《太虛大師年譜》，頁 103。
13 于凌波，《現代佛教人物辭典》，頁 1834。
14 于凌波，《現代佛教人物辭典》，頁 1837。
15 于凌波，《現代佛教人物辭典》，頁 1841。
16 釋印順，《太虛大師年譜》，頁 216、222。

十六年（1927），上海創辦「法苑」，章太炎、王一亭、謝鑄陳（1883-1960）、王森甫（1881-1934）、陳維東等居士參加。法苑是為了整理僧伽制度而設立，目的是改良經懺，推行社會化佛教活動。謝鑄陳收集太虛大師的文章，編成《太虛法師文鈔》，初集有雅言、世論、佛學三編，由「中華書局」印行。[17] 盛宣懷之妻莊氏捐贈土地，由靜波、應慈法師修建為清涼寺，同時把佛學院更名為「華嚴學會」。[18]

十八年（1929）八月，上海佛教居士有林李經緯等人創辦「佛學書局」，范古農（1881-1952）為總編輯，編輯《海潮音文庫》、《佛學百科叢書》，並發行宋版《藏經》，著手整理佛教文獻。[19]

十九年（1930），胡子笏聯合華北佛教信徒，成立「華北佛教居士林」。[20] 二十五年（1936），範成（1884-1958）法師與葉恭綽（1881-1968）、蔣維喬（1873-1958）等人，在上海發起影印《宋磧砂藏》五百部，每部有五百九十三冊。[21]

民國以來，梁啟超（1873-1929）、梁漱溟（1893-1988）、湯用彤（1893-1964）、熊十力（1882-1968）等人為佛教的復興起了推波助瀾的作用，於是佛學在學術界成為顯學的活動。章太炎因父親、宋恕（1862-1910）以及俞樾（1921-1907）等人的影響，與楊仁山、歐陽漸、王一亭、唐大圓（?-1941）、熊十力

---

17 釋印順，《太虛大師年譜》，頁233、237。
18 陳慧劍，《南亭和尚年譜》，頁49。
19 釋印順，《太虛大師年譜》，頁294。
20 釋慈怡等主編，《佛光大辭典》，頁4963。
21 般若雲，〈五十年來的中國佛教〉《臺灣佛教》，1948.7.1，頁15。

等人均有往來，留下許多討論佛法的書函。[22]

二、淨土彌陀思想

　　西晉道安（312-385）法師有《淨土論》六卷，期生兜率彌勒淨土；唐代玄奘（602-664）、窺基（632-682）等法師也以彌勒淨土為行持者。後來彌陀信仰隨之興起，彌陀淨土成為諸佛淨土的代表。[23] 印光法師主張彌陀淨土為佛出世之本懷，並致力於社會救濟等事業，各地僧俗漸次興起結社、念佛之風。

　　印光法師研讀大乘經論，開圓、頓為先導，信願持名求生西方為正行，佛教行持最終歸於淨土法門。[24] 近代淨土提倡並非完全出世，居士佛教並不出家離世，對現世生活也有深切的關懷。楊仁山居士也篤修彌陀淨土，且自謂「教宗賢首，行在彌陀」，徐蔚如依此八字探究，如覺漸有軌轍可循。

　　狄楚卿（?-1941）在上海發行《佛學叢報》；徐蔚如（1878-1937）則在杭州附近，創設佛經流通處，同時首先對外發表印光法師文稿。[25] 他把收集到文稿有二十二篇，題為《印光法師文鈔》初編，讓信眾歸心念佛者逐日漸多。後來以收錄各稿三十八篇作為《印光法師文鈔》續篇。[26]

　　海內學人才能讀到《印光法師文鈔》，因而起信淨土宗，求皈依絡繹接踵而來。印光法師曾致徐志的書中，特別以《大勢至念佛圓通章》的內容，說明念佛的方法：

22　王望峰，《白衣的智慧》，頁 98-101。
23　王鳳珠，〈印光法師念佛法門研究〉，頁 111。
24　王鳳珠，〈印光法師念佛法門研究〉，頁 177。
25　于凌波，《現代佛教人物辭典》，頁 1830。
26　釋印光，《印光法師年譜》，頁 95-97。

《大勢至念佛圓通章》云：「都攝六根，淨念相繼，得
三摩地，斯為第一。」念佛之法，各隨機宜，不可執定。
然於一切法中，擇其最要者，莫過於攝諦（詳審也）聽。
念從心起，聲從口出，音從耳入，行住坐臥，均如是念，
如是聽，大聲小聲，心中默念，均如是聽。默念時，心
中猶有聲相，非無聲也。[27]

印光法師特別重視「持名念佛」，念佛是都攝六根、淨念
相繼。信願是生佛感應的關鍵，專持佛號是念佛正行，而都攝
六根則是念佛秘訣。因此教化即出：「無須多說，依此力行，
則自可親得其益矣。」持名念佛是達到心佛一體的方法，攝心
為淨念的首要條件。[28] 說明方法：

念佛時能攝耳諦聽，即都攝六根之法。以心念屬意根，
口念屬舌根，耳聽則眼必不他視，鼻必不他嗅，身必不
放逸懈怠，故名都攝六根。攝六根而念，則雜念漸息以
致於無，故名淨念。淨念能常相繼，不間斷，便可得念
佛三昧。[29]

淨土宗繼承古代淨土的理論，至印光法師而集大成，形成
帶業往生、四淨土說、一心不亂等教理、教義，於是是有別於
古代印度、中國及近代日本淨土各派系的教理教義，因此與藏

---

27 朱鏡宙，《夢痕記》，頁 715-716。
28 王鳳珠，〈印光法師念佛法門研究〉，頁 122-131。
29 朱鏡宙，《夢痕記》，頁 715-716。

傳佛教的觀念不同。[30]

三、太虛大師佛教改進運動

民國初年，宗仰法師修纂《大藏經》，完成鉛印八千一百四十六卷分裝四函，稱《頻伽大藏經》，請章太炎寫序文。[31] 月霞（1858-1917）、應慈（1873-1965）法師在哈同花園創辦華嚴大學，智光、慈舟、戒塵（1878-1948）、常惺（1896-1939）法師進入正科班學習，月霞法師則講授《華嚴教義》，都是當時開風氣之先的事。[32]

四年（1915），太虛大師依據教理、教史作《整理僧伽制度論》，為佛教改進運動之始。[33] 七年（1918），諦閑（1858-1932）法師在北京講《圓覺經》，徐蔚如、蔣維喬前來求皈依，後來與梅光羲、江味農（1872-1938）成立「北京刻經處」。[34]

七年（1918），太虛大師與陳元白（1877-1940）、章太炎、王一亭、劉仁航（1884-1938）等人，在上海創辦「覺社」，成立的目的，是以出版專者、編發叢刊、講演佛學、實習修行等。[35] 出版宣言：「然茫茫人海之中，定多先覺古佛，大心凡夫，同抱宏願，力逾百倍，能惠然我好，携手以共行此自覺覺他覺行圓滿之道者。」這是佛教運動的出發點。[36]

後來，出版到第五期則改名為《海潮音》，說明發行宗旨：

---

30 張雪松，《法雨靈岩-中國佛教現代化歷史進程中的印光法師研究》，頁 344。
31 于凌波，《現代佛教人物辭典》，頁 1828。
32 陳慧劍，《南亭和尚年譜》，頁 19、58。
33 釋印順，《太虛大師年譜》，頁 79。
34 陳慧劍，《南亭和尚年譜》，頁 89。
35 釋印順，《太虛大師年譜》，頁 97。
36 〈海潮音月刊出現世間的宣言〉《海潮音》卷 16，1935.1.15，頁 9。

「發揚大乘佛教真義，應導現代人心正思。」覺社的意義是人海思潮中的覺音，而海潮音的「海」是宇宙間人類公共的；「潮」是人海中一個時代所產生的，屬於現今時代的意思；「音」是人海思潮中能覺悟者。[37]

八年（1919），因山東租界的問題，北京的學生走上街頭開始示威遊行，此時全國的學生、工人起來響應。佛教改革運動因此順勢延燒開來，為了矯正鬼神化與山林化的佛教態勢，太虛大師倡導在人間淨土發揚人生佛教。[38]

九年（1920）二月，太虛大師以〈支那內學院文件摘疑〉與歐陽漸開始法義之諍。他在香港講學時，以〈佛乘宗要〉為題目，[39] 其內容：

> 佛乘宗要論者，隨順時機以略明佛法之宗本及其綱要之論也，故一名現代佛法概論。以佛法言，本來無有三世之隔別，則現代之名亦不立，說之不如其已；然以世人思潮每依時代而變遷，近世科學發達時哲動操之以推測佛法，或更加以片面之判斷，是故今之為說，亦就世人之思潮而立其言耳。[40]

十一月，太虛大師至武昌講經說法，學佛之風大盛。十二月，於漢口黃州會館講《心經》，居士發起「漢口佛教會」，會長為李隱塵（1871-1929），佛教的運動就從武漢展開。太虛

---

37 〈海潮音月刊出現世間的宣言〉《海潮音》卷 1 第 1 期，1920.3.10，頁 1。
38 鄭栗兒，《東方初白-東初老人傳》，頁 16。
39 釋印順，《太虛大師年譜》，頁 110-116。
40 釋太虛，第一編佛法總學〈緒論〉《太虛大師全書》，頁 119。

大師到長沙船山學社以〈身心性命之學〉一文講學，周扱寰等
居士發起「佛教正信會」。[41] 身心性分為三：

> （一）悟身心性命之真理：心性真實，身命虛妄，此身
> 心性命第一重之區別。身固虛妄而所依五大之地、水、
> 火、風、空則清淨周遍，體即真實之性，且眼、耳、鼻、
> 舌、身五淨色功能亦近心真。
>
> （二）修身心性命之正行：本有常住、周遍、圓滿、清
> 淨的心真實性是自己，是事實上可以顯得的；現前的世
> 間身命，全是由慮知意識所變幻而起的虛妄，是事實上
> 可以解脫的；又豈肯但以得著此一點理解便自滿足，勢
> 必於實際上親到親達，方肯休息。
>
> （三）破身心性命之謬執：在舊時由或受他人之告教，
> 或出自己的思想，先有了一種成見的人，於此未免發生
> 種種疑惑違拒之念。[42]

十年（1921），太虛大師以人天乘與傳統佛教說明五乘，
同時判釋大乘佛法：以本體為真如的唯性論，現行為意識的唯
心論，究極為妙覺的唯智論。[43] 其佛法大系的內容：

> 古今諸德判釋如來一代時教，或一或二，或五或十，種
> 種數目不一而足；今總括之分為大小二乘與人天乘。而
> 此人天乘法，全係大小乘之出世階梯，或大小乘之化他

---

41 釋印順，《太虛大師年譜》，頁 117-120。
42 釋太虛，第十三編真現實論宗用論〈身心性命之學〉《太虛大師全書》，
　　頁 520-526。
43 釋印順，《太虛大師年譜》，頁 123-124。

> 方便；故佛法之根本唯大小乘。[44]

九月六日至十一月七日，在北京廣濟寺開講《法華經》，周少如於《亞東》新聞版中，登載〈法華講演錄〉一文，[45] 其內容：

> 《妙法蓮華經》傳入震旦，信受甚盛。初在南方風行，南北朝時，有光宅、嘉祥諸師弘揚；隋時，天台智者大師集其大成，尤闡發無遺。繼則賢宗諸師亦甚提倡，李唐之際乃大振於北方。慈恩大師著述有《玄贊》四十卷，講者多宗之。宋元以降，《玄贊》佚失，數百年來講此經者，大都僅依台、賢二教。近時海上交通，始將《玄贊》一書從日本取回重刊。[46]

四、太虛大師創辦佛學院

十一年（1922）一月，太虛大師與武漢政商人士集議，並提出創辦佛學院的計劃。五月，黎邵平以其住宅，成立「漢口佛教會」。八月，李隱塵、湯住心成立「武昌佛學院」，董事長是梁啟超，由陳元白為代表，同時成立「正信印書館」。九月，武昌佛學院開學，僧俗兼收，學生有六十多名。學務內容參考日本佛教大學，以禪林規制，造就師範人才。目的是推動佛教活動與佛學的教育，出家人整理僧制工作，在家人組織正

---

44 釋太虛，第一編佛法總學〈佛法大系〉《太虛大師全書》，頁 334-338。
45 釋印順，《太虛大師年譜》，頁 133。
46 釋太虛，第七編法界圓覺學〈法華講演錄〉《太虛大師全書》，頁 26-28。

信會。十一月,漢口開始成立「十方女眾叢林」。[47]

　　歐陽漸以佛學研究社的基礎,在南京籌建「支那內學院」,以師、悲、教、戒為院訓,同時發行《內學年刊》。[48]《內學年刊》與《海潮音》成為民國以來的佛教刊物。歐陽漸以《成唯識論》講學,對《大乘起信論》有所毀譽,[49] 太虛大師以〈佛法總抉擇〉一文來說明,其內容:

> 今作佛法總抉擇談,將以何為準據而抉擇之耶?曰:依三性。蓋三性雖唯識宗之大矩,實五乘法之通依也,故今依以為抉擇一切佛法之準據焉。而抉擇之先,當略明三性之梗概。
>
> 一者、遍計所執自性。二者、依他起自性。三者、圓成實自性。……依此三性以抉擇佛法藏,其略說依他起之淺相而未遣遍計執者,則人乘天乘之罪福因果教也,亦世出世間五乘之共佛法也。其依據遍計之法我執,以破除遍計之人我執而棄捨依他起者,則聲聞乘之苦、集、滅、道、教也;亦出世三乘之共佛法也。至於不共之大乘佛法,則皆圓說三性而無不周盡者也。[50]

　　十二年(1923)一月,武昌佛學院成立「研究部」。[51] 二

---

47 釋印順,《太虛大師年譜》,頁 138-145。

48 洪金蓮,《太虛大師佛教現代化之研究》(臺北:法鼓文化,1995 年 6 月),頁 374。

49 王望峰,《白衣的智慧》,頁 48。

50 釋太虛,第六編法相唯識學〈佛法總抉擇談〉《太虛大師全書》,頁 371-373。

51 釋印順,《太虛大師年譜》,頁 150。

月十六日，北京學佛居士發行「佛化新青年」。[52] 甯達蘊、張宗載（1896-?）則發起新佛教青年會，太虛大師改名為「佛化新青年會」。四月，漢口佛教會成立「宣教講習所」。五月，武漢佛教徒在「中華大學」舉行佛誕紀念法會。[53] 太虛大師於佛誕紀念會，發表宣言：

> 本月刊發行於中國，歷年較久，流傳較廣，對於比年來佛化之盛行，關係尤大。故本社與武漢佛教同人等，初欲於全國中心之漢口，發起一全世界佛教聯合之佛誕紀念大會，作宣傳佛化之大規模運動，以開佛化之新中國、佛化之新亞洲、佛化之新全球之新紀元。[54]

二十二年（1933）十月，太虛大師在漢口總商會發表〈怎樣來建設人間佛教〉，說明佛教並非離開人類去做神、做鬼，或出家到寺院、山林去做和尚的佛教。他以佛教的道理來說明如何改良社會，使人類進步進而改善世界的人間佛教。十二月，王森甫（1881-1934）等居士籌辦「世界佛學苑圖書館」。[55]

太虛大師從一般思想中、國難救濟中、世運轉變中，發表如何建設人間佛教的內容：

（一）從一般思想中來建設人間佛教：佛教到中國有二千年的歷史，窮鄉僻野都有佛教，而佛教的真相，卻猶

---

52 釋東初，《中國佛教近代史》，頁 122-123。
53 釋印順，《太虛大師年譜》，頁 153-156。
54 釋太虛，第十九編文叢〈本社對於今年佛誕紀念會之宣言〉《太虛大師全書》，頁 1073。
55 釋印順，《太虛大師年譜》，頁 357-363。

不能明了；佛教的精神及力量，亦不能充分顯發出來。群眾對於佛教的觀察，可以在戲劇和小說等表顯來看；戲劇是鄉僻婦稚都能知道。

（二）從國難救濟中來建設人間佛教：中國近幾年來，天災人禍、內憂外患相繼而來，自從日本的侵擾，內匪外寇，交迫尤甚。國家能為人民拒外寇而平內匪，現在國家處災難之中，凡是國民各應盡一分責任能力，想辦法來救濟個人所託命的國家。

（三）從世運轉變中來建設人間佛教：全世界的趨勢已有了一種轉變。我們在這種轉變之中，不要再跟在人家的後面走，故須趨向最前面，作世界的領導者，因此而建設人間佛教。[56]

佛教與儒家、道教形成中華文化三大柱石，除了義理的研究以及本身的修證，中國面對新時代的來臨，佛教也承擔起慈善賑災、扶危濟困的責任。佛教信仰為善巧方便的法門，淨土殊勝獲得信眾的支持，太虛大師在湖北成立漢口佛教正信會，提供佛教教育和出版的文化事業，為中國最積極的居士團體。

居士佛教結合法會、刻經、譯經等的事業，致力於佛教文化事業，並以悲天憫人的襟懷，發揚菩薩悲願、慈悲濟世的精神。這是透過佛教教育的改革，回應社會服務的需求，也恢復佛教原本的面貌，建立被忽視並不當發展的大乘佛法。[57]

---

56 釋太虛，第十四編支論〈怎樣來建設人間佛教〉《太虛大師全書》，頁 431-456。
57 Don A. Pittman，鄭清榮譯，《太虛—人生佛教的追尋與實現》（臺北：法鼓文化事業，2008 年 12 月），頁 110-118。

五、傳承太虛大師佛教文化事業

抗戰期間，孫將軍的稅警總團改編為步兵師，後來轉任師長參加抗戰。三十一年（1942）率軍入緬，緬北反攻後，救出被圍攻的英軍有七千多人，英國女王頒贈最高榮譽勛章而讓將軍揚名國際。抗日戰爭勝利後，復率新一軍赴東北作戰；三十六年（1947）調到臺灣訓練新軍。

戰亂中，孫將軍夫婦幫助僧人逃離大陸到臺灣，孫將軍備受美國人的尊敬，清揚居士也承擔時代洪流中的重責大任。清揚居士以其身份協助僧人來臺，包括星雲、廣慈法師等人在臺灣安身立命。來臺後，初遇慈航法師以太虛大師的思想為基礎，在臺灣灑下人間淨土的人生佛教種子。她曾受到智光法師的啟發、教育，並以女居士的身份在臺灣建設人生（間）佛教，她不僅提升了婦女的地位，使得臺灣佛教為國際上所注重。

清揚居士出面與政府當局交涉，以「世界佛學苑」名義接收善導寺，作為佛法弘化、僧務運作的重心，中國佛教在臺灣才有根據地。她是中國佛教到臺灣的關鍵人物，傾其一生護持佛教活動，迎請太虛大師的舍利到臺灣，且在善導寺成立菩薩學處，落實太虛大師在人間淨土推行人生佛教。更以女居士身份出席參與中國宗教徒聯誼會，聯繫世界性的宗教，促進世界和平為宗旨。

孫將軍夫婦無私的奉獻，為國、為民同受國際間的讚揚，但也惹來旁人的忌妒。「孫案」發生時，舉家雖軟禁於臺中，但清揚居士仍出面發起影印《大藏經》，讓信眾認識佛教與了解佛教的教義，研究佛學的人逐漸增加，使佛法能夠普遍化、

深刻化傳播於臺灣的各角落。

　　當時臺灣大多數的佛教徒，對佛教未能有正確的認識，但所謂的信仰普遍流傳於民間。她傳承太虛大師佛教文化的事業，更以金錢資助臺灣印經處和各佛教期刊、以及演培法師的書籍在臺灣出版，因此她對認識、信仰佛教的貢獻是功不可沒。她更獨具慧眼的觀察，在佛光山、慈濟還沒發跡前，維護星雲大師且視他為佛兒子；振臂擁護證嚴上人的醫院大業、建校的大願。

　　當時佛教刊物的內容，多屬有關佛教思想的發揮與引申，其內容報導了當時佛教的各種活動。（著作目錄如附錄二）清揚居士與時俱進在佛教刊物有三十多篇文章；部份文章則被編入七本佛學書籍；慈濟、佛光山兩個團體單位，與清揚居士各採訪一篇口述訪談紀錄。佛光山覺幻法師特別記錄〈往生記事〉一文，這些資料提供很好的訊息，讓我們勾勒了當年的情景。說明如下：

（一）對外發表文章

　　三十四年（1945），《海潮音》刊登〈孫立人將軍夫人頃自述學佛因緣〉，又在《中流》發表〈我學佛的因緣〉。來臺後，陸續發表的文章，在《海潮音》發表〈淒風苦雨憶大師〉；在《人生》有十五篇文章；《菩提樹》刊物也有一篇；《中國佛教》又發表了兩篇；《覺世》旬刊有十篇文章。

（二）出版書籍

　　三十九年（1950）二月，東初法師結集清揚居士發表的八篇文章，於「人生月刊社」出版《婦女學佛應有的態度》一書，目的是讓信眾對佛法的能有正確認識，成為學佛婦女們精神上

的食糧。她對外發表的文章，被編入佛學書籍有七本：

1、四十三年（1954）七月，〈棲蓮精舍落成紀念刊序〉收錄在《棲蓮精舍落成紀念特輯》中。

2、四十六年（1957）五月，《慈航菩薩圓寂三周年紀念特刊》內發表〈我崇敬的慈航法師〉一文，後來慈善寺重編為《慈航菩薩成道四十五周年紀念集》，八十九年（2000）五月出版。

3、五十二年（1963）三月，發表〈悼智光上人〉一文，被收錄於《智光老和尚紀念集》一書。八十二（1993）二月，華嚴蓮社重新編入《智光大師法彙》一書。

4、睿理法師把〈婦女學佛應有的態度〉一文，編入《當代佛教講演集》中，四十九年（1960）出版。

5、煮雲法師把〈我為什麼要信佛〉一文，編入《我怎樣選擇了佛教》中，七十三年（1984）出版。

6、周宣德把當時講經的法師和居士的文章，編輯為《佛學廣播詞專輯》。清揚居士則有四篇講稿，被編入其中，七十九年（1990）以慧炬出版社出版。

7、孫立人將軍永思錄編輯委員會把清揚居士〈我學佛的因緣〉一文，編入《中國軍魂：孫立人將軍永思錄》一書，八十一年（1992）十二月，以孫立人將軍紀念館籌備處出版，由學生書局經銷。

（三）訪談紀錄

第一篇：七十九年（1990）十二月二十五日，《慈濟》第289期刊登〈孫夫人張晶英女士的一生傳奇〉一文，泳思法師說明抗日名將孫立人將軍的元配夫人張晶英居士，一生護衛佛教，善行縷縷不能盡述。

第二篇：永芸法師兩次到永和故居拜訪清揚居士，主要是與清揚居士做訪談紀錄，題名以〈與孫立人將軍夫人往生前的最後訪談〉。八十一年（1992）七月二十六日，完稿於基隆，訪談紀錄稿被編入《中國軍魂：孫立人將軍永思錄》一書。

第二節　現代勝鬘－清揚居士

在印度的大乘佛教經典中，與佛陀同時代有一位佛教的模範（女居士），在家學佛的典範─勝鬘夫人。她是一位著名的佛教夫人，皈依佛，發揮大乘佛法的四攝法（布施、愛語、利行、同事），不起愛染心，無厭足心，無罣礙心而攝受之。

她還影響其夫婿阿踰闍國的國王皈依佛教，從而共同以佛法教化人民，而且重視兒童的教育，定期召集七歲以上的兒童進宮授予教育。

她於佛陀前演說一乘、一諦、一依等大乘佛法，向大眾宣說《勝鬘經》，說明皈依、受戒、發願的經過，詳細說明攝持正法、涅槃、一乘法、四諦等佛教義理。勝鬘夫人所受的十大受、三大願，是為了利樂一切眾生，她不但是婦女界的模範，也是人類所仰望的聖者！

而我們看到清揚居士，曾任財政部稅警總團慈幼院院長、屏東慈愛托兒所董事長，培育、照顧小孩子的教育；擔任婦聯會陸軍分會主任委員，與蔣夫人宋美齡協助、照顧三軍與軍眷；與南亭法師等人創辦智光商工職業學校，為國家社會培育商業人才；並以金錢資助各佛教雜誌的發行、對外發表了三十多篇

文章和出版《婦女學佛應有的態度》一書。同時擔任中國佛教
會常務理監事、中華佛教文化館印藏委員會監察委員、覺世旬
刊社董事。

　　清揚居士參訪勝鬘夫人事跡，於佛前自我宣誓，致力體得
佛法，要受持十種大乘戒法及三大誓願，奉獻於佛教以及布施
一切眾生，傾其一生奉獻於佛教文化事業。因此她以佛法的信、
願、行為前導，為臺灣佛教與佛教文化拉開序幕，提升了婦女
在佛教界的地位，因此她有佛教界的「勝鬘夫人」。

一、清揚居士詮釋勝鬘

　　佛教創始於印度，發揚於中國，因緣到了臺灣，佛教的發
展則以人間佛教的路徑最興盛。佛教經典的內容都是教化人
群，為人們解開疑惑開展智慧，希望一切眾生能明心見性、自
覺覺他乃至覺行圓滿成等正覺。因此佛教經典的內容，含有豐
富的教育原理，以及訓導我們的內心及淨化大眾的教義、教理。

　　清揚居士以〈佛教婦女的典型－勝鬘夫人〉一文，[58] 介紹
佛教的模範－勝鬘夫人。她與佛陀是同時代的人，也是佛教著
名的夫人，不但自己深信三寶（佛、法、僧），且悟入大乘正
法，宣說一部大乘經典為《勝鬘經》。

　　勝鬘夫人的善根深厚，初次聞法就能與佛陀相應，很快地
體悟大乘佛法的微妙義理，且於佛前自我宣誓，要受持十種大
乘戒法及三大誓願。所謂受，就是承擔、受持的意思。一個人
能擔當什麼責任和教育，要看她的接受程度有多少，而勝鬘夫

---

58 孫張清揚，〈佛教婦女的典型－勝鬘夫人〉《人生》卷 5 第 2 期，1953.2.10，
　　頁 3、6。

人則承擔受持了這十種大乘佛法。

（一）勝鬘夫人皈依佛

現在學佛的人雖多，但真正了解佛法的人很少，特別是婦女，只知道到廟裏燒香拜佛，求現前消災及來生的福報。但對佛教正法沒有什麼認識，更談不到講經說法。

勝鬘夫人皈依佛開始，發揮大乘攝受正法，始終以夫人為說法的中心，是佛陀時代著名的佛教夫人之一。佛陀成道後，頻婆娑羅王皈依後，恆河北岸憍薩國的波斯匿王末利夫人先皈依佛陀，夫人感化後，波斯匿王也相繼皈依佛陀。波斯匿王末利夫人、頻婆娑羅王夫人韋提希和友稱王夫人勝鬘，同時稱為佛教夫人。

勝鬘夫人是中印度阿踰闍國友稱王的夫人，是波斯匿王的末利夫人的愛女。波斯匿王與末利夫人皈依佛陀教法，深入三寶的信仰，享受無上的法樂。由於天性人倫情緒的激發，波斯匿王夫婦稱讚如來功德的信件，送到勝鬘夫人的處地。勝鬘夫人見到信後，歡喜得不得了，頓生希有難遭遇之心。佛的音聲是世間所沒有的，佛所說的真實義法，我們應當修持供養，唯願如來垂慈哀愍，令我得見如來，長養善根因緣。

這時，佛陀在舍衛國祇園精舍，靜觀思惟洞見夫人仰望佛陀的心情。佛陀是滿一切眾生的願望，騰空現身於夫人前，夫人見到佛陀現身放光明，生起無量清淨心，歎佛功德並發願皈依。讚歎如來真實功德，如此恭敬如來，得佛授記將來就以此善根於無量阿僧祇劫，在天人之中為自在王。供養無量諸佛，汝當成佛，號為普光如來，國土清淨莊嚴無諸惡趣老病衰惱不適意苦。

（二）勝鬘夫人十大受

勝鬘夫人聽佛並為她授記，將來成佛，於佛前至誠從自清淨心發出如次十大志願：

1、我從今日乃至菩提、於所受淨戒，決不起犯心。

2、我從今日乃至菩提、於諸尊長，不起慢心。

3、我從今日乃至菩提、於諸眾生不起恚心。

4、我從今日乃至菩提、對他人姿色及一切裝飾玩具不起嫉心。

5、我從今日乃至菩提、於內外諸法不起慳心。

6、我從今日乃至菩提、不為自己受蓄財物，所有財物悉為救濟貧苦人民。

7、我從今日乃至菩提、不為自己修四攝法（布施、愛語、利行、同事），於一切人民不起愛染心，無厭足心，無罣礙心而攝受之。

8、我從今日乃至菩提、若見狐獨，囹圄，疾病，種種困苦的人民，決不捨棄不救，當以善巧方便令其脫離困苦，令得安隱！

9、我從今日乃至菩提、若見捕養生數，破諸戒律等，決不捨棄不救，依我所有力量，應折伏者而折伏之，應攝化者攝化之，制止一切惡行，依此折伏與攝受方法，能使正法久住，天人充滿，惡道減少，正法光大於天地之間。

10、我從今日乃至菩提、決不忘記攝受正法，以忘失正法，即忘失大乘，忘失大業的人，即忘失波羅密。忘失波羅密的人，就不樂大乘。不決定大乘的人，就不能攝受正法。沒有正法的人，即永不得超越凡夫地位。

（三）勝鬘夫人三大願

　　我因見如此無量的大德，看見未來攝受正法菩薩摩訶薩。唯願佛陀為我證明，於如來前發誠實誓願受此十大受。勝鬘夫人發此十大受後，復於佛前發三大願：

　　1、願依此願力，所有生類獲得安穩，依此善根，於一切身獲得正智。

　　2、願我得正法智後，無厭足心為一切人民盡心說法。

　　3、願我為攝受正法，捨身命財護持正法。

　　勝鬘夫人發願受持十大戒的種類，前五戒的內容是止惡，後五戒的內容是生善。前五戒是攝律儀戒，目的在止惡；中四戒攝眾生戒，作用在發心度眾；後一戒是攝善法戒，旨在修一切善，這就是菩薩的三聚淨戒。勝鬘夫人以十大受、三大願為進入佛門清淨生活的第一步，畢生實行大乘菩薩道，可說是在家居士的典範。[59]

（四）發揮大乘攝受正法義

　　《勝鬘經》以夫人的志願為首，所說許多志願，都不出於一大願中，攝受正法為真實大願。勝鬘夫人為這三大願，進一步詳說攝受正法的大願。勝鬘夫人發揮大乘精神，為攝受正法說身命財三種分捨：

　　1、捨身者，當得不壞常住無有變易，不可思議功德如來法身。

　　2、捨命者，當得無邊常住不可思議功德，通達一切甚深佛法。

59　釋星雲，《十種幸福之道：佛說妙慧童女經/勝鬘經十大受》，頁319。

3、捨財者,當得不共一切眾生無盡無減畢竟常住不可思議具足功德,得一切眾生殊勝供養。

勝鬘夫人依大乘的立場,發揮攝受正法的精義,一切善法皆依大乘而得增長。三乘者入於一乘,一乘者即第一義乘。這與《法華經》說:「唯有一乘法,無二亦無三。」同為發揮一乘教義。又說如來藏,是如來境界,非一切聲聞緣覺所知。自性清淨心難可了知,此心為煩惱所染亦難可了知。

最後,勝鬘夫人於甚深義生大功德,入大乘道,舉三個善男子善女人:「自成就甚深法智,自成就隨順法智,乃於諸深法不自了知,仰惟世尊,非我境界,唯佛所知。」

(五)佛教界婦女的典型

勝鬘夫人具有無上正法的信念,並具有說法的智慧,實是奉行大乘佛教女性的典型。勝鬘夫人與《觀無量壽經》當機的韋提希夫人同為佛教婦女們所渴仰的。自古及今,中外各國信佛的人們,婦女實居多數,家庭社會轉移風化,婦女亦佔大半,如母之慈、妻之愛、姊妹之和睦,親屬之友誼最易相感,故母子之恩、夫婦之情、兄弟姊妹之愛,至為有力,所以婦女學佛,乃是人生根本,趨向正覺主要的路途。

菩薩行四攝法(梵語 catvāri saṃgraha-vastūni),菩薩攝受眾生,令其生起親愛心而引入佛道,以至開悟的四種方法。若依其原語直譯,則稱為「四種把握法」。其四攝:

布施攝(梵語 dāna-saṃgraha),以無所施之心施受真理(法施)與施捨財物(財施)。若有眾生樂財,則布施財;若樂法,則布施法,令起親愛之心而依附菩薩受道。

愛語攝(梵語 priya-vādita-saṃgraha),依眾生之根性而善

言慰喻，令起親愛之心而依附菩薩受道。

利行攝（梵語 artha-caryā-saṃgraha），行身口意善行，利益眾生，令生親愛之心而受道。

同事攝（梵語 samānārthatā-saṃgraha），親近眾生同其苦樂，並以法眼見眾生根性而隨其所樂分形示現，令其同霑利益，因而入道。

清揚居士呼籲學佛的婦女，不但自己要皈依三寶，同時要勸丈夫及家庭子女也要皈依三寶，並以分工合作同以大乘佛法化導社會男女同胞。說明學佛的婦女，應向勝鬘夫人學習！要許終身奉持正法大乘行！

二、《勝鬘經》重要性

印順法師《勝鬘經講記》一書，[60] 這部經是大乘如來藏經典中的代表作之一，古來有二種的譯本：一是劉宋時代，天竺求那跋羅三藏譯，名為《勝鬘獅子吼一乘大方便方廣經》，簡稱《勝鬘經》。一是唐代南天竺菩提流志所譯，是屬於《大寶積經》第四十八會〈勝鬘夫人會〉，二者均為一卷。現在所謂《勝鬘經》，即指前者而言，這是大乘佛教的經典。

《勝鬘經》要義有三：平等義、究竟義、攝受義。佛乘是究竟而又平等的，從平等到究竟，關鍵就在攝受正法。攝受正法以信為初門；有信而後立大願、修大行。從歎佛功德到攝受正法章，因此平等、究竟、攝受為本經的核心、精要。

菩薩的因行是廣大的，如來的果德是究竟的。大乘是通因

---

60 釋印順，演培、續明記錄：《勝鬘經講記》（臺北：正聞出版社，1991年9月）。

通果的，菩薩的因行是大乘，如來的果德也是大乘。菩薩的因
行與如來的果德是一貫的，修菩薩的因行得如來的果德；依如
來究竟的果德，所以發起菩薩廣大的因行。說明有二：菩薩廣
大因行、如來究竟果德。

（一）菩薩廣大因行：又分歸信與願行二科。學佛應先歸
依，然後再受戒、發願、修行，這是一切佛法所共依的軌道。
勝鬘夫人雖久修大行，親見如來（現證）；然為了顯示眾生的
學佛次第，所以先申歸信。但也可說：現證即是於佛（法僧）
而得證信，讚佛即顯示自證的境地。

歸依以後應發願修行。既立志大乘歸依，應受大乘戒，發
大乘願，修大乘行。十受、三願、攝受正法的三章，即是大乘
行願。十大受，唐譯作十弘誓。受戒以發願要期遵行為相的；
所以大乘的三聚戒，即願斷一切惡，願度一切眾生，願成熟一
切佛法。受戒說，即願；約持戒說，即行。

行願中先是十大戒，次攝十戒於三大願，現在再攝三大願
於攝受正法中。攝受正法是十大戒的第十戒，也是三大願的要
素。廣明一大乘；菩薩的行願，如來的功德，都是以攝受正法
為根本的。

攝受正法的廣大義（大乘），即無量。五乘佛法攝八萬四
千法門，八萬四千法門要在六波羅密。大乘即六度，六度即般
若，般若即實相，這是大乘經的共義。如《般若經》中，佛命
須菩提說般若波羅密，而須菩提廣說大乘。佛印成說，大乘即
波羅密。波羅密為修行成佛的法門，菩薩攝受正法，發心修學
大乘法門，不出六波羅密，六波羅密即大乘的異名。

（二）如來究竟果德：如來的果德近於《法華經》、《涅

槃經》讚歎佛果功德,會歸一佛乘。大乘就是一乘,一乘道果,明佛的果德。信佛果德,發心修行即大乘菩薩道。在明如來果德中,點出菩薩道因,一切眾生有如來性。一切眾生無始來攝受正法,是修大乘道因,一切眾生由此都可成佛。

說明先歸信,次受戒發願,次修行,然後論如來果德;果即一切眾生都有此正法性的圓滿開顯;所以又依此正法而起信。信、願、行、果,周而復始的展轉相成。

念佛不但是口頭誦持。念是內心的明記不忘;時時繫念著佛,名為念佛。對佛有完全的了解繫念,方是具足念佛。這有四種:(一)念佛名號,這是極淺的。(二)念佛相好,這也還是形式的。(三)念佛功德,即佛所成就於內的,如大智、大悲、大方便、三明六通、十八不共法等功德。(四)念佛法性身,即觀法實相。本經是攝受正法,般涅槃、無作滅諦、如來藏、如來法身等,都是攝得功德的實相念佛。

勝鬘夫人回到宮中,向她的丈夫友稱大王,稱歎大乘法。友稱王聽了,也就信佛,奉行大乘。從此,夫婦共弘大乘法。城中女人,七歲以上的人,由勝鬘夫人化以大乘。友稱大王也以大乘法去化諸男子,使七歲以上的男子,都信學佛法。阿踰闍國的人民,男女老少皆趣向大乘,修學大乘佛法了。從切身處推廣出去,由家庭的佛化,進而到社會的佛化。

從菩薩的歸依、發願、修行,到廣談如來果德,實是無邊功德的集成。內容那麼廣大,名稱也就說不盡,所說的教義,雖簡略而極重要,可與其他教典相互研讀。一乘可研究《法華經》。如來藏為生死涅槃依,可研究《楞伽經》。如來果德、法身、涅槃,可研究《大涅槃經》。發願受戒,可讀《菩薩本

業瓔珞經》等。一乘佛教的重要論題，本經都略有論到，為真常大乘的概論。

佛說十五個經名，《勝鬘經》依此而分為十五章，舉列十五個重要論題：

（一）稱歎如來真實功德第一義功德，如勝鬘夫人歎佛實功德等。

（二）不思議大受，即是勝鬘夫人所受的十大戒。

（三）一切願攝大願，即勝鬘夫人發三大願；菩薩的一切大願，都攝在這三大願中。

（四）不思議攝受正法，經名都有一說字。因為以上是勝鬘夫人的事，此下才是勝鬘夫人說法。從廣義說，全經都是攝受正法。狹義說，指宣說大乘：攝受正法即正法，攝受正法即波羅密，攝受正法即攝受正法者等。

（五）入一乘即會三乘歸一乘，說小乘有恐怖，如來是歸依。

（六）無邊聖諦，無邊即無量，總指如來境智，自聖智聖諦以下，一直到抉擇四諦宗一諦。

（七）說如來藏。

（八）說如來法身。

（九）空義隱覆真實，都是無邊聖諦的一分。

空義隱覆真實有二：1、即說空如來藏處。真實為如來藏性；如來藏為煩惱所隱覆，而不相應，名為空。2、如來藏為二乘空智所不能了；空智唯於無常苦無我不淨上轉，不能真見如來藏性，如來藏為空智所覆。

（十）一諦即三諦，是有為，非諦非常非依，一諦是無為，

是諦是常是依。

（十一）常住安隱一依，即是一滅諦的是常是諦是依；約與前差別，即簡二乘的四依智，明佛出世間第一義依。

（十二）顛倒真實可通二處文：1、即墮身見的眾生起二見，與起四顛倒，及空亂意的眾生，迷如來的法身涅槃，偏執無常苦無我不淨的四倒。聞佛說法身如來藏性，即是真實。2、依如來藏有生死涅槃是真實善說；離如來藏，說依我等有生死涅槃，即顛倒。

（十三）自性清淨心隱覆，指如來藏五名，為客塵煩惱所染而自性清淨。

（十四）說如來真子，即佛約一人說有隨信、隨順法智、得究竟的三階；勝鬘夫人約三類人，說得三大利益。或指前於佛法身得正見者，是佛真子，從佛口生，從正法生，從法化生。

（十五）說勝鬘夫人師子吼廣義說，全經都是勝鬘師子吼。狹義說，即降伏腐敗種子的惡人，以王力及天龍鬼神力，去調伏他們。

《勝鬘經》之如來藏學說或如來藏法門的說明，生命如來藏之內蘊即是緣起法。緣起法是佛法的理則，要成佛還待事修苦行，此時如來藏於行者生命之運作表現。由佛凡夫，因此「眾生皆有如來藏」、「皆可成佛」，由凡夫望向佛，因此生命可以轉依，具足金剛智藏、無量功德海。

而此來去之間，緣起法恆自如如，在佛無增在凡也無減。也就是說，當生命體正欲修行，而由凡夫成為行者乃至成的這一連續過程中三種身份，恰好可依序比配三輪的顯現、運作及

實現，而此三輪體性是空，即是勝鬘夫人宣說佛法之目的。[61]

本文一開始便以「攝受正法，唯一佛乘為《勝鬘經》的宗旨。」攝受正法謂身語意之造業行止，是開啟一切聖境之本，及攝受正法皆賴其所繫從而現證並實現。

「唯一佛乘」則是一切聖境之所趨，圓滿處則是究竟、無作之聖諦義，此部份之相關界說與辨析，實為本經核心內容。

勝鬘夫人何以如此堅定鋪陳，如經末佛陀讚曰：「此經所說斷一切疑，決定了義入一乘道」，此則顯以「如來藏說」為其理據背景，對如來藏境之深觀、體悟，勝鬘夫人方得做獅子吼無畏地開演。[62]

三乘之教歸於大乘的一乘，得一乘即得如來法身。眾生雖然被煩惱所纏，但其本性清淨無垢，與如來同等，所以皆具有如來之性（佛性、如來藏）。且以如來藏為基礎，即使在生死輪迴的世界，也有獲得涅槃的可能。

一乘思想是承繼《法華經》，而成為大乘佛教的重點所在。在家女眾勝鬘夫人為說法者，與維摩居士所說的《維摩經》，同為大乘佛教在家佛教的代表。[63]

三、受到智光法師啟發

智光法師於《婦女學佛初步》一書，說明婦女學佛的緣起，從人生因果律，由胎而孩，而壯及長。最初是從本起末的說法，

---

61 陳雪萍，〈勝鬘夫人經之如來藏學說〉，頁 211。

62 陳雪萍，〈勝鬘夫人經之如來藏學說〉（政治大學宗教研究所碩士論文，2011 年 7 月），頁 210-211。

63 釋星雲，《十種幸福之道：佛說妙慧童女經/勝鬘經十大受》（高雄：佛光文化事業，2018 年），頁 279-280。

由我們一心本體，分出身心真妄，轉成男女幻相，說到婦女學佛的原因，和將來的效力。後來要讓大家都看得懂、便於做到，採取返本還原的說法，其大綱：

（一）婦女學佛的現因

（二）婦女學佛的來果

（三）婦女學佛的希望

（四）華女學佛的由致

（五）印婦學佛的發端

（六）四眾列會的廣談

（七）平等不二的法說

（八）形成男女的分別

（九）身心真妄的差變

（十）吾人一心的本體

智光法師在《今日佛教》發表〈婦女學佛的認識〉一文，說明婦女在家庭的影響要比男人為大，而家庭是組成社會的小單位，國家是千千萬萬個家庭的總合體，所以婦女是國家社會最有影響力的人。

婦女學佛是人生的根本，趨向正覺的主要路途。婦女要有此的認識，學佛法的婦女自度度人，教育自己的兒女，淨化自己的家庭，再推廣伸延到社會，但第一步從三皈、五戒、十善做起：

三皈是皈依佛、皈依法、皈依僧。佛是覺悟圓滿的人，法由佛所證且由佛陀說出的覺悟理由和方法，僧是住持正法的人，所以人人皆應皈依。

五戒是：（一）不殺；（二）不偷盜；（三）不邪淫；（四）

不妄語；（五）不食亂性情的東西。做到了不殺生就是仁愛的
美德；不偷盜便自然而然利義；不邪淫便是禮儀；不欺妄也就
是誠信，如再做到不食亂性的東西，就進而調善起身心。這五
戒不正是修身的準則、治家的基礎，以及安定社會的良劑。

十善在消極方面應做到：（一）不妄殺；（二）不偷盜；
（三）不邪淫；（四）不妄言；（五）不綺語；（六）不兩舌；
（七）不惡口；（八）不貪；（九）不瞋；（十）不癡。

積極的要做到：（一）放生；（二）布施；（三）持戒；
（四）誠實語；（五）質直語；（六）調和語；（七）柔軟語；
（八）不淨觀；（九）慈悲觀；（十）因緣觀。

上面兩項，由（一）至（三）是身行的，（四）到（七）
是屬於語行的，（八）到（十）為意行。[64]

這一文的內容，作為《婦女學佛初步》結論。說明本著三
皈、五戒、十善推廣發揚佛教，或者是念佛、持咒、學禪、學
教，隨各人根性所喜深入學習，沒有不達到目標的。

依五戒、十善、六度、四攝，學菩薩的悲天憫人救度眾生
的大願，冀消除殺機，運用佛陀的慈悲、和平、仁愛的心腸，
貢獻於全人類，使得永久和平共處、安樂生存，這是發菩薩行
的弘願。

四、清揚居士思想脈絡

民國初期的社會風氣是保守的，清揚居士從佛教教義發揮
對女性的肯定與尊嚴，事關性別平權提出卓見。她提出婦女要
認清佛法的價值以及在佛法上的地位，佛法不是少數僧尼的教

---

64 〈婦女學佛的認識〉《今日佛教》卷 1 第 6 期，1957.9.10，頁 22。

育,乃是全體人民共有的家業。

從《婦女學佛初步》和清揚居士對外發表三十多篇文章,說明其中的關聯:

(一)印度婦女學佛的起源

佛陀專為女人說的法,藏經有數十部,所以佛看男女是平等的,沒有輕此重彼的心。佛為姨母摩訶波闍跋提夫人,同佛未出家的妻耶輸夫人,說《大愛道經》。

佛到忉利天歡喜園中,為母摩訶摩耶夫人說法,這是佛最初報恩的,西方婦人最初發起學佛的歷史。

還有為韋提希夫人說《十六觀經》,為勝鬘夫人說《一乘獅子吼經》,《有德童女所問經》,《月上女經》等一乘了義法。形成男女的分別提到《摩登伽經》、《玉耶女經》。

清揚居士以這資料作為史料,說明釋迦牟尼佛是最早的、也最同情婦女們。在二千五百年前,佛陀提倡男女平等、一切眾生平等的覺者,表揚婦女們的種種美德、提倡尊重婦女。佛教向來非常重視婦女,婦女對佛教的貢獻,真是難以言喻,因此二千五百多年來,佛教的興隆與發展,婦女們默默地扮演了推舟掌舵的角色。

佛陀所宣說的大乘經典,調解夫婦的經典有《玉耶女經》、《月上女經》是為童女說的、《勝鬘夫人經》專為國王后說的、《十六觀經》特別為韋提希夫人所說的。

在許多的大乘經典中,提高婦女地位以及表揚婦女,有《妙法蓮華經》說明龍女成佛的故事,耶輸陀羅授記作佛以及《維摩詰經》天女散花的一幕。

其他經典有《八大人覺經》、《普門品》、《地藏經》、

《孝經》等等，都是婦女修學佛法所必讀的經典。

（二）中國婦女學佛的由致

大約漢朝時，佛教已傳到中國，所以婦女學佛是一日多是一日，如《善女傳》裡面說得很多，有參禪的、通教的、持咒的、念佛的四門。

上海統一書局發行《蔣介石全書》一書，說明他的母親長齋禮佛二十餘年，其生平篤信《楞嚴經》、《維摩經》、《金剛經》、《觀音普門品》諸經，皆能背誦、講解。他的母親不僅深通教典，每日佛語機聲是常相和答。

戴季陶也有一篇〈哭母的哀啟文〉，他的母親也是信仰佛教，終身持齋、誦經、禮佛等等儀軌。

清揚居士從佛法的興衰說起，佛法留存在世間有三個時期：正法一千年、像法一千年、末法一萬年。正法時期，人類的道德觀念大都是深重，只要有緣遇到佛法，依佛所示的方法和步驟去實行，沒有不能達到所預期的目的。像法則就不然，人類的基本道德精神，都在這一時期沒落了，雖然有類似實踐的工夫，但不能做到心一境性的程度。到了末法時期，佛法正常面臨日趨地沒落，人根不僅陋劣且道德淪亡。能夠澈悟宇宙人生真理，獲得解脫之道的，固然絕非僅有，連類似實踐的行者也不可多見了。

唐宋以來，除三武之厄，佛法的光輝是萬丈光芒。從帝王到庶民，沒有不推崇佛法。雖然有少數學者詆毀，只是一時而且影響力不大，社會群眾並未減退對佛法的崇敬和信仰。

從政治的、教徒的修養關係說起，宗教興衰完全繫於佛教徒本身的道德。希望同道能放棄小我，成就大我，來一個緊密

的團結。

我們可從佛教徒的基本修持、人類社會的救濟、關於教團等三方面著手。關於人類社會的救濟，要從教育和經濟著手。希望同道能放棄小我、成就大我，來一個緊密的團結，齊一腳步救民族、救國家、救佛教的大道向前邁進。

（三）婦女學佛的現因、來果

人在萬物之中，人的靈性最大。佛教把有情分為六趣，天、人、阿修羅，這是三善道，還有地獄、餓鬼和畜生，那便叫作三惡道。在這六道中，真能修心成佛的還要數我們人類。三途的生活，太苦痛了，那能發心勤脩。而天堂的生活，又嫌太快樂，無心厭世，所以人類的思想和生活最為純潔適當而便於前進了。

生：意指生存生活，生育生機這是就事物本身上具有的現象而言，一生、畢生、屢生、生生世世，就時間而言，這是就事物經過的歷程。人生於世，便需要有人生觀。動物與人所不同者，究竟在那裡？動物是不明倫理道德、缺乏知識。孟子說：人之異於禽獸者幾希！。

學佛的人有二個根本觀念：一是業報觀念，一是因果觀念。所謂業力是貫通三世的，有善有惡，為感人生的根本動力。業雖為感受人生根本，但業力不因人生壽命終了而終止，是相續不斷的，有身前業及身後業，共業不共業。說明身前身後業，即屬第二因果觀念。種瓜得瓜，種豆得豆，這是屬於現世的因果，為肉眼所能見到的。至於過去及未來因果，則非凡夫肉眼所能見。

世間上大凡百種的事情，總逃不出因果定律，人生的生死、

年齡的大小、享用的好醜、運氣的盛衰，乃至於一個地方、一個國家的興廢。雖然不是偶然生出來的，也可能是憑空來的，古人有兩句話：「積善餘慶，積不善餘殃。」所說的積，就是個因，餘就是個果；有什麼樣的因，必定受什麼樣的果。

簡單的因果說明，如一因成一果是很容易明白的。複雜的因果，如一因成多果，或多因成一果，多因成多果，更有同因異感、異因同憑，那就更難了解。不論怎樣複雜萬變的因因果果，有如債主要債似的，強者先牽起走，弱者隨後再說，都是不得放鬆的。總之，這世間萬有變化、事物形相，沒有不是各個妄心所造成的。

因：這事未發生以前的先決條件，就叫作因。由有此先決條件圓滿具足終能演變成將來的事實，猶如稻麥的結成，由於初時的播種。果：先決的條件齊備了，而後這事自然便會形成，所以把他叫做果。因果：因果好比磁鐵一般，磁能吸鐵，鐵也就被磁所吸，這是天然不變的定律。古人說善惡之報，如影隨形、禍福無門，唯人自招。

因果與人生：任何事物雖然都受因果律的支配，而人生與因果的相關，尤其緊要。我們自身站在人生的一個立場上，所以不能忽視因果與人生的道理。貧富貴賤窮通壽夭，苦樂智愚肥瘦妍醜，都是因果律的表現。因果與人生的道理，極其深細微奧，粗淺的事實，雖老媼亦能知之，其精詳幽隱的理論，非精通唯識學不可。

佛學所示的因果與人生的真理，其重要點是說明自作自受、因果毫不差爽，而與耶教所說的，人們全受神的支配，或由上帝主宰的理論完全不同的。

五、提倡婦女學佛運動

　　廣慈法師在〈六年來的佛教弘法事業〉一文，說明清揚居士的文章，其內容歸納有八大類：

> 婦女學佛應有的態度、人生因果難思議、我為什麼要信佛、佛教婦女的典型、疾病是助道因緣等，居士不辭辛勞，應允各方弘法，受化者十餘萬人。[65]

　　清揚居士對外發表的文章，從自述學佛的因緣、為什麼要信佛，說明何種因果、因果與人生和人生因果難思議，以及漫談生死與因果關係、何種因果等有四篇文章。天下事都逃不了因果的定律，天下事都集中在人生上，所以因果與人生就在無形中，緊密不可分解之緣。

　　她出版《婦女學佛應有的態度》一書，後來在佛教界提倡資生佛教，內容以《藥師經》與《彌陀經》二經，說明生死的問題，側重在前面適應當前社會潮流的資生佛教。歷史方面從佛法的興衰說起，學佛必備的三種條件，特別說明信的重要、《心經》講義敘。

　　佛教文化事業有響應影印《大藏經》的新建議，說明為什麼要影印《大藏經》，最後略記印藏因緣始末。永懷皈依師父的文章，有淒風苦雨憶大師、我崇敬的慈航法師、悼智光上人虛和雲老和尚的年譜糾紛等。

　　清揚居士在〈婦女學佛應有的態度〉一文，其內容分八項：

---

65 釋廣慈，〈六年來的佛教弘法事業〉《人生》卷 6 第 11、12 期，1954.12.10，頁 334-336。

（一）佛是世界提倡婦女運動最早的領袖

（二）婦女要是真發菩提心，學佛一樣可以超勝一切

（三）愛上一個比自己更醜陋的女子

（四）夫婦子女都是宿世冤家債主

（五）夫婦間要互相體貼、互相敬愛

（六）佛教是世界最偉大的宗教

（七）心靈回歸到大慈大悲佛陀慈懷中

（八）把我們帶到光明的前面。

三十九年（1950）二月，「人生月刊社」出版《婦女學佛應有的態度》一書，東初法師在序文說明：

> 孫夫人是婦女界前進份子，宿植善根，智慧超人，深信三寶，悟解大乘；所發表婦女學佛應有的態度各篇，對於婦女於佛法中之地位，人生因果真理及般若理趣，都有分別扼要簡明之闡述，允為在婦女學習佛法之指南。本社特集成，作餽贈學佛婦女們精神上之食糧！[66]

清揚居士曾於《覺世》旬刊曾發表〈挽救社會風氣〉一文：

> 人類生在這個世界上，不僅是為了穿衣吃飯，而是要在衣食的工作之外，去發展人類最高的精神文化，使人類都能在和煦的氣氛中，過著規律的道德生活。這是人類的使命，也是生命的價值。

說明挽救社會風氣以及改造世道人心，羣起而恢復我國固

---

66 釋東初，（臺北：人生月刊社），1950 年 2 月。

有的道德文化，在人類的心田上，種下禮義廉恥、忠孝仁愛信義和平的道德種子，將來才能產生出互助合作的禮讓社會。當時中國社會的風氣是保守的，從佛教經典中找到佛陀對女姓的肯定與尊嚴，其內容都事關性別的平權，而清揚居士以身作則，提倡全國婦女學佛運動。

我們學習佛法都要皈依、受戒，進而深入佛學義理之中，斷除有始以來的習性，才能成為道德高尚的人格。《婦女學佛應有的態度》的大綱：

（一）婦女學佛應有的態度

（二）我為什麼要信佛

（三）人生因果難思議

（四）因果與人生

（五）《心經》講義敘

（六）印經緣起

（七）讀經方法

（八）好景不常

書中編入太虛大師、印光大師的語錄和薩哈岱作無常歌，說明在家居士的重要性：

> 弘揚佛教不限於出家之人，而在家之信修佛法者，責任轉重。何則，僧徒既已出家，所先在於修已，宜於靜而不宜於動。住持儀範是其專責。流布世間但隨分行之，若在家既起正信，即當以行菩薩道為先，所謂自未得度能度人者，菩薩發心。故在家者，首重在弘法利人之事。

佛陀說法四十九年（一說四十五年），講經說法有三百餘會，列席的弟子約為四眾：出家的二乘，一是比丘，一是比丘尼；在家的二眾，一是優婆塞（信佛的男子），一是優婆夷（信佛的女子）。出家的弟子住持佛法，解脫塵緣，提高覺世利人，清淨無染的真操。在家的弟子護持佛法，不捨方便，以合本性具足萬能妙有。

菩薩亦有在家、出家二種，在家菩薩福德因緣殊勝而有大財富，復知罪福兼能悲憫眾生，則求佛道先行布施，次第隨因緣行諸波羅蜜。發菩薩心而利他者，奉行此四法，將一切眾生收攝在佛法中。如《維摩詰經》裡的維摩居士、《勝鬘經》有勝鬘夫人，都以居士為主而宣說佛法。《華嚴經》中看到善財童子，有婆羅門、船師、香商等為善知識而受其教示，因此大乘經典特別強調在家菩薩的重要性。

佛教的義理不僅影響中華傳統的文化，其造像藝術也富有極高的價值，我們要超越狹隘的超薦或鬼神祭祀信仰的宗教。清揚居士說明佛教要融入我們的日常生活裡，才能使佛法的大眾化、普遍性，進而導正人們對佛教的曲解認識和偏見。因此佛教教育是一種觀念的教育，不僅是我們的生命教育，它是佛教思想的學習和佛教禮儀的訓練，乃至生命修行、證道之路的教育。

第三節　總結

民國前後，中國動盪不安，成一法師說明漢傳佛教發展的

情形:「中國佛教之繁興,超越西竺之盛況也久矣。及至清廷腐敗,列強侵凌,民族革命,河山再造,國人驚彼科技之威力,咸視國故為冀土,即我佛聖教,亦痛遭波及。先有廟產興學之非議,再興拆廟分田之浩劫,乃護法金剛,應運而起。」[67]

民國以來,清揚居士代表佛教文化的關鍵人物,護持佛教與佛教文化的活動,承繼太虛大師依人乘而趣菩薩行者的人生佛教。她曾受到智光法師的啟發、教育,並以女居士身份在臺灣建設人生(間)佛教,不僅提升了婦女的地位,使得臺灣佛教為國際上所注重。三綱五常、四維八德都是中國文化的實質內容,也是東方文化最具體的代表,其教義富有極高價值的內涵,但在中國傳統的社會下,女性是沒有地位,清揚居士發揮佛教對女姓的肯定與尊嚴,在當時保守的風氣下是有其相當難度,然而畢竟她是孫立人將軍的夫人。

孫將軍在三十六年(1947)到臺灣,受到眾人的敬仰,他的夫人清揚居士,在這個臺灣佛教轉型環節上,也就有了女居士很重要的角色呈現,例如關於性別平權事蹟,已可見諸當時佛教的報章雜誌上。由此瞭解她對當時佛教思想的發揮與影響,而事實上,佛教是她一生的信仰。蔡念生居士於《中國佛教》月刊,說明清揚居士為佛門弟子的模範:

> 清揚居士成為當代佛門弟子的模範,以她的地位,若是追求物質享受,似乎可以高人一等。但她將整個精神寄託在佛教上,可見佛教引人入勝,超於物質上的享受。[68]

---

67 釋成一,〈介紹詞〉《智光大師法彙》,頁1。
68 蔡念生,〈給某夫人的一封信〉《中國佛教》卷1第9期,1954.11.22。

　　來臺前，清揚居士皈依師父，有明常、太虛、智光、虛雲等法師，並以居士身份傳承太虛大師的佛教文化遺業。連帶的也對來臺的其他相關佛教老師輩、朋友等等（有出家法師、在家居士），大力繼續地護持。在當時的大變局中，她對臺灣佛教文化活動的進行，有著相當大的影響力！

　　在臺灣的中華佛教文化，從傳統到現代的轉變，三十八年（1949）是一個很重要的轉折期，而清揚居士就是這一時期很重要的關鍵人物。當然，這與她個人早年跟觀音信仰的宗教感應有著很大的關係，換言之，她是受到觀世音菩薩的點化，皈依佛、法、僧，以五戒、十善作為行事軌範，注意身口意的行為，她也從信解行證深入地了解佛法、實踐佛法。平日朝暮念經、禮佛地作功課，期求在前線打戰的夫婿孫立人，能夠身心安全、平安順利。

　　在她還沒有皈依佛教，平時過著官夫人的生活，除了講求穿著、又要講究飲食，平時如何玩都不在話下，可以說是整天是過著享受的日子，從不會想到生命的意義和價值等等問題。她從信佛修行以後，看待人生和一切事物的觀點，就愈來愈不同了。學佛後對她的影響是：「世上一切事物都是生、滅、變、異的，世間上並沒有什麼值得貪愛，她在思想上、行為上，都和以前迥然不同了。」她對佛教信仰的認知且深信：「人世間所有的遭遇，禍福善惡都與三世因果業力有關，人生不過是苦、空、無常、無我，而身體不過是物質的幻軀而已。」

　　清揚居士來到臺灣，首先在善導寺成立弘揚佛教的據點，人生（間）佛教才能在臺灣蓬勃發展，對國家社會都有著正向

的貢獻。星雲大師以人間佛教護持者，來形容清揚居士，當年若無她的護持，不會有今天的善導寺、法鼓山、佛光山和慈濟等佛教團體。

在慈濟功德會成立之初，孫將軍捐出緬甸華僑送給他一對純金小金象。清揚居士看到證嚴上人建院大業，便登高一呼，不僅把北投的套房捐出來，拿出所有的金飾、黃金等等參與慈濟的義賣活動，其後陸續捐出多筆的現金，晚年又捐出二佰萬元，護持證嚴上人的建校大願。

證嚴上人曾向信眾稱譽：「清揚居士為佛教界首席大護法」，其捐款明細有五點：

一、一生護衛佛教。

二、捐出北投溫泉路吉星大廈套房，出售後收到金額有三十七萬。

三、一對八兩重的小金象，義賣時以一佰六十萬金額得標。

四、陸續又捐出多筆善款有五十一萬之多。

五、另外以詹願華的名義，捐出四十萬，報答母親教育、養育的恩惠。

清揚居士對臺灣佛教界的敏銳觀察、獨具慧眼，她曾一度想要把善導寺交給星雲大師，來主持佛教文化的活動，但因星雲大師當時的輩份小、以及傳承等問題，未能說服多數的耆老，因此無法如願。但她在生命的晚期，將她的故居－永和寓所捐給星雲大師作為人間佛教的道場。

人間佛教的道場，自利利他、自覺覺他，有兩個特點：一是肯定世間生活的可貴；二是主張樂修而不苦修。修行不是口號、形式，將佛法運用到生活中，從服務、奉獻、精進、耐勞

去修行。清揚居士以身作則,護持佛教與佛教文化事業的,實證實修示現給人們的好榜樣!

星雲大師多方面的考慮,為了長久之計,把永和寓所轉給佛光山作,作為人間佛教的推廣。翻蓋大樓為現在的「永和學舍」,結合清揚居士的信與願力,以人生為依歸乃至人間佛教於全世界遍地開花。人間佛教作為社會關懷的實踐方向,逐漸為知識份子所接納,並在婦女的戒律改革和環保方面,同時取得重大的發展。[69]

我們看到清揚居士對信眾示現了無償布施,教導一般民眾要從生活之中出發,她想要把佛教的光明普照於全世界。星雲大師於日記中,給予清揚居士崇高的肯定:「清揚居士成為佛教奉獻服務的三寶弟子,不但堪為現代在家居士之典範楷模,其宗教熱忱也為吾輩出家僧侶所感佩敬重。」星雲大師肯定其一生努力推廣佛教文化,進而說明功德有十點:

第一、曾辦過孤兒、幼稚園,並任婦聯會陸軍分會主委、中國佛教會常務理監事,曾受過清揚居士協助、關懷者不計其數。

第二、在棲霞山皈依卓塵老和尚,來臺後受菩薩戒,一生護法護僧護國不遺餘力。

第三、臺灣光復時,善導寺大部分房舍為臺北市政府所徵用,清揚居士出資一千萬元與李子寬出資五佰萬元,將善導寺買下,使其成為臺灣佛教早期弘傳中心。

第四、訛傳大陸派五百名僧侶到臺灣來從事滲透工作,我

---

69 符芝瑛,《薪火-佛光山承先啟後的故事》,頁163。

等出家人因而身陷囹圄，幸經清揚居士等辛苦奔走，多方營救，才得以洗冤出獄。

第五、四十年前，興辦「益華佛經流通處」及「健康書局」，編印佛教經典流通，臺灣才有佛法資料。

第六、變賣首飾，打電報到日本，以航空方式請購一套《大藏經》回臺影印，臺灣才有《大藏經》。

第七、時常運送物資到前線，並經常在宜蘭、臺北、新竹、臺中、高雄、屏東各地弘法。

第八、清揚居士將其在永和寓所，指名作為弘法教育基金之用，可見其對僧伽教育之遠見及關心。

第九、因孫立人將軍的事件，隱居了三十多年，有些人較現實，清揚居士最掛念的是往生時無人替其念佛，故委託我全權負責其後事。

第十、清揚居士病中，曾提及往生後，有意將其骨灰撒入大海，後接受我的建議，將骨灰奉安佛光山。

佛陀對於社會大眾的教化，不只是為僧伽的教育，同時重視社會人群的教育。因此培養倫理道德，讓社會人士納於正軌的生活，以發揮光明磊落的人性，促成社會和祥福祉之氣氛。大乘佛教傳入中國，後來發展八大宗派（也有說十大宗派），對不同人有不同的影響，有修淨土宗，有修律宗，也有人修密宗、華嚴宗、天台宗，各宗派都有追隨者、修行者，對百姓影響最深的是禪宗。

佛教在中國的社會基礎上中國化，中國人最觀注的還是家族、家園，而不是到佛寺出家，因此禪宗特別主張在家修行。文人在禪宗當中修行，想要提升自己的境界，這是禪宗修行之

路。它通過覺悟成佛，般若智慧讓我們成佛，波羅密多就是度，到達彼岸之意，用什麼方式到達彼岸？有六種方法，布施、持戒、忍辱、精進、禪定、般若，乃大乘佛教中菩薩欲成佛道所實踐的六種德目。

《菩薩善戒經》：「行布施能感富，持戒則感具色，忍辱感力，精進感壽，禪定感安，智慧感辯，稱為六度果報。」此六波羅蜜為戒、定、慧三學所攝，此三者為佛教實踐綱領，即由戒生定，由定發慧。六度有布施、持戒、忍辱、精進、禪定、智慧等六波羅蜜。廣行六度所感得的果報，行布施能使人遠離貪心而能感富貴，施與他人以財物、體力、智慧等，為他人造福成智而求得累積功德，以致解脫之一種修行方法。

布施、持戒、忍辱三波羅蜜為增上戒學所攝，禪定波羅蜜為增上心學所攝，般若波羅蜜為增上慧學所攝，精進波羅蜜則通為三學所攝。最高是般若波羅蜜，般若就是智慧，達到智慧就是覺悟。我們心靈上的覺悟，並不是大腦的知識，因此禪宗影響了文人，也影響了老百姓。同時也兼修淨土宗，天天唸佛，禪宗成了中國佛學最高的成果，它是儒家精神的延伸，最大的影響是宋明儒學。禪宗講每個人的自覺，即心即佛、明心見性，修行是每個人自己的事，自性自度，人人皆有佛性。覺悟是每個人自己的事，讓自己境界的提升。

佛陀所說的無量法門，甚深因緣法，如果不去信他，那是無法了解的。「信」是研究佛法的第一要件，信不但是深入佛法的先決條件，也是一切福慧等無漏功德的發源。學佛的人想完成佛果，廣度眾生大事，必須具備三種條件：

信，《華嚴經》上說：「信為道源功德母，長養一切諸善

根。」所以要想學佛而成佛,先決條件就是具足堅固的信仰。如果對佛或佛所說的法,不發生信仰,甚而至於懷疑、毀謗,那就不成其信仰了。所以學佛的人,必須先從信仰起。而能信仰的有兩種人:一種是善根深厚,一聽到佛法馬上就能信堅固不退的信仰。一種是善根稍薄的人,他不能一聞即信,必須要人諄諄勸誘,然後才能信仰。

願,《華嚴經》上普賢菩薩有十大願王,阿彌陀佛有四十八願,藥師佛有十二大願,其願雖有總略多少不同,而目的則一無非莊嚴佛果,廣化眾生。學佛之人單信而不大發願,則佛果不能成,眾生不能度,其信等於虛信,所謂信而無物,所以信仰以後必須再發大願。

行,信願必須還要實行,才能圓滿實現大願。如果單單發願而不根據願的目標去進行,那誓願決不能完成,所以發願必須要實行。而行有種種不同的方法,在小乘觀四諦十二因緣,大乘有六度萬行,包括禪淨律密教,總之念佛也好,參禪也好,持咒也好,只要能行之不懈,總可完成成佛度人的大願。

清揚居士參訪勝鬘夫人於佛前自我宣誓,致力體得佛法,受持十種大乘戒法及三大誓願,作為佛法教育的參考。特別說明念佛參禪這是正行,正行以外必須有助行,助行就是培福。換句話,就是福利事業,因此佛是福足慧足的兩足尊。

我們念佛參禪就是修到慧足,為社會做各種救人的事業,讓我們修到福足。因此我們有錢要趕緊布施,有一分力做一分事,做了才算是賺到,這是「財施」。我們懂得一句佛法,就要講給家人、子女或親戚受有,或部下聽,讓所有的人領受到佛法的滋味,這是「法施」。自己不懂得佛法,我們可請法師

為大眾講經，或出錢印經，或出錢辦刊物宣傳佛法，讓所有的人能間接領受到佛法，這也是「法施」。

財施是把金錢布施於人，現前物質上享受是假的、是空的、是苦的因，不是人生的真正快樂。「無畏施」是以自己的力量，布施給急難中的人，使人於急難恐怖中，得到我們的力量而沒有恐怖。如觀世音菩薩三十二化身隨類應化，使一切眾生於急難恐怖中，稱念觀世音菩薩即得解脫，所以觀世音菩薩，又名施無畏的菩薩。

中國佛教的發展不僅體現僧眾的信仰、研究與修持，居士佛教舉辦講經活動、創辦刻經處、刊印佛教經典，也成為佛教文化的重要人物。清揚居士對佛教的布施，是從信仰中表現出來，而不是空洞的，這些事跡也都有照片為證。然而清揚居士非學術界人士，自未從佛教義理相責求，或從其實事求是的佛教思想與精神的發揮，所謂事中有理，散見諸報章雜誌中有關資訊，多屬其有關佛教思想的發揮與引申。

清揚居士是闡揚大乘佛教的菩薩行願者，菩薩行願者廣修六度行，所修的六波羅蜜之法，是從佛教的報恩來思考的，佛教的復興與現代化，傳承太虛大師的遺業，護持佛教的活動與開展佛教文化的事業。她的一生修習菩薩道，以三福淨業為往生的正因，臨終時，能預知時至、一心不亂，做到《觀無量壽經》跟《阿彌陀經》所講的道理。星雲大師率領僧眾誦經、祝禱，公開讚譽清揚居士一生愛國愛教，對來賓、親友說道：「孫張清揚居士累積十大功德，可謂我國佛教的教母」。

當年的清揚居士與勝鬘夫人極為相似，遇到佛陀，勝鬘夫人就頓悟了、就信了、就進來了，其過程是一樣的。清揚居士

也以「我相信、我發願、我實行」。因此在印度有勝鬘夫人的故事，佛教在臺灣有現代勝鬘－清揚居士，成就了臺灣佛教的堅實步履和成果。

今天透過媒體網絡上，看到人間佛教於世界的各個角落開花，菩薩廣大因行是信、願、行，而清揚居士也是以「願」力和「行」結合在一起。印順法師說：佛教徒的信仰，第一是歸信，第二是行願，可見「行」跟「願」力是連在一起的。然而有那麼多關於她對佛教信仰所發表的言論，因此她發的大「願」引領著她的「行」，故而肯定清揚居士是佛教界的勝鬘，我們以「現代勝鬘」來敬仰她！

參考書目

一、佛教典籍

（曹魏）康僧鎧譯，《佛說無量壽經》，《大正藏》第 12 冊 No.0360。

（東晉）竺曇無蘭譯，《玉耶經》，《大正藏》第 02 冊 No.0143。

（東晉）佛馱跋陀羅譯，《大方廣佛華嚴經》，《大正藏》第 09 冊 No.0278。

（姚秦）鳩摩羅什譯，〈念佛圓通章〉，《佛說首楞嚴三昧經》，《大正藏》第 15 冊 No.0642。

（姚秦）鳩摩羅什譯，《佛說阿彌陀經》，《大正藏》第 12 冊 No.0366。

（姚秦）鳩摩羅什譯，《妙法蓮華經》，《大正藏》第 9 冊 No. 0262。

（北涼）曇無讖譯，《悲華經》，《大正藏》第 03 冊 No. 0157。

（北涼）曇無讖譯，《菩薩地持經》，《大正藏》第 30 冊 No. 1581。

（劉宋）畺良耶舍譯，《佛說觀無量壽經》，《大正藏》第 12 冊 No.0365。

（劉宋）求那跋陀羅譯，《勝鬘師子吼一乘大方便方廣經》，《大正藏》第 12 冊 No.0353。

（劉宋）求那跋陀羅譯，《菩薩善戒經》，《大正藏》第 30 冊 No.1582。

（南北朝）曇鸞註解，婆藪槃頭菩薩造，《往生論》，《大正藏》第 40 冊 No.1819。

（唐）玄奘譯，《般若波羅蜜多心經》，《大正藏》第 08 冊 No.0251。

（唐）玄奘譯，《藥師琉璃光如來本願功德經》，《大正藏》第 14 冊 No.0450。

（唐）般若譯，《大方廣佛華嚴經》，《大正藏》第 10 冊 No.0293。

（唐）般若譯，《大乘本生心地觀經》，《大正藏》第 3 冊 No.0159。

（唐）實叉難陀譯，《大方廣佛華嚴經》，《大正藏》第 10 冊 No.0279。

（唐）實叉難陀譯，《地藏菩薩本願經》，《大正藏》第 13 冊 No.0412。

二、學術專書

－－－，《國史館現藏民國人物傳記史料彙編》第四輯，新北市：國史館，1990 年 6 月。

－－－，《國史館現藏民國人物傳記史料彙編》第七輯，新北市：國史館，1992 年 7 月。

－－－，《華嚴蓮社第二代住持南亭和尚紀念集》，臺北：華嚴蓮社。

十普堂，《白公上人光壽錄》，臺北：禮讚會，1983 年。

于凌波，《現代佛教人物辭典》，新北市：佛光文化，2004 年。

中國佛教會，《中國佛教百年大事輯錄》，臺北：中國佛教會，2011 年。

中國佛教會，《中國佛教會遷臺六十週年》，臺北：中國佛教會，2010 年 2 月。

王望峰，《白衣的智慧》，河南：中州古籍出版社，2015 年 3 月。

王興國，《毛澤東與佛教》，北京：中共黨史出版社，2009 年 1 月。

王興國，《臺灣佛教著名居士傳》，臺中：太平慈光寺，2007 年 11 月。

王繼平主編，《近代中國與近代湖南》，湖南：人民出版社，2007 年 5 月。

皮以書，《中國婦女運動》，臺北：三民書局，1973 年 1 月。

朱浤源，《孫立人上將專案追蹤訪談錄》，臺北：學生書局，2012 年 9 月。

朱浤源主持，《孫立人紀念館導覽內容報告》，臺中市文化局委託：陽光房出版社，2011 年 3 月。

朱浤源編輯，《孫立人言論選集》，臺北：中央研究院，2000 年 11 月。

朱鏡宙，《詠莪堂文錄正續編》，臺北：朱氏詠莪堂，1978 年。

朱鏡宙，《夢痕記》，臺中：樂清朱氏詠莪堂，1970 年 3 月。

江燦騰，《太虛大師前傳（1890-1927）》，臺北：新文豐出版，1993年4月。

江燦騰，《當代臺灣心靈的透視-從雙源匯流到逆中心互動傳播》，臺北：秀威資訊科技，2019年5月。

江燦騰主編，《臺灣新竹市300年佛教文化史導論》，臺北：紅螞蟻圖書，2018年7月。

佟靜，《宋美齡全本》，臺北：風雲時代，2003年1月。

呂晶，《宋美齡的後半生》，臺北：臺灣商務印書館，2016年2月。

宋道發，《佛教史觀研究》，北京：宗教文化出版社，2009年5月。

岑學呂，《虛雲老和尚年譜、法彙》增訂本，臺北：大乘精舍，1986年4月。

岑學呂，《虛雲和尚年譜》，臺北：天華出版，2001年4月。

李子寬，《百年一夢》，臺北：自署，1971年。

沈克勤，《孫立人傳》，臺北：學生書局，2005年6月。

沈幸儀，《一萬四千個證人：韓戰時期「反共義士」之研究》，臺北：國史館，2013年8月。

卓遵宏、侯坤宏，《成一法師訪談錄》，新北市：國史館，2006年11月。

卓遵宏、侯坤宏、闞正宗，《臺灣佛教人物訪談錄》，臺北：國史館，2011年11月。

岳南，《那時的先生‧1940-1946大師們在李莊沉默而光榮的歷史》，臺北：遠流出版，2018年10月。

林其賢，《聖嚴法師年譜》，臺北：法鼓文化，2016年2月。

徐友春主編，《民國人物大辭典》，北京：新華書店，1991年5月。

侯坤宏，《太虛時代：多維視角下的民國佛教》，臺北：政大出版社，2018年9月。

范觀瀾，《成一法師傳》，臺北：萬行雜誌社，2009年2月。

洪金蓮，《太虛大師佛教現代化之研究》，臺北：法鼓文化，1995
　　年 6 月。

孫立人將軍永思錄編輯委員會，《中國軍魂：孫立人將軍永思錄》，
　　臺北：學生書局，1992 年 12 月。

徐孫銘等人著，《道安法師法脈傳記》，臺中：太平慈光寺，2008
　　年 6 月。

張雪松，《法雨靈岩-中國佛教現代化歷史進程中的印光法師研究》，
　　臺北：法鼓文化，2011 年 6 月。

張憲文、姜良芹等編著，《宋美齡、嚴倬雲與中華婦女》，臺北：
　　黎明文化出版，2012 年 2 月。

符芝瑛，《雲水日月-星雲大師傳》，臺北：天下遠見出版，2006
　　年 3 月。

符芝瑛，《傳燈-星雲大師傳》，臺北：天下文化出版，1996 年 11
　　月。

符芝瑛，《薪火-佛光山承先啟後的故事》，臺北：天下文化出版，
　　1997 年 6 月。

許逖，《百戰軍魂-孫立人將軍》，臺北：懋聯出版社，1989 年 10
　　月。

陳三井等，《女青年大隊訪問紀錄》，臺北：中央研究院近代史研
　　究所，1995 年 9 月。

陳向明，《社會科學質的研究》，臺北：五南圖書出版，2002 年 2
　　月。

陳慧劍，《南亭和尚年譜》，臺北：華嚴蓮社，2002 年 6 月。

陶百川，《困勉強狷八十年》，臺北：東大圖書出版，1984 年 8
　　月。

揭鈞，《小兵之父》，臺北：躍昇文化出版，1991 年 2 月。

智光大師紀念會，《智光大師法彙》，臺北：華嚴蓮社，1993 年 2
　　月。

湖南省編纂委員會編，《中華人民共和國地名詞典》，北京：商務
　　印書館，1992 年 3 月。

黃玄，《臺灣肉身菩薩傳奇》，臺北：紅螞蟻圖書，1995 年 2 月。

楊儒賓，《1949 禮讚》，臺北：聯經出版，2015 年 9 月。

臧勵龢等編，《中國古今地名大辭典》，上海：上海書店，2016 年 2 月。

劉澤民，《臺灣大事年表》，南投：國史臺灣文獻館，2015 年。

蔡運辰，〈復張清揚居士函〉，《如是尼庵學佛膡語》，臺北：新文豐出版，1983 年 7 月。

鄧家宙，《二十世紀之香港佛教》，香港：香港史學會，2008 年 12 月。

鄭栗兒，《東方初白-東初老人傳》，臺北：法鼓文化，2016 年 7 月。

鄭錦玉，《一代戰神-孫立人》，臺北：水牛圖書，2004 年 7 月。

薛月順編，《陳誠先生回憶錄：建設臺灣》，新北市：國史館，2005 年。

藍吉富，《佛教史料科學》，臺北：東大發行，2011 年 8 月。

藍吉富，《當代中國人的佛教研究》，臺北：商鼎文化發行，1993 年 12 月。

魏承思，《兩岸密使》，香港：陽光環球出版，2005 年。

羅久蓉等訪問，《烽火歲月下的中國婦女訪問紀錄》，臺北：中央研究院近代史研究所，2004 年 11 月。

釋仁俊、釋聖嚴等編，《周子慎居士伉儷追思錄》，臺北：慧炬出版社，1990 年 11 月。

釋天演，《華嚴蓮社六十週年慶紀念特刊》，臺北：華嚴蓮社，2013 年 3 月。

釋印光，《印光法師年譜》，臺北：華藏淨宗學會，2001 年 10 月。

釋印順，《太虛大師年譜》，臺北：正聞出版社，1992 年 3 月。

釋印順，《學佛三要》，臺北：正聞出版社，2003 年 4 月。

釋印順，《太虛大師選集》，臺北：正聞出版社，2003 年 10 月。

釋印順，《成佛之道》增注本，新竹：正聞出版社，2005 年 2 月。

釋印順，演培、續明記錄：《勝鬘經講記》，臺北：正聞出版社，

1991 年 9 月。

釋印順，妙峰、常覺記錄：《藥師經講記》，臺北：正聞出版社，
　　2003 年 4 月。

釋妙然，《民國佛教大事年紀》，臺北：海潮音雜誌社，1985 年。

釋見重，《臺灣佛院志》，嘉義：香光書鄉，1994 年 12 月。

釋明暘，《圓瑛法師年譜》，北京：宗教文化出版社，1996 年。

釋東初，《中國佛教史論集．臺灣佛教篇》，《現代佛教學術叢刊》
　　第 87 冊，臺北：大乘文化，1976 年。

釋東初，《東初老人全集》，臺北：中華佛教文化館，1987 年。

釋東初，《東初老和尚永懷集》，臺北：中華佛教文化館，1987
　　年 12 月。

釋東初，《中國佛教近代史》，臺北：中華佛教文化館，1992 年
　　12 月。

釋東初，《一九七六年佛學研究論文集》，臺北：佛光出版社，1995
　　年 2 月。

釋東初，《般若心經思想史》，臺北：法鼓文化，2011 年 3 月。

釋星雲，《釋迦牟尼佛傳》，高雄：佛光文化，1992 年 2 月。

釋星雲，《星雲百語・皆大歡喜》，高雄：佛光文化事業，1994
　　年 9 月。

釋星雲，《星雲百語・老二哲學》，高雄：佛光文化事業，1995
　　年 8 月。

釋星雲，《星雲百語・心甘情願》，高雄：佛光文化事業，1996
　　年 10 月。

釋星雲，《人海慈航：怎樣知道有觀世音菩薩》，臺北：有鹿文化，
　　2011 年 6 月。

釋星雲口述，何智霖等編輯，《百年佛緣》，臺北：國史館，2012
　　年 9 月。

釋星雲，《百年佛緣》，高雄：佛光出版社，2013 年 5 月。

釋星雲，《人間音緣》，高雄：佛光文化，2014 年 7 月。

釋星雲，《貧僧有話要說》，臺北：福報文化，2015 年。

釋星雲，《星雲全集》，高雄：佛光出版社，2017 年。

釋星雲，《十種幸福之道：佛說妙慧童女經/勝鬘經十大受》，高雄：佛光文化事業，2018 年。

釋惠空，《臺灣佛教著名居士傳》，臺中：太平慈光寺，2007 年11 月。

釋惠空，《臺灣佛教發展脈絡與展望》，臺中：太平慈光寺，2013 年 8 月。

釋智光等講述，《佛學廣播詞專輯》，臺北：慧炬出版社，1990 年 2 月。

釋煮雲，《佛教與基督教的比較》，高雄：華成書局，1955 年。

釋煮雲，《我怎樣選擇了佛教》，臺北：靈山講堂，1984 年 8 月。

釋開證，《白聖長老圓寂三週年紀念論文集》，新北市：能仁家商董事會，1992 年。

釋慈怡等主編，《佛光大辭典》，高雄：佛光山文教基金會，2014 年 7 月。

釋慈航，《菩提心影》，臺北：大乘精舍印，1997 年 1 月。

釋慈航，《慈般法師全集》，新北市：彌勒內院，2014 年 12 月。

釋會性，《大藏會閱》，臺北：天華出版，1979 年 9 月。

釋聖嚴，《法源血源》，臺北：法鼓文化，1999 年 12 月。

釋聖嚴，《法鼓山的方向：創建》，臺北：法鼓文化，2018 年。

釋睿理編，《當代佛教講演集》，臺中：國際佛文化，1960 年。

釋廣元，《慈航菩薩成道四十五周年紀念集》，臺中：慈善寺，2000 年 3 月。

釋樂觀，《六十年行腳記》，新北市：海潮音社，1977 年 12 月。

釋禪慧，《覺力禪師年譜》，臺北：三慧講堂，1981 年 10 月。

闞正宗，《中國佛教會在臺灣：漢傳佛教的延續與開展》，臺北：中國佛教會，2009 年。

闞正宗，《中國佛教會在臺灣》，臺北：中國佛教會，2009 年。

闞正宗，《臺灣佛寺的信仰與文化》，新北市：博揚文化，2004 年。

Don A. Pittman，鄭清榮譯，《太虛──人生佛教的追尋與實現》，臺北：法鼓文化事業，2008年。

三、學術文章

于凌波，〈熱心護法的優婆夷孫張清揚（1913-1992）〉，《中國近代佛教人物誌》，臺北：慧炬，1998年6月。

于凌波，〈湖南省孫張清揚居士傳（1913-1992）〉，《民國佛教居士傳》下冊，臺中：慈光圖書館，2004年。

王興國，〈為振興台灣佛教屢捐鉅資的張清揚〉，《台灣佛教著名居士傳》，臺中：太平慈光寺，2007年。

朱浤源，〈臺灣新軍的搖籃：鳳山第四軍官訓練班〉，《臺灣光初期歷史》，臺北：中央研究院，1993年11月。

朱浤源，〈孫立人與高雄「郭延亮匪諜案」真相〉，《高雄歷史與文化論集》第四輯，臺北：中央研究院，1997年10月。

朱浤源，〈追尋菩薩道：清揚居士修身思想與我國婦女角色重構〉，臺北：東亞佛教思想文化國際學術研討會，2013年11月。

朱浤源，〈臺灣新軍的搖籃：鳳山第四軍官訓練班〉，《從仁安羌之役初探孫立人的政治人格》，新竹：國立清華大學出版社，2015年9月。

朱浤源、高嘉蔚，〈百年來臺佛教的轉捩點（1949-1961）：從孫張清揚居士看起〉《建國一百年宗教回顧與展望》，新竹：臺灣宗教學會，2011年5月。

江燦騰，〈戰後臺灣佛教大護法-張清揚〉，《臺灣當代佛教》，臺北：南天，1997年。

江燦騰，〈張清揚：戰後臺灣佛教大護法〉，《認識臺灣本土佛教》，臺北：臺灣商務，2012年5月。

李玉珍，〈台灣戰後崛起的優婆夷典範之群體意涵〉，《玄奘佛學研究》，2014年3月。

楊書濠，〈戰後臺灣佛教雜誌的發展-以在臺復刊後的《海潮音》月刊為主（1949-2010）〉，《佛教圖書館館刊》第五十五期，

2012 年 12 月。

楊書濠，〈《獅子吼》期刊的創立與發展〉，《佛教圖書館館刊》
　　第五十七期，2013 年 12 月。

闞正宗，〈解嚴前（1949-1986）臺灣佛教的印經事業-以「臺灣印
　　經處」與「普門文庫」為中心〉，《佛教圖書館館刊》第四
　　十八期，2008 年 12 月。

四、佛教期刊

《臺灣佛教》，臺北：東和禪寺，1948 年出版。

《人生》，臺北：人生月刊社，1949 年 5 月出版。

《覺生》，臺中：臺中月刊社，1950 年 8 月出版。

《菩提樹》，臺中：菩提樹出版社，1952 年 12 月出版。

《中國佛教》，臺北：中國佛教會，1954 年 3 月出版。

《佛教青年》，中壢：圓光寺，1954 年 5 月出版。

《今日佛教》，澎湖：今日佛教社，1957 年 4 月出版。

《覺世》，臺北：覺世旬刊社，1957 年 4 月出版。

《佛教文化》，北投：中華佛教文化館，1965 年 7 月出版。

《海潮音》卷 61，臺北：善導寺，1980 年繼續出版。

《立新》，臺北：仁愛路，1992 年 8 月 10 日。

《慧炬通訊》，1992 年 9 月出版。

《人間福報》，臺北：佛光山，2000 年 4 月創刊。

《海潮音》卷 1 至卷 29，上海：上海古籍出版社，2003 年重新出
　　版。

《海潮音叢刊》卷 30 至卷 60，臺北：新文豐出版，2006 年重新出
　　版。

《民國佛教期刊文獻集成》，北京：全國圖書館，2006 年重新出版。

《人生》合訂本，臺北：法鼓文化，2007 年 12 月重新出版。

《民國佛教期刊文獻集成補編》，北京：全國圖書館，2008 年重新
　　出版。

五、論文

王鳳珠，〈印光法師念佛法門研究〉，臺灣師範大學國文研究所碩士論文，1993 年 6 月。

李佳振，〈臺灣佛教寺院、僧尼分布的發展與變遷-以《同戒錄》為中心（1949-1987）〉，中正大學歷史研究所博士論文，2014 年 1 月。

李政憲，〈朱斐及其《菩提樹》雜誌之研究〉，中正大學歷史研究所碩士論文，2007 年。

陳雪萍，〈勝鬘夫人經之如來藏學說〉，政治大學宗教研究所碩士論文，2011 年 7 月。

陳佾筑，〈民國道安法師教育文化志業之研究（1907-1977）〉，玄奘大學宗教與文化學系碩士論文，2017 年 7 月。

蔡芬煖，〈花蓮佛教慈濟綜合醫院發展之研究（1972-2003）〉，中央大學歷史研究所在職專碩士論文，2011 年 7 月。

釋本善，〈戰後臺灣佛教傳授三壇大戒之研究（1952-1987）〉，圓光佛學研究所畢業論文，2008 年 6 月。

釋自正，〈臺灣地區佛教印經事業發展歷程之研究（1949-2008）〉，南華大學出版與文化事業管理研究所碩士論文，2010 年 6 月。

釋宏聖，〈慈航法師思想與實踐之研究〉，南華大學宗教學研究所碩士論文，2017 年 6 月。

釋見惟，〈道源法師淨律思想初探〉，玄奘大學宗教與文化學系碩士論文，2019 年 7 月。

釋法果，〈煮雲法師念佛思想與實踐之研究〉，南華大學宗教學研究所碩士論文，2020 年 7 月。

釋法清，〈煮雲老和尚精進佛七之探討〉玄奘大學宗教學碩士論文，2017 年 6 月。

六、訪談紀錄

朱浤源、劉晏均，〈口述歷史-訪談廣慈法師〉，佛照淨寺，2017
　　年 5 月 3 日。

釋永芸，〈與孫立人將軍夫人往生前的最後訪談〉，《中國軍魂：
　　孫立人將軍永思錄》，臺北：臺灣學生學局，1992 年 12 月。

釋果見，〈口述歷史之一訪廣慈法師〉，法鼓山，2007 年 9 月 16
　　日。

釋泳思，〈情緣‧法緣-孫夫人張晶英女士的一生傳奇〉，《慈濟》，
　　花蓮：靜思精舍，第 289 期，1990 年 12 月。

釋覺幻，〈孫張清揚往生記事〉，《普門》雜誌，1992 年 9 月。

七、電子書

西蓮教育基金會，《CBETA 電子佛典集成》，臺北：中華電子佛
　　典協會，2016 年。

佛光山，《佛光大辭典》增訂 1.0，高雄：佛光山文教基金會，2014
　　年。

釋太虛，《太虛大師全集》，新竹：印順文教基金會，2005 年 4
　　月。

釋印順，《印順法師佛學著作集》，新竹：印順文教基金會，2008
　　年 7 月。

八、網路資料

1、人間福報，網址
http://www.merit-times.com.tw/NewsPage.aspx?unid=422863，檢索時
　　間 2017.4.4。

2、花蓮-臺東地震系列（1951 年），網址
https://zh.wikipedia.org/wiki/1951%E5%B9%B4%E7%B8%B1%E8%
　　B0%B7%E5%9C%B0%E9%9C%87%E7%B3%BB%E5%88%
　　97，檢索時間 2019.7.1。

3、臺灣佛教數位博物館-佛教人物，網址
http://buddhism.lib.ntu.edu.tw/museum/formosa/index-people.html，檢

索時間 2019.8.22。

4、臺灣佛教數位博物館-佛教人物（孫張清揚），網址
http://buddhism.lib.ntu.edu.tw/museum/formosa/people/3-sun-zhang-qi
　　　ng-yang.html，檢索時間 2019.8.22。

5、南嶽佛教網，網址
http://www.nanyuefw.com/nyfjw/3/35/content_2428.html，檢索時間
　　　2019.8.22。

6、南京匯文女子中學（今金陵女中），網址
https://www.wikiwand.com/zh-hk/%E5%8D%97%E4%BA%AC%E5
　　　%B8%82%E6%B1%87%E6%96%87%E5%A5%B3%E5%AD
　　　%90%E4%B8%AD%E5%AD%A6，檢索時間 2019.11.09。

7、大臺中佛教會，網址
http://www.tcsbuda.org.tw/image_temple/temple/temple_6-1.html，檢
　　　索時間 2020.10.28。

8、佛光山永和學舍，網址
http://dharma.fgs.org.tw/shrine/yeong/in/about/about_index.html#a，檢
　　　索時間 2021.4.5。

9、臺中市文化資產處，網址
https://www.tchac.taichung.gov.tw/historybuilding?uid=83&pid=218
https://www.tchac.taichung.gov.tw/attractioninfo?uid=69&pid=1，檢索
　　　時間 2021.5.23。

10、羅廣仁，網址
https://www.facebook.com/permalink.php?story_fbid=4242922555762
　　　869&id=100001355002522，檢索時間 2021.8.21。

附錄一：年表

民國二年（1913）癸丑 （一歲）

十二月廿四日（農曆十一月廿七日），張晶英生於湖南省
永綏縣常德，家中有姊姊哥哥四人，她排名最小。

民國十年（1921）辛酉 （九歲）

進入「武漢師範學校」住校，接受教育。

民國十二年（1923）癸亥 （十一歲）

隨家人到南京，考進「匯文中學」（今金陵女中）就讀，
是一所基督教會學校。

民國十八年（1929）己巳 （十七歲）

冬天，第一次見到孫立人。

民國十九年（1930）庚午 （十八歲）

六月，從金陵女中畢業。

十月十七日，在上海與夫婿孫立人結婚。

民國二十三年（1934）甲戌 （二十二歲）

七月，隨軍隊到江西南昌，常有零星戰役，孫立人每週只
能回來一、兩次。

九月，身為軍人眷屬的無耐，擔心害怕到生病，睡夢中見
到觀音菩薩，種下信仰佛教的種子，醞育「現代勝鬘」。

民國二十四年（1935）乙亥 （二十三歲）

搬回南京和母親一起住，母親送她一串念珠並教他念佛。

七月廿日，孫立人父喪，父卒三日，繼母亦逝。回家奔喪，
龔夕濤待她如同姊妹，使她終生感念。

九月，孫立人在浙江寧波五夫駐紮，隨隊伍到浙江寧波附
　　近，她住進古老的房子，生一場怪病，半邊嘴和臉都
　　歪了，開始有宗教信仰。

十二月，與母親到南海普陀山朝山，由此有信佛修行的念
　　頭。

民國二十五年（1936）丙子　（二十四歲）

母親至棲霞寺求受菩薩戒，要她向明常法師磕頭、求皈依，
　　明常法師是她第一位皈依師父，法號是清揚居士。

星雲大師來棲霞佛學院就讀，看見母女兩人經常出入寺
　　院，參與打水陸、做法會、虔誠禮誦、態度謙和。

民國二十六年（1937）丁丑　（二十五歲）

七月七日，日軍在北平襲擊蘆溝橋，對日抗戰開始。

八月十三日，淞滬戰役，中國進入戰爭狀態。和夫婿孫立
　　人失去聯絡，與母親退到長沙，暫居尼姑庵。

八月廿五日，太虛、法尊法師到重慶。

十一月，湖南失守，湘桂大撤退。清揚居士和母親與留守
　　後方三十八師的袍澤與眷屬，沿川黔公路撤退到重慶。

十一月廿日，政府西移重慶，長期抗戰。

十二月，爆發中日戰爭。

十二月十三日，日本人在南京大屠殺。

十二月廿六日，太虛法師在重慶佛學社召開「中國佛學
　　會」，遷至長安寺。

民國二十七年（1938）戊寅　（二十六歲）

遇見太虛大師並求皈依，到長安寺聽聞佛法，並以一己之
　　力護持佛教。

民國二十八年（1939）己卯　（二十七歲）

九月一日，歐洲爆發大戰，稱第二次世界大戰。

民國三十年（1941）辛巳　（二十九歲）

十二月八日，日軍偷襲珍珠港，太平洋戰爭正式爆發。

民國三十一年（1942）壬午　（三十歲）

年初，成立「中國遠征軍」，孫立人為新三十八師師長，
　　底下有三個團，分別是一一二、一一三、一一四。

四月十九日，緬甸「仁安羌大捷」。

民國三十四年（1945）乙酉　（三十三歲）

五月九日，德國無條件投降。

八月六日，美軍向日本廣島投下原子彈。九日，向長崎投
　　下原子彈。

八月十五日，日本政府無條件投降，政府宣布勝利，與母
　　親先回湖南老家，再回南京。

九月八日，日本在南京簽訂降書。十日，日本宣告投降，
　　中國抗戰勝利。

十月一日，《海潮音》刊登〈孫立人將軍（新一軍軍長）
　　夫人頃自述學佛因緣〉一文。

十二月十七日，依法組織「中國佛教整理委員會」，章嘉
　　活佛、太虛大師、李子寬為常務委員。廿二日，召開
　　第一次會議。

十二月卅一日，政府還都南京。

民國三十五年（1946）丙戌　（三十四歲）

二月十四日，中國佛教整理委員會遷至南京毗盧寺。

二月十五日，母親張詹願華當選「世界佛學苑」董事長，

清揚居士為董事。

七月八日，焦山定慧寺代辦「僧伽會務人員訓練班」。

八月八日，太虛大師以「存在、僧、僧羯磨」為訓，主持
　　結業典禮。

民國三十六年（1947）丁亥　（三十五歲）

三月，到上海江灣陸軍總醫院就醫，先到玉佛寺拜訪太虛
　　大師。

三月十七日，太虛大師在玉佛寺直指軒捨報。

六月，到南京中央醫院，檢查不育原因。

六月，到鎮江焦山定慧寺養病、避暑，皈依智光法師。答
　　應《中流》編者，寫一篇文章，說明捨棄享受，來唸
　　經拜佛。

七月十五日，孫立人將軍在臺灣鳳山設立訓練基地。

八月十九日，母親逝世。

民國三十七年（1948）戊子　（三十六歲）

八月卅日，《中流》刊登〈我學佛的因緣〉一文。

十一月十六日，搭軍機到臺北，住臺北南昌街的孫公館，
　　後來改為「陸軍聯誼廳」。

十一月十八日，初見慈航法師。

十一月廿九日，資助「覺世圖書文具社」，流通佛經。

十二月，與李子寬以一千佰五佰萬元頂下「善導寺」，並
　　以「世界佛學苑」名義接收。

民國三十八年（1949）己丑　（三十七歲）

一月十六日，善導寺舉行太虛大師誕辰、舍利入塔奉安法
　　會。

二月，幫助星雲、廣慈等二十多位法師混入部隊，孫立人
　　將軍把逃難的和尚，組成救護隊搭軍船到臺灣。

五月，資助東初法師，在法藏寺發行《人生》月刊。

六月，為僧人法難奔走，寫信致陳誠。

十一月三至九日，十普寺發起「觀音佛七法會」。

十二月，贊助印刷《地藏經》、《佛法要領》等經書。

民國三十九年（1950）庚寅　（三十八歲）

一月十九日（農曆十二月十二日），在廣州南華寺受戒，
　　法名寬揚，字佛清。

一月廿五日，臺灣防衛司令部託兒所籌備主任，開辦屏東
　　慈幼幼稚園。

二月一日，「人生月刊社」出版《婦女學佛應有的態度》
　　一書。

二月十六日，農曆除夕團拜，女青年兵以乾爹、乾媽稱呼
　　孫立人將軍夫婦。

四月五至十一日，善導寺、十普寺啟建護國消災利生薦亡
　　法會。

五月十二日，婦聯會成立陸軍分會，擔任主任委員。

八月廿九日，中國佛教會第一屆的監事。

九月二日，參與「中國宗教徒聯誼會」在臺復會。

十月，善導寺成立「菩薩學處」。

十月十七日，孫立人將軍五十歲生辰。

十一月廿九日，新北投居士林重新裝塑觀音菩薩。

民國四十年（1951）辛卯　（三十九歲）

張只改名梅英，進孫家大門，為孫立人將軍生育二男二女

（長女中平、長子安平、次子天平、小女兒太平）。

三月，在善導寺發起仁王護國般若法會。

三月四日，與白聖法師、趙恆惕等在圓山主持太原五百完
　　人殉國公祭。

三月十二日，法聖像二百數十幀與日月潭山地同胞結緣。

三月十三至廿六日，善導寺啟建仁王護國般若法會。

十月廿二日和廿五日，臺灣東部地區發生地震，捐款、救
　　濟災民。

民國四十一年（1952）壬辰　（四十歲）

孫立人將軍長女孫中平，於屏東公館出生。

三月，「女眾淨修會」的會長。

三月八日，善導寺啟建觀音佛七，超薦三軍陣亡將士及死
　　難同胞。

四月八日，佛教徒在臺北市中山堂，第一次慶祝佛陀誕辰
　　紀念日。

五月九日，資助南亭法師創辦「華嚴蓮社」。

六月，支助中國佛教會灌音製片宣播佛法。

八月五日，與阮靜芬發起「啟明堂婦女念佛會」。

八月卅日，中國佛教會第二屆常務理事兼福利組主任。

十一月八日，與朱斐到宜蘭雷音寺略談〈念佛法門奧妙與
　　殊勝〉。

十一月十八至廿四日，新店廣明嚴啟建念佛七法會，由律
　　航法師主持，現身蒞臨說法。

十二月八日，以五百元資助朱斐發行《菩提樹》雜誌。

十二月十四日，至新竹東門地藏廟演講。

民國四十二年（1953）癸巳　（四十一歲）

一月十五至廿九日，臺南大仙寺傳授「三壇大戒」。

一月十六日，出資印刷演培法師《解深密經語體釋》一書。

一月廿六日，以四萬一千三百五十四元四角元，向彰化縣
　　農會買下位於臺中市向上路一段十八號的建築物，後
　　來改建為「孫立人將軍紀念館」。

二月二日，內湖金龍寺佛像開光，主持剪綵活動。

三月，十普寺常務委員，發起大悲禮懺法會。

四月二至四日，屏東東山寺講述觀音菩薩靈感。

四月八日，臺北市佛教會於臺北市中山堂，擴大舉辦佛陀
　　誕辰紀念日，出席演講。

八月，贊助廣播佛教節目開辦費三千元。

八月十日，參加保安宮禮斗齋醮紀念。

九月廿日，十普寺新建講堂落成。廿八日，新店竹林經舍
　　落成，護持證蓮法師。

十月十七日，佛學研習會會長，講〈施氈女成羅漢因緣〉
　　一文。

十二月十六至廿二日，善導寺舉行彌陀佛七，翻印《彌陀
　　淨土法門集》。

民國四十三年（1954）甲午　（四十二歲）

三月，由鳳山蓮社前往新超峯寺、龍湖庵。

四月八日，臺北市新公園音樂臺擴大舉行浴佛盛典，為弘
　　法組講師。

五月廿三日，「棲蓮精舍」落成，請來佛書、新式收音機
　　及擴音機各一式，並以〈疾病是助道因緣〉演講，現

場分贈《棲蓮精舍落成紀念特輯》一書。

五月卅日，華嚴蓮社遷至臺北濟南路。

八月，提倡資生《藥師經》與救亡《的阿彌陀經》。

九月十一至十月十一日，獅頭山元光寺傳授「三壇大戒」。

十月十七日，臺中寶覺寺住持晉山、大悲講堂落成和佛學院開學典禮，主持「大悲講堂」落成剪綵、致詞。

民國四十四年（1955）乙未 （四十三歲）

一月十日，資助東初法師籌建「中華佛教文化會館」。

四月二至五月二日，臺北市十普寺舉行「千佛傳戒」。

四月八日，臺北新公園慶祝佛誕大會。

四月廿二至五月廿二日，基隆靈泉寺舉辦「傳戒大典」。

五月八日，發動支援金馬捐獻。廿日，孫立人冒雨到靈泉寺。

五月，孫立人將軍長子孫安平，於屏東公館出生。

六月一日，發起影印《大正藏》。

六月六日，「屏東兵諫」事件，孫立人將軍開始受誣。

八月廿一日，影印佛教大藏經委員會（稱印藏委員會）於華嚴蓮社成立。

八月廿八日，中國佛教會第三屆理事長。

九月十四日，印藏委員會成立《大藏經》環島宣傳團。

十二月十七至十九日，臺中佛教會館舉行秋季法會，演講信佛的因緣。

十二月廿九日，印藏委員會第四次常務會議。

民國四十五年（1956）丙申 （四十四歲）

四月二日，中華佛教文化館落成，智光法師主持開光，清

揚居士揭幕、開始使用。

四月九日，資助建康書局（前身益華文具店），流通佛教
　　典籍。

四月廿九日，宜蘭念佛會新建講堂落成，主持揭幕儀式。

六月十五日，孫立人將軍全家遷至臺中向上路的「孫府」。

十二月十日，中華佛教文化館設立閱覽部，每月初一、十
　　五念佛共修。

十二月十九日，東和禪寺第一屆臺灣佛教講習會畢業典禮。

民國四十六年（1957）丁酉　（四十五歲）

孫立人將軍次子孫天平，於臺中孫府出生。

二月，十普寺創辦「中國佛教三藏學院」。

三月二日，「中國佛教三藏學院」開學。

三月四日，章嘉活佛圓寂。中國佛教會改為常務理事制，
　　由五人負責。

三月十七日，太虛大師圓寂十週年，籌建「太虛大師紀念
　　堂」。

三月廿二至卅一日，華嚴蓮社集眾誦《八十華嚴經》前四
　　十卷。（臺灣第一次華嚴法會）

三月二十九日，新莊善導庵落成週年法會。

四月一日，《覺世》旬刊創刊。

四月八日，臺北市新公園慶祝佛誕大會，由臺北市佛教支
　　會主辦。

四月十日，《今日佛教》於澎湖創刊。

七月，以兩箱黃金打造一套餐具，設計一桌素席，慶祝星
　　雲大師三十歲生日，且提出資助出國深造。

八月十六日，參加唐三藏救母拍攝試片。

八月十九日，善導寺舉行母親逝世十週年佛事。

十二月卅一日，新北投成立佛教覺苑，並護持能果法師。

民國四十七年（1958）戊戌 （四十六歲）

孫立人將軍次女孫太平，於臺中孫府出生。

貢噶老人在臺北成立「貢噶精舍」。

二月一日，建康書局停業，由覺世旬刊社代為流通佛經。

四月八日，臺北市新公園音樂臺舉行浴佛典禮。

四月十三日，印藏委員會完成影印《大藏經》正藏五十五冊，建議影印續藏四十四冊。

六月八日，成立環島訪問團。

七月十六日，「世界宗教聯誼會」在善導寺召開常務理事。

民國四十八年（1959）己亥 （四十七歲）

三月十五日，再興中學召開「中國宗教徒聯誼會」大會，于斌主教為大會主席，清揚居士為監事。

四月八日，臺北新公園音樂臺舉行佛誕慶祝大會，臺灣大學王尚義發表〈我對佛教的看法〉。

八月二十日，發起蓋建「印藏紀念堂」，提供閱讀《大正藏》，培植佛教人才。

九月三日，三重埔成立「佛教文化服務處」，出版佛教書籍文物。

十月十三日，虛雲法師圓寂。

十一月八日，善導寺舉辦虛雲老和尚涅槃法會。

十二月一日，印藏紀念堂破土典禮。

民國四十九年（1960）庚子 （四十八歲）

二月廿八日，中國佛教三藏學院第一屆畢業、第二屆開學
　　典禮。

四月八日，臺北新公園音樂臺舉行佛誕慶祝大會，頒發大
　　專學生廣播徵文獎品及獎狀。

六月廿三日，善導寺「太虛圖書館」開幕。

六月三十日，發起中國佛教會、國際文教獎學基金會。

八月廿日，印藏委員會召開影印《大正藏》結束會議，撥
　　出一萬元作為各大學生的獎學金。

十二月廿至廿七日，永和祇園精舍舉行大悲法會。

民國五十年（1961）辛丑　（四十九歲）

四月八日，臺北新公園音樂臺舉行佛誕慶祝大會，頒發大
　　專學生獎品。

四月卅日，印藏紀念堂落成，智光法師主持懸額大禮。

十月七日，鹿野苑明常法師和香港佛教聯合會董事曾植儀
　　等人回臺，參加國慶大典、參觀各項建設和探訪佛教
　　名勝。華嚴專宗南亭法師和清揚居士、孫義楨、張若
　　虛前往機場接機。

十月二十九日，貢噶精舍在中和舉行落成典禮。

十月卅日，發起重建宜蘭靈巖寺。

十一月五至十一日，臺北大龍峒平光寺啟藥師法會，並為
　　靈巖寺發起重建經費。

民國五十一年（1962）壬寅　（五十歲）

四月，《覺世》旬刊從第 181 期發行權，轉給星雲大師。

四月八日，臺北新公園音樂臺舉行佛誕慶祝大會，會中有
　　反共義士劉承司報告、頒發大專論文競賽獎金、獎旗。

五月，《人生》第十四卷第五期，停刊。

七月廿日，觀世音菩薩成道日，各地佛教寺院、蓮社、居
士林於上午八點舉行法會，誦《觀世音普門品》及菩
薩聖號。

九月一日，星雲大師收到重建工程費八千餘元，其中清揚
居士捐款五百元。

民國五十二年（1963）癸卯 （五十一歲）

三月十四日，智光法師圓寂。

四月八日，臺北新公園音樂臺舉行佛誕慶祝大會，會中頒
發大專佛教之優秀青年獎金、獎旗，晚上在佛教實踐
中心表演。

四月十七日，華嚴蓮社舉行傳供典禮。

六月卅日，依止貢噶老人，修學破瓦法。

九月廿五日，香港鹿野苑明常、曉雲法師及新加坡一行四
人來臺。

十月十九日，成立智光大師獎學基金會。

民國五十三年（1964）甲辰 （五十二歲）

四月八日，臺北新公園音樂臺舉行佛誕慶祝大會，會中頒
發大專學生獎品。

十二月，在善導寺初擬建校草約，校名「智光商業職業學
校」。

民國五十四年（1965）乙巳 （五十三歲）

一月十七日，護持籌備智光商職，南亭法師為董事長。

四月八日，臺北新公園音樂臺舉行佛誕慶祝大會，下午泰
北中學合唱團、慈航中學音樂隊及中聯康樂隊表演。

四月廿八日，智光商職舉行破土典禮。

九月六日，正式開學。

十月五至十二月六日，苗栗大湖法雲寺舉行「三壇大戒」，
　　受滿分菩薩戒。

十二月廿七日，華嚴蓮社舉行華嚴佛七。

民國五十五年（1966）丙午　（五十四歲）

四月八日，臺北新公園音樂臺舉行佛誕慶祝大會，晚上放
　　映釋迦佛傳電影。

民國五十六年（1967）丁未　（五十五歲）

四月八日，臺北新公園音樂臺舉行佛誕慶祝大會。響應復
　　興中華文化運動，智光商職、慈航中學、泰北中學在
　　下午二點和七點表演等慶祝遊藝大會。

六月，佛光山舉行開山典禮，提倡人間佛教，主張四眾共
　　有、僧信平等，倡導在信眾共弘佛法，給予檀講師的
　　資格。

民國五十七年（1968）戊申　（五十六歲）

七月六日，智光商職第一屆畢業典禮。

九月，政府單位全部遷出善導寺。

民國五十八年（1969）己酉　（五十七歲）

罹患乳癌，至中興診所醫治。

八月十八日，智光商職改名「智光商工職業學校」。

民國五十九年（1970）庚戌　（五十八歲）

四月八日，臺北新公園音樂臺舉行佛誕慶祝大會，下午由
　　智光商工表演。

四月廿一日，智光商工綜合大樓落成，成立「智光老和尚

　　　　紀念堂」。

民國六十年（1971）辛亥　（五十九歲）

　　　　四月八日，臺北新公園音樂臺舉行佛誕慶祝大會，下午由
　　　　智光、慈航、泰北三所佛教學校表演。

　　　　四月十一日，佛光山萬佛大悲殿開光典禮。

　　　　十二月廿四日，女青年兵在臺北和平東路素菜之家，為義
　　　　母清揚居士過生日。

民國六十一年（1972）壬子　（六十歲）

　　　　四月八日，臺北新公園音樂臺舉行佛誕慶祝大會，臺北一
　　　　百五十多佛教寺院團體代表、三所佛教中學及五所佛
　　　　學院參加。

民國六十二年（1973）癸丑　（六十一歲）

　　　　四月八日，臺北新公園音樂臺舉行佛誕慶祝大會。

　　　　九月七日，李子寬逝世。

民國六十三年（1974）甲寅　（六十二歲）

　　　　四月八日，臺北新公園音樂臺舉行佛誕慶祝大會。

　　　　六月，接任善導寺董事長一職。

民國六十四年（1975）乙卯　（六十三歲）

　　　　二月廿四日，善導寺第十二次寺務委員會議，通過淨土宗
　　　　善導寺寺務組織規程，全文分六章共十七條，建立法
　　　　人制度，選出監院等職事人選。

民國六十五年（1976）丙辰　（六十四歲）

　　　　七月廿四日，以董事長身份，在善導寺接回海潮音社，東
　　　　初法師負責監交。

民國六十六年（1977）丁巳　（六十五歲）

五月四日，善導寺舉行太虛大師三十週年紀念法會。

十月十二日，善導寺第六屆常務董、監事聯席會議，撥三十萬元作為獎學金。

民國六十七年（1978）戊午　（六十六歲）

十一月廿五日，以健康為由，辭董事長職務，改聘「永久榮譽董事長」。

民國六十八年（1979）己未　（六十七歲）

九月廿一日，智光商工舉行智光大師紀念堂落成。

孫立人將軍夫婦到佛光山禮佛，在朝山會館光明一號住半個月。

民國六十九年（1980）庚申　（六十八歲）

二月廿七日，善導寺首屆信徒春節年會暨第七屆董事聯席會。

四月六至八日，智光商工建校十五週年擴大慶祝會。

四月八日，臺北新公園音樂臺舉行佛誕慶祝大會。

五月，貢噶精舍興建三層佛殿落成典禮。

七月，龔夕濤去世，在善導寺舉行三天法會。

民國七十年（1981）辛酉　（六十九歲）

二月十五日，善導寺第二屆信徒春節年會暨董事聯席會。

八月十四日，善導寺拆除日式「觀照堂」，蓋建「慈恩大樓」。

十一月十八日，偕同夫婿孫立人將軍到佛光山參觀。

十二月十五日，佛光山大殿落成。

民國七十一年（1982）壬戌　（七十歲）

二月四日，善導寺第三屆信徒春節年會暨董事聯席會。

八月廿九日，張若虛因心臟病去世。

九月三日，南亭法師示寂。

民國七十二年（1983）癸亥　（七十一歲）

二月二十六日，善導寺第四屆信徒春節年會暨董事聯席會。

六月十二日，「南亭和尚紀念堂」落成。

十月，中華佛教文化館蓋建大樓。

十月十七日，住院開刀，孫立人將軍未獲准至臺北探病。

十二月五日，捐出北投溫泉路大廈十五坪多套房，響應證
　　嚴上人蓋建「慈濟醫院」，後來出售得款 374,575 元。

民國七十三年（1984）甲子　（七十二歲）

二月三日，證嚴上人在臺北空軍活動中心舉辦第一次義賣
　　活動

十二月五日，從銀行保險箱提出全部金飾，響應證嚴上人
　　建院大業。

十二月廿三日，第二次義賣活動，林櫻洲以一百六十萬買
　　下一對小金象。

民國七十四年（1985）乙丑　（七十三歲）

在慈濟「吉林路分會」和證嚴上人見面。

四月，證嚴上人第一次到永和寓所。

民國七十五年（1986）丙寅　（七十四歲）

四月十九日，中華佛教文化館新建大樓落成。

十月卅一日，善導寺新建慈恩大樓落成。

民國七十六年（1987）丁卯　（七十五歲）

四月八日，佛光山開山二十週年紀念，和張少齊到高雄佛
　　光山，把永和寓所捐給星雲大師為弘法教育基金，永

芸法師第一次看見清揚居士。

民國七十七年（1988）戊辰 （七十六歲）

二月十七日，記者李文邦、林森鴻到臺中孫府拜年。

二月廿五日，《自立晚報》刊登專訪孫立人將軍。

二月廿九日，《新新聞》發表〈孫立人打破三十三年的沉默〉一文。

三月，中央研究院近代史研究所長張玉法、朱浤源教授至臺中孫府。

三月十八日，佛光山玉佛樓舉行破土典禮，表揚清揚居士。廿一日，佛光山八品功德主有孫張清揚、孫立人、張少齊。

三月廿日，國防部鄭為元部長第一次到臺中孫府，向孫立人將軍說明：「恢復自由」。

三月廿七日，國防部鄭為元部長第二次到孫府。

四月七日，國防部警衛人員撤離，保全人員接替警衛一職。

四月十七日，中央研究院近代史朱浤源教授到孫府，搶救資料。

九月廿二日，監察院經院會通過，還孫立人將軍清白、恢復名譽。

十一月廿七日，臺中中正國民小學大禮堂，舉行孫立人將軍九十大壽。

民國七十八年（1989）己巳 （七十七歲）

五月廿九日，湖南南嶽「福嚴寺」持慧法師收到清揚居士十串唸佛珠，寄來感謝函。

六月十六日，持慧法師寄來一封信。

十二月廿四日，女青年兵在臺北和平素菜館，祝賀義母七
八華誕。

民國七十九年（1990）庚午 （七十八歲）

十一月十九日，孫立人將軍在家中辭世。清揚居士因生病
在臺北住院，隔天即趕回臺中孫府。

十二月三日，慈濟證嚴上人第二次到永和寓所。

十二月八日，孫立人將軍安奉臺中「東山墓園」。

民國八十年（1991）辛未 （七十九歲）

二月，永芸法師第一次到永和寓所，進行口述訪談。

二月，孫子張成勳回湖南家鄉祭祖。

八月，永芸法師和編輯人員第二次到永和寓所進行口述訪
談。

十二月八日，姪子張成昶從天津寄來祝壽信、祝壽卡。

十二月十一日，義子揭鈞來信祝壽。

民國八十一年（1992）壬申 （八十歲）

四月廿五日，再度捐款二佰萬元給慈濟基金會。

七月廿二日，在眾人佛號聲安詳捨報往生。

七月廿七日及八月一日，《中央日報》、《青年日報》等
各大報，敬告親朋好友。

八月三日，靈骨安奉於到佛光山萬壽園。

八月十四日，永和寓所作為佛光山弘法教育基金。[1]

---

1 八十六年（1997）佛光山「永和學舍」落成。星雲大師在永和學舍的樓頂成
立「孫張清揚紀念館」。一樓滴水書坊，九樓有禪堂、會議室等，十樓是齋
堂、教室，十一樓是大殿，作為弘揚佛法的道場。

附錄二：著作目錄

一、文章發表於佛教刊物

（一）《海潮音》

1、〈孫立人將軍夫人頃自述學佛因緣〉，三十四年十月。

2、〈淒風苦雨憶大師〉，四十六年三月紀念專刊，二月十五日。

（二）《中流》

〈我學佛的因緣〉，三十七年年八月三十日。

（三）《人生》

1、〈我為什麼要信佛〉，三十八年六月十日。

2、〈人生因果難思議〉，三十八年七月二十日。

3、〈《心經》講義序〉，三十九年一月十日。

4、〈婦女學佛應有的態度〉，三十九年二月十五日。

5、〈遵淮先生德配吳郁宏慈夫人五十壽言〉，三十九年二月十五日。

6、〈敬向佛教旅臺諸師友提供幾點意見〉，四十年三月十五日。

7、〈大愛夫人的出家〉，四十一年四月一日。

8、〈佛教婦女的典型－勝鬘夫人〉，四十二年二月十日。

9、〈給佛教徒反共義士們的一封信〉，四十三年五月十日。

10、〈提倡資生佛教〉，四十三年八月十日。

11、〈響應影印大藏經的新建議〉，四十四年七月十日。

12、〈為什麼要影印大藏經〉，四十四年八月十日。

13、〈一個墮落者的獲救〉，四十四年九月十日。

14、〈因果與人生〉，四十六年八月十日。

15、〈略記印藏因緣始末〉，四十九年十二月一日。

（四）《菩提樹》

〈從佛法的興衰說起〉，四十二年十二月八日。

（五）《中國佛教》

1、〈漫談生死與因果關係〉，四十三年三月一日。

2、〈疾病是助道因緣〉，四十三年六月十日。

（六）《覺世》

1、〈佛陀是國際糾紛的調停者〉，四十三年四月一日。

2、〈金剛不壞的女菩薩〉，四十六年五月一日。

3、〈何種因果〉，四十六年八月二十一日。

4、〈彌勒佛與人頭蟲〉，四十七年二月二十一日。

5、〈為覺世說幾句話〉，四十七年四月一日。

6、〈清揚居士為首精進，誦經施食普濟幽冥〉，四十七年九月一日

7、〈挽救社會風氣〉，四十七年十二月一日。

8、〈虛雲老和尚的年譜糾紛〉，四十九年二月二十一日。

9、〈信的重要〉，四十九年五月二十一日。

10、〈學佛必備的三種條件〉，五十一年一月一日。

（七）《慈濟》

1、〈孫立人將軍夫人捐全部金飾義賣，善行義舉使人萬分感動〉，第219期，七十四年一月五日。

2、〈孫立人將軍夫人又捐十萬元建院〉，第220期，七十

四年三月五日。

二、人生月刊社出版

《婦女學佛應有的態度》，三十九年二月一日。

三、文章被編入佛學書籍

（一）棲蓮精舍落成紀念特輯

〈棲蓮精舍落成紀念刊序〉，四十三年七月。

（二）慈航菩薩圓寂三周年紀念特刊

〈我崇敬的慈航法師〉，四十六年五月三日刊登《慈航菩薩圓寂三周年紀念特刊》。慈善寺編入《慈航菩薩成道四十五周年紀念集》，八十九年三月。

（三）智光老和尚紀念集

〈悼智光上人〉，五十二年三月。《智光老和尚紀念集》，八十二年二月，華嚴蓮社編入《智光大師法彙》。

（四）當代佛教講演集

〈婦女學佛應有的態度〉，釋睿理編入《當代佛教講演集》。

（五）我怎樣選擇了佛教

〈我為什麼要信佛〉，釋煮雲編入《我怎樣選擇了佛教》，七十三年出版。

（六）佛學廣播詞專輯

〈我學佛的因緣〉、〈婦女學佛應有的態度〉、〈玉耶女的故事〉、〈因果與人生〉，周宣德把當時講經的法師和居士的文章，編入《佛學廣播詞專輯》，七十九年二月以慧炬出版社出版。

（七）中國軍魂：孫立人將軍永思錄

〈我學佛的因緣〉，孫立人將軍永思錄編輯委員會主編，
八十一年十二月，孫立人將軍紀念館籌備處出版，由學生
書局經銷。

四、口述訪談紀錄

（一）《慈濟》

泳思法師紀錄〈孫夫人張晶英女士的一生傳奇〉，《慈濟》
第 289 期，七十九年十二月二十五日。

（二）中國軍魂：孫立人將軍永思錄

永芸法師紀錄〈與孫立人將軍夫人往生前的最後訪談〉，
八十一年七月廿六日於基隆完稿。

附錄三：捐獻表

	捐款對象名稱	現金
1	海潮音社	2,750,000
2	善導寺	2,771,000
3	太虛大師全書	4,000
4	人生月刊社	151,430
5	菩提樹月刊社	500
6	佛教青年	800
7	反共義士捐款	200
8	佛教之聲	1,300
9	支援金馬捐獻	1,305
10	響應五佰元購錄音機設備運動	100
11	中國佛教會、國際文教獎學基金	6,750
12	雷音寺重建	500
13	臨濟寺	20,000
14	彌勒內院	10,000
15	佛光山永和學舍	100,000,000
16	佛教慈濟綜合醫院	5,808,075
	合計（以目前所知）	111,525,960

備註：

一、捐款金額的數字是從佛教雜誌和捐款收據統計。

二、另有非現金的獻捐：

（一）海潮音社：黃金八兩。

（二）佛教慈濟綜合醫院：海潮音社捐金塊三條、元寶一個、

紀念幣一枚、金刷舌片一個、金手鐲一只、金戒指三
十三只。

附錄四：大專院校佛學社

成立日期	學校名稱	佛學社名稱
1960.04	臺灣大學	慈光學社
1960.06.12	師範大學	中道學社
1960.10.22	臺北工專	慧光學社
1960.12.30	臺灣省立法商學院	正覺學社
1961.03.18	臺中省立農學院	智海學社
1962.03.25	高雄醫學院	慧燈學社
1962.04.02	國立藝專	明德學社
1962.04.19	臺北醫學院	慧海學社
1962.05.14	世界新聞專校	淨業學社
1962.06.08	中國醫學院	醫王學社
1962.06.14	銘傳商專	覺音學社
1962.12.13	中國文化大學	慧智學社
1963.11.16	臺中師專	潮音學社
1963.11.21	省立臺北師範專科	曙光學社
1963.12.26	政治大學	東方文化學社
1969.12.03	嘉義省立師範專科學校	曉鐘學社
1988.05.31	臺北工專	圓覺學社

備註：

一、資料來源：以當時的佛教雜誌為主，全臺所成立的佛學社，
　　並未全部列入。

二、臺灣大學佛學社為慈光學社，因不能有佛教色彩，對外以
　　「晨曦社」登記，至今都用晨曦社。

附錄五：口述歷史-訪談廣慈法師

　　廣慈（1918-2024）江蘇江都人，自幼喜愛梵唄，受到南京棲霞寺佛照法師賞識。1940 年受戒後，進入棲霞寺佛學院。1944 年和星雲、煮雲是焦山佛學院的學僧，畢業後進入天寧寺禪堂學佛。1949 年，與二十多位出家人換穿軍服，到上海混入登陸艇來臺。

　　然後，在臺灣弘揚佛教文化事業，曾擔任《人生》月刊主編、籌辦和編輯《今日佛教》；參與影印《大藏經》環島佈教推廣活動。多篇文章刊登於《人生》月刊、《菩提樹》、《今日佛教》等佛教雜誌。

　　晚年居住桃園市龍潭佛照淨寺，為助益佛教研究工作，編纂《新標點本淨土宗法寶大藏》一套五十冊；一

生致力於傳授漢傳佛教正宗梵唄唱誦，在臺灣開啟梵唄儀軌的先河，著述《佛教傳統海潮音調日用讚偈有聲樂譜》一書。

訪談時間：106 年（2017）5 月 3 日 早上 10-12 點
地　　點：佛照淨寺
　　　　　桃園市龍潭區高楊南路 320 巷 13 弄 5 號 2 樓
被 訪 者：廣慈法師
主 訪 者：朱浤源、劉晏均
陪 訪 者：心仁法師
記 錄 者：劉晏均

一、認識孫夫人清揚居士

　　二十五年（1936），孫夫人清揚居士跟隨母親到南京棲霞寺求受菩薩戒，那時她皈依退居的卓塵長老。所以在南京的時候，她們經常住在棲霞寺，很少在孫立人將軍的住處（當時是校級軍官，三十四至三十七年是中將）。她住在廟裡的時間比較多，所以我們很熟悉。孫將軍的太太是很幸福，她和我們結

緣結得很多。我們為什麼那麼熟悉？因為我們在佛學院，讀書的時候，她幫忙佛學院的經濟，常常走人事關係。

當時的棲霞山只有老百姓，沒有政府。一個家長、一個里長，身上都有兩把槍。那時是苦的不得了，因為都收不到租金，大家都沒得吃。每個月的初一、十五的中午，才能吃到一頓飯。一個月，吃兩餐飯。我就把漱口杯，放在我的腋窩裡。等飯添好了，就往漱口杯倒，把它倒滿了，我才去吃飯。後來就把漱口杯裡面的飯，拿出來用鍋子慢慢的烤，把它烤的黃黃的、脆脆的。等到肚子餓才拿起來吃，味道真是人間美味。那時都沒得吃，大家都苦到這種程度。後來，我就到江蘇常州天寧寺佛學院讀書。

畢業以後，就到焦山定慧寺讀書。那個時候，東初老法師是我們的副院長，我跟煮雲、星雲、悟一、蓮航都是同學。我在焦山讀書的因緣，認識了東老。東老對待學僧比較嚴格。只要有什麼小毛病，他都會很不客氣，馬上指點出來。所以那時多數的學僧，大家都非常的怕他。他只要從前面走過來，我們就往另一邊走，儘量走到別邊。因為害怕挨他的罵。我們碰到面的機會，其實也不是很多。

抗戰勝利，太虛大師從重慶來到定慧寺，想要訓練我們這一批學生，成為「中國佛教會」的會務人員訓練班。他當時就以焦山的學僧，作為訓練班的班底。東老也排上一個學科，特別來教我們。

二、與星雲法師來臺

三十七年（1948），徐埠會戰時，我們能夠離開南京，都

是孫夫人清揚居士的關係，才能來臺灣。那時的我，如果沒有這層關係，根本沒有資格到臺灣。因為我們都沒有錢，能夠來臺灣的故事，稱上蠻奇蹟、也很意外。我們有二十幾個人來臺灣。這幾人之中，剩下星雲和我二個人，其他的人都走了。

我是比星雲大了幾歲。我都九十九歲了，星雲九十三歲。我的眼睛還能看得見；星雲的眼睛看不見了。他糖尿病的病史太久了。大約二、三十歲的時候，他就有糖尿病的症狀。那時的他，每天要喝兩大桶的水。我是一杯水也不喝，因為我們在叢林裡，根本沒有水，可以喝。早上只有一小杯的水，晚上也是一小杯的水。其他時間想要找水，根本都找不到。那時大家都叫星雲為水牛，叫我為黃牛。因為黃牛是不喝水，星雲每天要喝上兩大桶水。我們在那時候，不知道有糖尿病這種病名？聽了也不懂，這是什麼病？那時的星雲也不知道，只知道要喝水。

戰後，我們在南京創辦《怒濤》雜誌，那時是國民黨所管制的。雜誌批評了當時的內戰，所以我們是非走不可，可是我們沒辦法走。和我一起出家的宏度，他是雜誌的發行人。我們都同住在一個村莊，也由同一位師父，帶我們到南京出家，所以我們四兄弟，一起住在棲霞山。我們一起逃跑，到了半路上，他竟然不想到臺灣，因為宏度留在大陸，他差點被打死。去年我到河南鎮州，去看他。最近聽說：他生病了。我從臺灣，寄東西給他。

三十八年（1949）三月，政府到臺灣。當時孫將軍的軍階是臺灣陸軍總司令。我們這些小和尚，在大陸身無分文，不要說要買飛機票，連半張船票都買不起。其實是窮到不行，壓根

兒沒有想要到臺灣的念頭。在那個時候，孫立人的夫人是張清揚，經常在寺廟裡作客，非常的照應我們，很了解我們的情形。

　　三十六至三十七年（1947-1948），孫將軍在南京招考「知識青年從軍」到臺灣，號召了六百人。那時候孫夫人清揚居士說：「這樣好了，我去找幾十套軍服。你們穿起來軍服，就跟這些青年，一起去臺灣。」我們二十幾個和尚，有星雲、戒視、清月、淨海、印海、浩霖等人，以及殷嘯秋、曹敬三等人。天寧寺的學僧，也是跟我們一起到上海，再一起坐上登陸艇。登陸艇的底，是平的，一遇到風浪啊，就搖到每個人都吐，吐到膽汁都吐出來了。孫夫人清揚居士說：「你們一到基隆，就趕快跑掉。」名冊裡面，沒有我們的名字。我們是混到軍隊裡面，才來到臺灣。

三、進駐臺南旭町營房

　　三十八年（1949）三月，剛到基隆，什麼人都不認識。我們要往哪兒跑？不曉得天南地北，也沒有人在岸上接我們，到底該往哪裡跑？那時只有一個人跑掉，就是印海，他下了船真的跑了。我們根本無法跑，怎麼辦呢？只好跟著五、六百人到臺南的旭町營房。

　　孫將軍在招考的時候，是說招考「知識青年從軍」，是一種軍官的宣傳號召。但是，我們一到臺南軍隊營房，外面卻掛著一個大牌子：「入伍生補充總隊」。我們來讀軍校，怎麼能進這種兵呢？其他的人，都不進去。之前講軍官的訓練，弄了個半天，結果連個兵都不是。我哪是來補充的？它不是自己成一個隊。那時候也沒辦法，人都已經到了，還能怎麼樣？不進

去，也得進去。所以就進去了。把我們安排在第三連第二排，這一排都是出家人。

　　當時的排長，是一個基督徒，專門兒欺負我們出家人。每天早晨起來，就是五千米。那時候是正月，我們穿個紅短褲，站在那裡排隊，抖喔！抖完了以後，大家開始跑步。跑回來的時候，汗珠有黃豆那麼大，整顆整顆地流下來。每天最後一個跑回來，就是星雲，他的腳是內八字，所以跑不快。當時都沒辦法，只能吃苦。晚間自修結束，我們睡在大通舖上，直覺周身骨頭都要散開似的，都令人感到吃不消。當時管得嚴，真的太嚴了。

　　添飯的時候，有一個人在回程的路上，吐了一口痰。被排長看到，硬要他趴下來，把地上的那口痰吃掉。那個地上都是灰塵。那個痰沾到的都是灰塵。這個人很不講人道，那時的孫將軍是不知道。那個排長不是佛教徒，故意用他的權威。我們當下聽的、看的，根本不是人可以過的生活，不盡人道。所以，今天跑掉兩個，明天跑掉三個，最後剩下星雲和我，還有宏慈。

四、踏上逃亡的日子

　　我們三個大塊頭，利用站衛兵的時候，一起跑掉。先往山裡頭跑，沒有路了，怎麼辦呢？看到一個老頭，拿著鋤頭種田，但是我們不太敢接近他。因為排長曾告訴我們：你們不能出去，臺灣人看到大陸人，會把你們打死。

　　那時，有二二八的仇恨，所以我們也怕這個老頭。但是非要接近他，因為沒有路了。講話也聽不懂，只能比手畫腳。他好像有聽懂，就帶著我們回去，拿著蕃薯籤煮稀飯給我們吃。到

了晚上，還留我們過宿。當時，我覺得很不對，白天不弄死我們，晚上睡覺時，被打死，怎麼辦？我們都不敢過宿，趕快跑。那時候也沒有旅館。我們看到土地廟好像蠻大的，就睡在土地廟的地上。宏慈睡到半夜，說夢話：警察來了。聽到警察，還得了。我們很害怕，跑進甘蔗田。因為甘蔗很高，從外面是看不到裡面。等到天亮，我們跑到善化，買了三張快車票。因為軍人會出來抓人，他們坐不起快車，都是坐慢車。

三個人一上車，滿車的人，盯著我們看：「三個異類來了，載著草帽，穿著紅短褲，穿著球鞋」。人家都穿西裝，很像大老闆。我們三個的穿著不太像樣。我就說：不對，趕快下車。所以停靠臺中，我們就下車。當時圍著一大堆人，看著我們。為什麼？那時候的人，大白天沒有人穿鞋子，都是打赤腳。只有我們是穿著鞋子，後來就把鞋子脫掉。鞋子一脫之後，我們無法走路。那時候的馬路，沒有石子路，都是沙土路、小石子。我們的腳，從來沒有走過那種路。走到腳，是疼得不得了，怎麼辦呢？我去買三雙木屐，三個人穿著木頭鞋，在街上走，大家都很好奇的來看。人家是晚上，回去洗了澡、洗了腳，才穿木頭鞋。白天那有人穿木頭鞋。所有人就看著，三人穿著木頭鞋。大家都盯著我們看，我也覺得不對。就把木頭鞋丟掉，腳痛就讓他痛。

我們走到臺中寶覺寺，那邊有一位大同法師，是我同學。我們住了幾天，寺中有位比丘尼，她的人很好，給星雲、宏慈跟我，一人一塊大白布。我們就自己剪裁，做一件褲子來穿。沒有衣服穿，怎辦呢？總不能一天到晚都穿短褲。我們就在那裡做衣服，用針線縫。縫了幾天，才縫出一套衣服。

有一天，我上個廁所。那時候的廁所是沒有門，只有一塊小門。進去以後，上面也看得見，下面也看得見。我一站起來，看到和我一樣的出家人，帶了我們的排長來抓人。排長走到大殿的前面，覺得太熱，就坐在那裡搧扇子。叫人進去看看，我們有沒有在這裡？我站起就問：「你來幹什麼？」曹敬三回答：「來抓你們了啦！」我說：你塗糊，怎麼可以帶他來。還好只有曹敬三進來找。排長要是不怕熱，一起進來找。我們可能就被抓回去了。真是蒙菩薩的保佑！菩薩叫他在外面「休息一下」，叫他迴避。

我教他說：「你趕快跟他說：昨天有在這裡，今天早上他們都到臺北。」曹敬三說：好、好、好，自己人講個謊話，沒有關係。出去跟排長講：「他們三個人，有來過這裡，可是到臺北了。」排長：「喔！到臺北，那我們到臺北去找。」沒有抓到我們，差一步就抓到我們。這樣子，我們就留下來。

後來，我們又到臺北。當我們走到新公園的旁邊，不知道怎麼搞得？星雲掉到旁邊的水溝。我們所有的鈔票，都是他帶的。他這麼掉下去，身上的鈔票通通跑出來。由於水流的太快，看著鈔票跟著水，流走了，抓也抓不到。結果三個人的身上，一毛錢都沒有。你說：怎麼辦？那時我們的腦筋，全部都空白了。在人生地不熟的地方，怎麼辦才好呢？只好再去找孫夫人清揚居士。

那時候，她和張少齊在中華路合開一家「覺世圖書文具社」。我們一到書店，孫夫人給我們每個人五十塊錢的關金。那時候，關金是蠻值錢的，它是長長的。我們有了錢，她要我們到基隆靈泉寺，戒德、默如、印海都在靈泉寺。

我們到靈泉寺，印海說：「這裡住不下了。這裡沒有位子，沒有房間了。」那時，我們只好離開。他又介紹，我們到觀音山。我們到臺北車站，打算搭乘往觀音山的車子。後來好像是沒有錢，還是怎麼樣，觀音山也就沒有去。後來我們到中壢圓光寺。

五、政府以匪碟名義逮捕出家人

三十七年（1948）十月，慈航在圓光寺辦了一個佛學院。所有的大陸青年，幾乎都在那裡，包括唯慈、自立、幻生。三十八年四月，我們到圓光寺，那裡的學生都畢業了。學生在第二天都離開，只剩下我們三個人住在那裡，其實這樣子也很好，但是每天還是很害怕，最害怕聽到汽車的聲音。那時候只有警察、軍人會有汽車，老百姓那能開汽車，所以一聽到汽車，不是警察就是軍人來了。

三十八年（1949）六月，出家人就遭難了，很多出家人通通被抓起來。當時，陳誠下了一道命令，到處抓散兵、遊民。散兵就是從軍人裡面，逃出來的；遊民是大陸人到臺灣，沒有工作的人。那時我們和尚，都沒有工作，例如慈航及中將退伍出家的律航等人，都被關了起來。

關在桃園做煤炭球的工廠，發給每個人兩條麻帶，一條麻袋是蓋的，另一條麻袋是墊在下面。夜裡還是會冷的，我們三天都沒有吃飯，因為都是葷的，後來有一個居士叫普真，每天挑一擔的鹹稀飯，給我們吃。我們每天只吃一頓，而且每天都把我們都扣起來，到街上遊街。我和星雲塊頭大，就在前面帶頭走，是故意整我們。其實那時寫反動標語的人，是中壢警察

局的局長，他才是匪碟。因為慈航從南洋來臺灣，到處講經，就說活動是我們寫的。

　　我們被關了將近兩個多月。後來在李子寬、孫夫人清揚居士、于右任、居正等，黨國元老出來作擔保，說：「出家人啊，絕對不會來，做這些間諜、什麼的。」所以，我們才沒有事。

六、弘揚佛教文化的活動

　　我們是被保出去，才開始做起佛教的工作，因為那時臺灣的佛教，幾乎沒有出家人，只有幾個日本和尚。白天他們穿西裝出去，晚上回家穿大袍，老婆、兒子都住在廟裡。當時普通的知識很低，因為臺灣是殖民地，不可能給你高學歷，初中畢業的人很少，我們應該怎麼辦呢？

　　第一、辦佛學院。

　　第二、辦雜誌宣傳。

　　第三、印佛經。當時的佛經，都是日文的。

　　第四、是環島佈教。

　　那時，我們在深山裡面繞了五圈。只要有人的地方，統統去佈教。那時的老百姓都很歡迎我們。家裡敲的、響的鍋蓋，臉盆都拿出來。老百姓拜了幾十年的佛，都不懂什麼叫佛教？什麼叫道教？只要有香就拜，沒有香，連樹頭、石頭也拜。

　　東老比我們先到臺灣，在焦山也是我們的副院長。我們到臺灣，應該要先去拜訪他。那個時候，他在北投法藏寺的關房（閉關），我就替他編輯《人生》雜誌。四十年一月，東老閉關的時候，開始籌建「中華佛教文化會館」。他在關房裡面，不方便處理這些事務，所以外面的事都是我在做。挖山的時候，

是我去監督的。開玩笑說，我才是文化館真正的開山。當時，北投的山裡天氣很熱。每天要從文化館到法藏寺，又從法藏寺走下來監督。那時候沒有車都是步行。每天就是這麼上啊、下呀！監督工人把那塊山坡地整平。

　　四十三年（1954）一月，東老出關以後，開始蓋文化館。那時候我是住在法藏寺。法藏寺不是有個塔嗎？我住在塔的上面。心悟也是住在那裡，後來我把「人生月刊」交給心悟編輯。四十四年七月，「中華佛教文化館」開幕，作為推展佛教文化的基地。我專心照應文化館的事務，文化館既然稱作「文化」，我們開始做文化的工作。參與的有張少齊、孫夫人清揚居士、朱鏡宙、閻錫山，還有李子寬等人跟大老們一起開會商議。

　　臺灣佛教在日本統治的時候，日本人把臺灣出家人的文化水準，壓得非常的低，頂多初中、小學畢業而已。能讀到高中，十個裡沒有一個，證明壓得很厲害。我們到臺灣以後，想把這個文化水準提高。我們有了幾個構想，一個是辦學，一個是辦雜誌，還有一個是出書刊。那個時候的書刊，實在太少了。

　　當時，在臺灣也沒有藏經，我們花了很大的工夫，從日本請到一套《大正藏》。能請到這部《大藏經》，可說是相當不容易。我們環島宣傳，開始印《大藏經》。我們是想用影印的方法，來推廣這一部藏經。為什麼用影印？因為排版的經費負擔很大，影印可以便宜一點，所以採用影印的方式。

七、影印《大藏經》、環島佈教

　　當時我在澎湖翻印校對，星雲在宜蘭佛教有歌詠隊。我們將澎湖佛教和宜蘭佛教的歌詠隊合併起來，開始環島佈教。四

十四年（1955）九月，我們用車子作宣傳，當時隊長是南亭，煮雲是副隊長，星雲是總務，我是財務長，隊裡還有居士。

每到一個地方，他們就找地點搭台子。歌詠隊的人拿著喇叭到外面做宣傳，由南亭領隊，煮雲、星雲跟我組織大藏經環島宣傳團，帶著歌詠隊到各處做宣傳。到某某寺廟的門口，在裡面或外邊，搭建一個檯子，在上面唱歌、跳舞。那個年頭沒電視，也沒什麼設備。大家在晚上都沒事，聽到什麼地方，有人在唱歌，人都會來。當時唱歌都會有人聽，人就來了很多。由於聚集的力量，人就多了。

我自己也帶著一部分錢，没有錢，就想辦法去找錢。没有辦法的時候，就花自己帶來的經費；有辦法的時候，希望利用地方的支援。大家都窮。老百姓也窮，大家都沒有錢。所以非常非常的可憐。我們希望大家能多訂一點，到了每個地方，至少都要訂個三部、五部的，看看寺廟是否能訂一部。遇到大信徒，也勸他訂一部。那個時候，想要推廣是相當的困難。訂戶要他一次交清，可能没有辦法，所以可以分期付款。

我們走了幾個月，臺灣的大鄉、小鎮都走過。開始宣傳佛法，接著講經說法。講到最後，我們就講《大藏經》，怎麼好、要怎麼預約、怎麼付款……，最後就叫大家訂《大藏經》。我們就是用這種方法，到臺灣全島去宣傳，花了很長的時間。一路上，我們開始找寺廟。畢竟找寺廟，錢就可少花一點。當然也有很多寺廟，是主動請我們去宣傳。最熱心的是屏東東山寺的圓融長老尼，她是天機的師父。當時有很多的臺灣人，排斥大陸法師。但是圓融很開明，對大陸的法師並不排斥。另外也有一些情況，很多寺廟只有一個人。希望我們能夠把他的寺廟，

提升上來，讓人家知道，來的人就多了。也有人覺得，這是屬於佛教事業，是在替佛教做事，大家應該出一點力。由於這樣子的呼應，產生了很大的效果。

東老是留在文化館坐鎮，我們到外面宣傳的成績，拿回來以後，就交給他來處理。書印好了，他要負責分發寄出去。當時以文化館這個地方為主，我們是協助文化館出這套《大藏經》。對於發起人，當時參與的政要也蠻多的，其中信佛的人也不少，大家都有出力。我們請他們參與，一方面是向他們募化，另一方面是希望他們也能訂一套。在國大代表裡有很多信佛的，有于右任、劉中一、吳仲行、黃一鳴等人。整個合起來，才有幾百部，沒有幾百部以上，就出不了。因為印刷費太貴了。

我們回來就要開始印《大藏經》。當時為了省錢，於是我們組成一個公司，在萬華租了一個地方，成立一個印刷公司。這時候星雲、煮雲及我，還有張少齊、孫夫人清揚居士，就去買機器回來印刷。後來沒有多久，就停頓下來，因為經費不夠了。停下來該怎麼辦呢？這個廠不能停，所以整個廠，送給現在「新文豐出版社」的老闆。他接收之後，就以做生意的方法，設法經營出版的工作，用印刷的機器來印刷。他把舊有的書，先拿來照相製版，再把它印出來，開始販賣書籍。因為排字太貴了，那時就用照相製版。今天的新文豐，才會賺那麼多的錢。

我們是第一批負責印《大正藏》，《卍續藏》是另外的人印的，不是我們。後來的《中華大藏經》，是立委董正之、周金傑、朱鏡宙、還有趙茂林負責的，那時候有很多的居士參與。把這個《大藏經》印出來，對佛教是一個很大的貢獻。那時候很不容易，星雲就用了這個辦法。我們所有的錢，都在搞這個

《大藏經》。經過兩、三年，才把一百六十幾冊的《大藏經》印出來。我們是有一部藏經，當時是木刻的，字太大了。我們做不起來，只有影印日本《大藏經》，雖然是日本的版，內容都是漢字。宣傳結束後，還有不少人來訂貨。之後，大概有一部分的存款，用來蓋紀念堂以及文化事業等等。

這些計畫就慢慢的展開，而我們也開始出去辦學。首先是在臺中的寶覺寺，那時候有一位林宗心，他對大陸人也不錯。大同法師住在寶覺寺，幫忙林宗心。我辦了很多的佛學院，培植很多的人才。今天在臺灣的幾個大法師，都是那時佛學院出來的。大陸來的這幾位老法師，對今天的臺灣貢獻很大。不然的話，還是日本佛教，不可能有那樣的成就。

現在臺灣佛教的發展，超過大陸的佛教。大陸四十多年來，根本沒有佛教，雖然有十幾個老法師回去，經過四十幾年了，記不得了，大陸現在有很多地方，要我去教。我在大陸比較知名，是我的梵唄，也是他們所需要的。我現在做了一本《佛教傳統海潮音調日用讚偈有聲樂譜》，把佛教所有唱誦的藻詞，統統放在這本書。等會我要到中華國際佛教梵唄音樂交流策進會，為這本書做最後的校對。校對好了，準備出書。我們搞了好幾年！

我們過去和師父學拍板，要求沒有那麼嚴，現在一定要實分實指的拍子。我很敬佩那些老菩薩，在一千五百年前，就有這種水準的音樂，很了不起。現在檔口實分實指，很準很準。我們今後要來唱這個，不管多少人打板，都對打在一個板子。梁武帝對佛教的貢獻很大，一個黃山，一個水陸，這是佛教最最大的兩個佛寺，都是梁武帝做的。我把佛教梵唄的起源、梵

唄的用途，把它介紹出來。

八、星雲法師為何到宜蘭

中國佛教會是我組織起來。三十八年（1949）之後，兩岸政局的變遷，由大陸來臺的星雲，居無定所，為中壢圓光寺妙果收留。他做打水、採買、看守山林等工作。三十九年（1950），星雲就到新竹靈隱寺，大醒辦一個「臺灣省佛教講習會」。四十一年，因為知識低，先辦一個普通的「新竹青草湖佛教學院」，大陸來臺的僧侶，逐漸將真正的佛教教義帶入臺灣。

後來解散了，星雲就跑回「中國佛教會」找我，他沒有第二個人可找。我們從小就穿一條褲子，像兄弟一樣，這時候，宜蘭有兩個居士，李決和、林松年經常到「中國佛教會」，希望我介紹一個法師到宜蘭去領導他們。我說：這是一個機會。星雲他不去，那時宜蘭是邊疆之地、不毛之地，大家不敢去。我說：「你不去，也得去。」

四十一年（1952），「中國佛教會」在龍山寺，我剛好在龍山寺。人家給我一個人吃飯，是不要錢，又來一個星雲，人家會不歡迎。四十二年（1953）二月，我就買了兩張車票，把他押到宜蘭，讓星雲去宜蘭。演講《觀世音菩薩普門品》，演講活動持續二十天，使用俗講佛教故事，每天講一段《玉琳國師》，吸引民眾參與佛經講座。

四十三年（1954），蘭陽民眾對星雲的護持，促成他留駐宜蘭「雷音寺」，主持週六念佛會。成立佛教青年歌詠隊，激發青年學佛的熱忱。

他在宜蘭為什麼會發展起來？他遇到一位女眾，叫慈惠，

幫他翻譯。星雲講了半天的話，她用臺灣話翻譯，每一句都不會漏掉，星雲有這個機會，才慢慢紅起來。那時沒有這樣的翻譯，臺灣人無法記下，因為聽不懂。第一是他有福報，沒有福報，也不能紅起來。這是假不了的。佛光山有四大金剛：慈嘉、慈容、慈莊、慈惠。能有今天，這四位女眾是幫了很大的忙。

我一到臺灣，那時候沒有「中國佛教會」，所以我就來組織。請老法師見面，開籌備會。於是開始成立大會，會場散了。之後，我就是籌備會理事兼財務組長。為什麼是財務組長？因為我有兩個徒弟，一個徒弟是「伍順腳踏車工廠」，那時只有他一家。另外一個叫「五分珠藥廠」，他們很會賺錢。佛教會沒有錢，就找這兩個老闆。後來幾個秘書長都是國大代表，劉總依、黃遺民、吳從新。吳從新是湖北人，這時候吳從新就把白聖帶來。白聖的口號：「打倒江蘇人。」因為會做事的人，都是江蘇人，原來是我們江蘇人的佛教會。他做了理事長，我們只好通通的退出來，後來由他一個人把持佛教會。

南亭老法師的弟子都是官夫人、政府大官夫人，孫夫人清揚居士也是官夫人，所以她經常在華嚴蓮舍，現在臺北市濟南路的華嚴專宗。我們都是清揚居士的關係，才能到臺灣來。後來她就住到永和寓所，我們就比較少來往了。她在永和的故居，捐給佛光山弘法教育基金之用，就是現在的永和學舍。還有一個居士，過去也是出家眾，到臺灣來才還俗，這個居士早就往生，他是我們的老師，也住永和，我常常去找他。

結束後，特別請心仁法師幫我們拍照留念。

國家圖書館出版品預行編目資料

現代勝鬘——孫張清揚居士與戰後臺灣佛教

劉晏均著. – 初版. – 臺北市：臺灣學生，2024.05
面；公分

ISBN 978-957-15-1941-8 (平裝)

1. 孫張清揚 2. 傳記 3. 佛教史 4. 臺灣

228.33   113003974

現代勝鬘——孫張清揚居士與戰後臺灣佛教

著 作 者	劉晏均	
出 版 者	臺灣學生書局有限公司	
發 行 人	楊雲龍	
發 行 所	臺灣學生書局有限公司	
地　　址	臺北市和平東路一段 75 巷 11 號	
劃 撥 帳 號	00024668	
電　　話	(02)23928185	
傳　　眞	(02)23928105	
E - m a i l	student.book@msa.hinet.net	
網　　址	www.studentbook.com.tw	
登記證字號	行政院新聞局局版北市業字第玖捌壹號	
定　　價	新臺幣六○○元	
出 版 日 期	二○二四年五月初版	
I S B N	978-957-15-1941-8	